JN123858

新版 地球時代の教育原理

下地秀樹

水崎富美

太田　明

堀尾輝久

編

三恵社

はじめに

いまは変化する時代らしい。変化って、何が変化してるの？　そう尋ねようとしても、世のなか目まぐるしく変わってるんだから、ぼんやりしてないで、急げ、もっとがんばれ、と言われる。そう言われても、いまを生きるしかないんだけど。

こんな書き出しで初版の『地球時代の教育原理』を刊行して、早くも5年経とうとしている。新版となる本書の準備をはじめた矢先、世界はCOVID-19のパンデミックに襲われ、日常が一変してしまった(コロナ禍)。通学でさえあたりまえではなくなった。変化が激しいとされる時代だからこそ、慌てずにじっくりと考える「ゆとり」を持って、あたりまえを見直そう。初版ではそのように提案したが、それではさすがに脳天気過ぎる現状なのかもしれない。

初版刊行の頃から、2030年頃を見据えた2020年代の教育改革が次々に明らかになっていった。

まず、学校の教育課程(カリキュラム)に関しては、中央教育審議会答申「幼稚園、小学校、中学校、高等学校及び特別支援学校の学習指導要領等の改善及び必要な方策等について」(2016年12月21日)に基づいて、新しい「学習指導要領」が告示された。新カリキュラムは、小学校ではすでに今年度(2020年度)から導入されており、中学校は2021年度、高校は2022年度(学年進行)から実施される。

この改革は、本格的な「学び方」改革とか、「コンテンツ・ベース(内容重視)からコンピテンシー・ベース(資質・能力重視)への学力観の転換」と流布されているが、2010年代の「脱ゆとり」を継承して教育内容を減らすことなく、しかも「主体的・対話的で深い学び」を実現するのだという。多忙を極める教師たち、学校現場に、そんなことが果たして可能なのだろうか。子どもたちは、本当に生き生きと学ぶことができるのだろうか。

高校までの教育と学習に大きく影響する大学入試の改革については、高大接続改

革として、従来の大学入試センター試験に代わって、2021年度入試から「大学入学共通テスト」を開始することになり、記述式問題を導入し、英語民間試験を活用するという方針が決定された。また、「調査書」活用強化のため、その電子化も予定された。しかし、当初より実現性が疑問視され、2021年度「大学入学共通テスト」に向けては、いずれの方針も見送られ、また頓挫している。高校と大学の現場には徒な負担が強いられ、受験生に大きな混乱を招いた。

　教員養成に関わっては、中央教育審議会答申「これからの学校教育を担う教員の資質能力の向上について〜学び合い、高め合う教員育成コミュニティの構築に向けて〜」(2015年12月21日)を起点として教員免許法制が変更され、新しい教職カリキュラムが2019年度入学者から導入された。各大学には、新たに「教職課程コアカリキュラム」策定が義務付けられ、目標管理による統制が進められている。OECDの国際教員指標環境調査「TALIS 2018」によると、「批判的思考を促す授業」の割合が日本は諸外国に比べ顕著に低い(調査対象は中学校)。目標管理を重視する改革は、この傾向の改善に僅かでも資することになるのだろうか。目標にとって批判的思考が余計なわけでは、努努ないはずである。

　どの改革も視界不明瞭なまま、現場はどうにかやりくりしているように見える。

　今世紀へのとば口に「ゆとり」のなかで「生きる力」を育成することが目標とされた頃には、これからは先行き不透明な時代とされていた。「ゆとり」を袋叩きにして2010年代に入ると、高性能のロボットやAI(人工知能)が人間に取って代わるという近未来の見通しがいくらか現実味を帯びてきたように思われはじめた。この趨勢を生き延びるため、「生きる力」は「情報活用力」に置き換えられ、その基盤としてプログラミングと英語力にばかり人々の関心が寄せられつつある。この二つが、グローバル社会を生き抜くスタンダードの如く信奉されている。

　所謂コロナ禍は、オンライン授業導入が円滑に進まなかったとして、日本のICT化が諸外国に比して著しく遅れていることを露わにした。そこで、ショック・ドクトリンを振りかざすように、GIGA(Global and Innovation Gateway for All)スク

ール構想の推進が謳われている。文部科学省としては、内閣府主導の Society5.0
に経済産業省とも歩調を合わせて乗り遅れず、少しずつでも貢献していくことにな
る。DX(Digital transformation)は、確かに豊かな未来のためのグローバル・スタ
ンダードなのかもしれない。では、そのなかで生身の今の子どもたち、そして未来
の子どもたちは、スタンダードに閉ざされることなく、生き生きと豊かに構想され
ていくのだろうか。まあ、若者の対応力は大人の想定の上を行くのだろうが。

　だが、コロナ禍はまた一方で、目を凝らす「ゆとり」があるなら、あらゆる格差
の拡大、なお一向に除去されない「専制と隷従、圧迫と偏狭」をいたるところで、
否応なく炙り出しているはずである。今が人類文明の転換期となるのか否か、子ど
もたちの生育環境には如実にあらわれてくるだろう。まずは、大人と子どもが社会
構想を開いていくこと、どんな社会にしていくことが望ましいのか、私たちは何の
ために学び、学び合うのか、語り合うことが必要なのではないだろうか。

　メインストリームを生き延びるための方策も、これを立ち止まって「何のためか」
と考え直そうとする「ゆとり」も、どちらも愉しいかもしれないし、愉しくはない
かもしれない。ただ、異なる方策を探り、知ることは決して無駄足ではない。「ゆ
とり」とは、ストレスフルな生育発達環境に少しでも風穴を開けようとする試みで
あり、勇気である。

　初版同様、本書もまたわかりやすくはない、ちょっと変わった教科書である。ま
ず第1章をよく読み、「地球時代」をめぐって自問自答して欲しい。どの章について
も鵜呑みにせず、他の人とよく話し合って解してもらいたい。巻末の資料は初版よ
りさらに先人たちの足掻きの跡を加え、重みを増している。これからを共に考える
一助として活用されたい。

　本書が、他のさまざまな人たちとお互いの違いを見つけ、つながるための手がか
りに少しでもなれば幸いである。

　2020 年 11 月

編者(下地秀樹)

目　　次

第1章　地球時代の教育理念

1．地球時代の幕開け

地球時代とは、地球上のすべての存在が一つの絆でつながれているという感覚が共有されている時代である。地球時代ということばは、英語で言えばglobal age（グローブの時代）であり、フランス語ではl'ère planétaire（プラネット＝惑星の時代）である。このプラネット＝惑星の時代という表現の方が、より宇宙空間のなかの地球というイメージがあらわれている。

1957年のスプートニク打ち上げ成功に象徴される宇宙科学の発展により、地球は大宇宙のなかに存在する一つのプラネット＝惑星である、あるいはプラネットでしかない、ということがよりイメージできるようになった。月面の向こうから昇る地球を写したアースライズの写真や、日本の小惑星探査機はやぶさの成功は、私たちに宇宙のなかの地球を強く意識させるものとなった。

地球時代ということばは、国際的には1992年にリオデジャネイロで開かれた**地球サミット**の前後から、環境問題との関係でジャーナリズムにおいて用いられるようになり、また、**ユネスコ**がGlobal Village（地球村）という表現を用いるなど、未来への課題意識とも重なりながら共有されてきている。

研究書としては、たとえば、坂本義和『地球時代の国際政治』（1990年、岩波書店）、**マーガレット・ミード**『地球時代の文化論』（太田和子訳、1981年、東京大学出版会）などがあり、教育学においても堀尾輝久『地球時代の教養と学力』（2005年、かもがわ出版）がある。

地球時代をどう考えるかということそれ自体が一つの大きな課題であるが、まず

地球時代の前史、その始まりである**1945年**、そして今日までをたどり、地球時代の思想、価値、課題から教育の理念を考えてみよう。

地球時代の前史

　地球が一つの球体であるという認識は大航海時代に始まり、18世紀の啓蒙・理性の時代にはドイツの哲学者カントやフランスの天文学者ラプラスの宇宙観、ドイツの博物学者Ａ・フンボルトの人類学的世界認識なども含めて大きく前進し、現在の私たちの開かれた世界観、宇宙観にもつながってきている。人類学、民俗学の発展は**植民地主義**にも利用されたが、その研究の歩みは人類の多様性の発見の歴史でもあった。イスラム世界の「再発見」という意味で、ゲーテの『西東詩集』（1819年）も忘れられてはならない。

　19世紀後半から**帝国主義**の時代に入るなかで、帝国主義者もまさに地球を認識した人々であったが、その地球認識の仕方は、地球儀を前にして、どこからどこを自らの勢力下におくかというような意味での認識であった。アフリカの国境線は、なぜ直線なのか。地球儀に線を引いた帝国主義者たちを思い浮かべれば、その意味は明らかである。勝海舟や坂本竜馬が地球儀を前にして世界に開かれてゆく日本を夢みたのは、そのような時代でもあった。しかし、それらも地球を認識したという意味でいえば、地球時代の先駆であったことも間違いない。そのような前史を、あるものは引き継ぎながら、あるものは大きくそれを批判する意識を媒介にして、1945年以降の歴史が始まるのだ、と考えることができる。

地球時代のはじまり　－1945年の意味－

　地球時代は、1945年にはじまる。なぜ1945年なのか。1945年は、第二次世界大戦が終結した年である。この大戦は世界戦争であり、全体戦争^{トータルウォー}としての性質をもっていた。前線と銃後とが区別される状態ではなく、軍事都市と一般都市の区別もなく無差別に空襲があり、それは兵士と一般市民の区別もなくなるような戦争であっ

た。1945年は、日本だけでなく世界中の人々が、このような戦争を二度としては
ならない、新しい**平和な世界の秩序**をつくらなければいけない、という決意をした
年であったといえる。

　第二次世界大戦は、広島、長崎で人類初の核を経験して終わった。この核を体験
したのは広島、長崎、そして日本人だけだと考えるのは間違いである。朝鮮人や中
国人の被爆者もおり、また、1945年に地球上に存在したすべての人々が核という
ものを意識した。

　広島・長崎の経験は、その否定的な契機をとおして地球上のすべての存在への関
心の広がりを呼び起こし、人間と自然との関係を問い直し、地球上に存在するすべ
てのものとの運命共同体という感覚を喚起したといえる。

　核の問題は、地球上の存在すべてが消滅するかもしれない核戦争の危機だけでは
なく、繰り返される核実験を含めて、環境問題を地球規模の問題として意識させる
一つの大きな契機になっていった。核時代の始まり、その否定的意識が地球時代を
開いていく一つの大きなきっかけになっているといえる。

　さらに、第二次世界大戦は**ファシズム(全体主義)**と**民主主義**との戦いという側
面をもつと同時に帝国主義国家間の戦争であり、ファシズムの敗退、植民地の独立、
そして国際関係が大きく変わる転機でもあった。

国連憲章、世界人権宣言と憲法

　第二次世界大戦後の新しい国際秩序を模索するなかで、すでに戦時中から準備さ
れていた**国際連合憲章**は1945年10月に20カ国の批准を得て発効し、それにもとづ
いて**国際連合(UN)**が発足する。**ユネスコ**(国連教育科学文化機関)も、戦前の知識
人たちの国際理解と協力への努力を引き継いで、教育・科学・文化をとおして平和
を築く活動を開始する。

　人権思想もまた、1945年を転機にして大きく発展した。1789年の**フランス人権
宣言**から1948年の世界人権宣言に至る、この間の人権思想の発展は非常に大きい。

世界人権宣言は、一国の人権宣言ではなく、世界の、ユニバーサルな人権宣言として採択された。その後、宣言は条約（国際人権規約、1966年）となり、さらに**女性差別撤廃条約**（1979年）、**子どもの権利条約**（1989年　巻末資料8参照）、障害者権利条約（2006年）と、具体的な人間の存在に即しての権利が自覚され、国際条約、新しい国際法をとおして表現されてきた。国際法は主権国家の紛争解決から、国際人権法の体系として、その内容を大きく発展させることが求められてきている。こうして、1945年は、平和と人権の流れにとっても時代転換のシンボリックな意味をもっている。

　日本の憲法も、世界史的なコンテクスト（関連）のなかでとらえ直してみるならば、その意義が鮮明になる。日本の歴史において、大日本帝国憲法から現在の**日本国憲法**（巻末資料4参照）に変わったことは、天皇主権から**国民主権**へと変わり、すべての人間が人間であるかぎりもっている基本的人権と平和の原理が提示されたことで、大きな転換になった。それは、世界史的にみれば、世界の人権・平和への動きと親和的であり、**平和の思想**という意味では、世界に一歩先んじた平和的生存の権利（憲法前文）、そして戦争の放棄と戦力の不保持を定めた9条が生まれた。日本国憲法がつくられた時点では、日本の過去の戦争責任の自覚と反省が共有されており、その反省をテコにしながら9条が生み出された。

　この**平和憲法**は、日本の歴史のなかで、とりわけ戦後史に即してみれば、大きな役割を果たしてきた。その理念に逆行する動きも見られたが、他方において、憲法が戦後の日本社会の条件をつくり、いまでもつくり続けている。たとえば、経済界にあっても軍需産業に手を貸してはいけないという理念が生き続け、平和産業を軸にかつては世界第二位ともなる経済大国を築き上げた。

　さらに、この憲法を第二次世界大戦後の新しい国際的な状況の変化のなかで考えるならば、これは、一国平和主義などではなく、まさに国際平和主義を強く求めたものであった。その意味で、日本国憲法は地球時代的意義づけのなかでとらえることができる。

世界人権宣言の前文には、「人類社会の全ての構成員の、固有の尊厳と平等にして譲ることのできない権利とを承認することは、世界における自由と正義と平和との基礎である」と書かれているが、それより一足先に生まれた日本国憲法は、その人権宣言の精神と重なるような前文をもっている。前文には、次の件<ruby>件<rt>くだり</rt></ruby>がある。

　「日本国民は、恒久の平和を念願し、人間相互の関係を支配する崇高な理想を深く自覚するのであって、平和を愛する諸国民の公正と信義に信頼して、われらの安全と生存を保持しようと決意した。われらは、平和を維持し、専制と隷従、圧迫と偏狭を地上から永遠に除去しようと努めてゐる国際社会において、名誉ある地位を占めたいと思ふ」。

　これはまさに、国際的な平和に向かって日本が大きな役割を自覚したことの表現であった。新しい国際秩序をつくっていく憲法の崇高な理念を自覚し、その理念をこれから実現しなければならない、その先頭に立つのだという、誇り高い宣言であった。

　憲法9条については、1999年の**ハーグ世界市民平和会議**において、世界の政府に9条の精神を取り入れることを求めるアジェンダ（行動計画）が採択され、国際的に関心が高まっている。

　このように、地球時代という新しい時代への入り口に日本国憲法が誕生し、日本が過去への反省をとおして新しい未来を選択しようとしたことは、非常に大きな意味をもっていた。その後の歴史をみても、日本は決して孤立してはいない。この新しい未来を選択しようとする流れは、世界において、**ラッセル・アインシュタイン宣言**（1955年）から**パグウォッシュ会議**（1957年）、第1回国連軍縮特別総会（1978年）からユネスコ軍縮教育世界会議（1980年）、そして暴力についての**セビリア声明**（1986年　巻末資料11参照）へ、さらに国際平和年（1986年）から国際平和の文化年（2000年）、そして**文化の多様性宣言**（2001年　巻末資料13参照）から条約（2005年）へと進み、ユネスコを中心にした各国の平和文化を築く取り組み（**平和の文化の10年**、2001〜2010年）など、平和に向けての世界の願いと共に歩みつづけている。

◆コラム ＝幣原喜重郎とマッカーサー

　戦後の新しい平和の構築につながる動きが、戦前から積み上げられていた。平和を求めた思想家として、ルソーやカント、ビクトル・ユゴーやロマン・ロラン、ジャン・ジョレスやアナトール・フランスなど、数多くの先人がいた。日本でも、田中正造や幸徳秋水、内村鑑三や矢内原忠雄などの反戦・平和の思想が地下水のように流れていた。

　第一次世界大戦もすさまじい戦争であったが、そこから人間はなぜ戦争をするのか、人間にとって戦争とは何かの問い直しがあらためて始まった。その流れのなかで、戦争を非合法なものにする、アウトローなものにする思想と言論が展開された。

　アメリカの法律家レビンソンをはじめ、哲学者で教育学者のジョン・デューイも、この「戦争を違法なものにする（outlawry of war）」という思想運動の中心にいて活躍した。そして、戦争観そのものが大きく転換する。それまでの国際法では、戦争を一応肯定し、戦争のなかで「これはやってはいけない」、「これはこう扱わなくてはいけない」というのが戦時国際法であった。しかし、1928年に不戦条約（ケロッグ・ブリアン協定）が結ばれ、戦争そのものが違法なものとなった。その背景にあったのが、戦争を違法化する思想運動であった。

　この不戦条約の「不戦」の原語（英語）は、renunciation of war（戦争放棄）である。日本国憲法の第2章第9条は、英訳するとrenunciation of war、まさに不戦条約と同じ表現が使われている。あらためて、日本国憲法前文及び9条の歴史的、今日的意味を世界史の流れのなかで深く考える必要があるといえる。

　さらにもう一つ、9条をだれが発意したのかという問題がある。1946年1月24日に連合国軍最高司令官マッカーサーと幣原喜重郎首相との会談があった。そのときにどちらが言い出したのか、論争があったが、実はこれは幣原が最初にいい出したことであった。なぜ、幣原がいい出したのか。幣原は不戦条約調印前後の外務大臣であり、幣原平和外交ということで批判を受けた人物であった。この幣原が、戦後の首相としてリーダーシップをとった。彼は、戦争を国際的に違法化するという大きな流れを熟知していたのである。

　それに重ねて、長崎と広島への原子爆弾によって、これから戦争などできやしない——戦争放棄の条文をぜひ入れたい、というのが幣原の発想であった。そのことをマッカーサー自身が、アメリカの上院での証言や『回想録』で何度も認めている。それだけではなく、高柳賢三（憲法調査会会長）の問いあわせに対し、「あれは幣原の先見の明とステイツマンシップと叡智の記念塔であり、忘れられてはならないのである」という返事を文書でしている（高柳賢三『天皇・憲法第九条』1963年）。

　幣原の発意をマッカーサーが支持して共感していたことを示す、次のような事実がある。1946年4月5日、連合国対日理事会が開かれた。占領国の首脳が集まって、日本をどうするかという議論をした、その冒頭、マッカーサーは「国策の手段として戦争が完全に間違いであった事を身にしみて知った国民の上に立つ日本政府がなしたこの提案は、実際に戦争を相互に防止するには、国際的な社会政治道徳のより高次の法を発展させることによって、人類をさらに前進させる必要性を認めるものです。したがって私は、戦争放棄に対する日本の提案を、全世界の人々が深く考慮することを提唱するものです。道はこれしかありません。国際連合の目標は賞賛すべきもの、偉大で気高いものでありますけれども、その目標も、日本がこの憲法によって一方的に行なうことを提案した『戦争する権利の放棄』を、まさにすべての国が行なったときに初めて実現されるのです」と、スピーチした。

6

2．環境問題と共生の思想

　地球時代を考えるうえで、さらに**地球環境**の問題をとらえる必要がある。私たちは、深刻化する環境汚染という否定的な事実を媒介にして、地球環境全体を守らなければならないという意識を共有するようになってきた。

　とりわけヨーロッパには、公害問題を一国だけの問題としてはとらえられない客観的な条件がある。ヨーロッパの国々は国境を接しているため、空気の汚染の問題は一国のなかに収まらず、河川の汚染でも、川は様々な国を貫いて流れており、上流の国が廃棄物の処理を誤れば、下流の国々に大きな迷惑を及ぼす。

　環境問題は国際的な問題として意識され、1972年にストックホルムで国連人間環境会議が開かれた。その20年後にリオデジャネイロで地球サミットがあり、ここで**生物多様性に関する条約**（巻末資料12参照）が157カ国によって署名され、翌年発効して、環境問題を地球規模で考える必要があるという意識が共有されるようになった。もとより、環境汚染が1972年に始まって、みんながそれに気がついたということではない。すでに公害問題があり、さらにその前には、核開発とその実験にともなう環境破壊問題が存在していた。それは、ネバダからビキニ、そしてムルロア環礁へと、陸から海へと広がっていった。スリーマイル島、チェルノブイリ、そして東海村、福島などでの原発事故もある。こうして、核の時代の始まりと結びついて環境汚染問題も自覚され、ストックホルムからリオデジャネイロまで、そして**環境サミット**（東京、2009年）、さらに生物多様性に関するCOP10（名古屋、2010年、遺伝資源の利益配分に関する枠組みの検討）へとつながっていった[1]。

「成長の限界」から持続可能な発展へ

　1992年のリオデジャネイロでの地球サミットには、環境問題について国際世論

---

[1] なお、教育との関係でいえば、日本の地域の公害問題のとりくみには水俣問題に早くから取り組んできた熊本の中学校教師、田中祐一がいる。田中は、「地域から出発し、日本と世界を貫く課題」として環境教育を進めてきた開拓者の一人であり、『石の叫ぶとき』（1990年）は、貴重な記録である。

の一つの集約をみることができる。そこではリオ宣言が出され、21世紀に向けて、地球環境保全のための地球憲章として**アジェンダ21**が採択された。

　この流れのなかで、開発や発展について歯止めをかけなければならないという問題意識が経済界のなかからも出てきた。すでに**ローマクラブ**（財界人、経済学者、科学者などで構成された国際的な研究・提言グループ）は1972年に、『成長の限界』という有名な文書を出している。ローマクラブは、「このままのやり方で開発を進めれば、地球のエネルギー資源は枯渇する」という危機意識で、成長の限界という問題を提起した。

　それに対して、地球サミットの認識は、単に「いまのような調子でやっていたらエネルギー資源が枯渇する」という認識にとどまらず、**エコロジカル**（ecological）な生態系が破壊されることをとおして、バイオスフェア（生命圏）としての地球それ自体が崩壊する、という危機の認識を示した。そのときの文書のなかで、自分たちの認識は、かつての『成長の限界』という文書にまとめられた危機意識とは異なり、「資源エネルギーがなくなるから成長政策に少し歯止めをかけよう」というのではなく、「このままいけば生命圏それ自体の崩壊につながるという危機意識だ」と述べた。

　現代の環境問題では、どういう要求を軸に開発をすすめ、どういうように開発をコントロールすればよいのかが問われている。いわゆる**「内発的発展」**、そして**「持続可能な開発**（sustainable development）」[2]ということばが、この環境問題、開発問題のなかではキーコンセプトになっている。持続可能な発展（あるいは開発）という問題は、すべての人間が地球環境破壊の危機に遭遇しているのであって、だれかが救われるというようなものではない。その危機意識が南の国（発展途上国）の開発

---

[2] 「持続可能な開発」については、これを「開発」と訳すか、「発展」と訳すか、専門家のあいだで大きな議論があるが、文脈によって「開発」、あるいは「発展」と訳し変える必要がある。バイオスフェアのサスティナブル・ディベロップメントは「持続可能な発展」、開発主体である人間の抑制原理を含むものとしては「持続可能な開発」、一般的表現としては「持続可能な開発・発展」が適当である。

の権利を抑制し、「自分たちの開発だけは持続する」といった議論にならないよう見定めていく必要がある。南北問題的な視点と持続可能な発展の問題は、ワンセットで考えなければならない。そうしないかぎり、南の国からの「自分たちの開発の権利を抑制している」という反発を招くことになる。

　このような反発は、第三世界の人たちに一般的に共通する感覚である。フランス人権宣言や世界人権宣言にもなかった「環境への権利」、「開発への権利」といった―「第三世代の人権」といういい方をする人もいる―新しい権利が自覚され、この問題がとくに南の側から提起されている。

　環境は戦争によっても破壊される。無差別爆撃と核爆撃で終わった第二次世界大戦、その後の朝鮮戦争、ベトナム戦争、湾岸戦争、イラク戦争、アフガン戦争、そしてこれらの戦争で使われた枯葉剤や劣化ウラン弾や対人地雷、クラスター爆弾をみれば明らかである。

発展する平和と共生の思想

　地球時代においては、平和と**共生**の思想がいっそう深められていかなければならない。共生の思想とは、まず第一に、人間と自然との共生であり、環境問題と深くかかわるところで共生の思想が深められてきた。これまでのヨーロッパ的な思想では、人間は自然にはたらきかけ、自然を変え、場合によっては自然を拷問にかけることによって、人間の文化を築いてきたという認識があった。しかし、環境問題をとおして問い直されるなかで、あらためて人間と自然との共生が大きな課題になってきた。

　共生ということば、あるいは思想は、ヨーロッパ的な思想というよりも、アジア的な思想といってもよい。人間と自然との共生という感覚は、私たちにはわかりやすいものである。この感覚は神道的なアニミズムにも通じるものがあり、また、仏教的な世界観でもある。ヨーロッパではなかなかなじまなかった表現であるが、環境問題への関心がきっかけとなり、ユネスコの会議などでも、1990年代に入って

徐々に使われるようになった。フランスの思想家**ジャック・ドロール**が中心になって、ユネスコが出した*Learning ; treasure within*（学習：秘められた宝、1996年）という本があるが、ここでも、「共に生きる」ということが学ぶ課題の四つの柱の一つとして強調されている。

共生ということばのフェイズ（相）

　ここで共生ということばは、live togetherと表現されているが、これにはいくつかのフェイズ（相）がある。まず、自然と人間との共生という場合には、シンバイオシス（symbiosis）ということばがむしろふさわしいといえる。それは自然科学的、生物学的、そしてエコロジカルな表現であり、生物多様性条約につながるものである。人間と人間が共に生きるという意味でいうならば、living together、あるいはco-livingということになる。棲み分けではなく、本当に親しい人間関係をどうつくるのか、共に食事をし、和気あいあいとした雰囲気のなかで共に生きる、これが共生の一つの原イメージだとすれば、それを表現することばとしては、コンビビアリティ（conviviality）ということばがある。

　これらのことばを使い分けながら、全体として共に生きる（live together）という共生の思想を、いくつかのフェイズに分けながら深めていくことが必要となる。万物、自然と人間、それから万人の共生である。さらに加えていえば、私たちは過去の人たちとも共生している。思想家や芸術家の没後100年といった記念行事をするのもそのあらわれである。もっと一般的に、盆のたびに祖先を祀るような、日常的な生活のなかにもそういう感覚はある。死者との共生、そして同時にまだ生まれていない未来世代との共生感覚も求められている。

共生の思想

　共に生きる、その前提として、人間と自然との関係をどうとらえ直すのか。近代の入り口のところでは、人間中心の自然観を前提にしながら、近代科学を発展させ

てきたという経緯がある。しかし、それに対する反省も、ポストモダン的な思想のなかで行なわれたというよりも、すでに近代の思想家たちから始められており、科学万能主義者といわれるベーコンでさえそれほど傲慢ではなかった。人間もまた自然の一環として存在している。人間性というのは、人間を貫く自然であり、ヒューマン・ネイチャーである。人間と自然との新しい調和をどうつくるかという思想もまた、当時から芽生えていた。近代批判の先駆者であるルソー、そしてマルクスの人間観は、人間と自然との関係を深くとらえ、自然主義と人間主義とをつないだ「自然主義＝人間主義」という考え方をすでに提示していた。

　人間と人間との共生という場合には、民族と民族、国家と先住民族、男と女、あるいは大人と子ども、障がい者と健常者、そういった人たちの存在に即してさまざまな人がそれぞれの存在の理由をもち、それぞれの尊厳をもっているという共生の思想が深められなければならない。ここにおいては、平等の原理、個性の原理、それらと矛盾しないような共生のあり方をどう考えるか、そして、共生を阻むものに対してどういうするどい批判の意識をもつのか、それが重要である。抑圧、偏見、差別、あるいは競争といったものが、この共生の思想に反するのだという見方をもつことが、共生の思想の内容になっていくといえる。

　学びや教育の領域では、「競争の原理」が支配的な学校空間を、本当に「共生の原理」が息づく場へと変えていくことができるのか、その手だてをどうすれば見つけることができるのか、問い続けることが重要である。同時に、競争第一の企業社会についても共生、共同の原理から問い直されなければならない。

　民族と民族との共生といった問題に関していえば、ユネスコの1974年の国際教育勧告にもあるように、「人類共通の価値と文化の多様性の尊重」という、ともすると矛盾する可能性をはらみながらも、この二つを同時に尊重するような関係をどうつくるかということが課題になる。人権と民族という二つの重要なカテゴリーが、ともすると相反する関係におかれがちだが、それをどういう仕方で統一的に把握し、人権と自由、そして異質な他者への寛容と、さらに、多様な価値を尊重することを

地球規模でどう実現するか、といった問題を含んで共生の問題はある。文化の多様性宣言（2001年）から条約（2005年）への動きは、この問題を正面に据えた国際的取り組みの成果であった。

未来世代との共生

　加えて、未来世代との共生という感覚が重要である。まだこの世に生まれていない世代とどう共生するか、その感覚が現在の私たちの生き方を方向づけ、勝手な振る舞いを抑制する原理になってもいるといえる。「子々孫々に対して申し訳ない」といういい方がある。一人ひとりの幸福追求、そして一人ひとりの人権が強調されるが、その人権なるものが個人の枠にとどまっているかぎり、本来的な意味の人権思想にも反するといえる。

　人権の思想は、公共的なるものに広がっていき、たえず新しい共同性、**公共性**が求められていかなければならない。それと同じ発想のなかで、現在の世代と未来世代との共生が求められる。未来世代の権利を侵すような現在の世代の横暴な振る舞いは許されない、地球を汚すことも**未来世代の権利**を侵すことになるのではないか、といった感覚で未来世代との共生の問題を考える必要がある。未来世代の権利という表現でこそないが、1997年には国連総会で「現在の世代の未来世代に対する責任の宣言」（巻末資料15参照）が採択された。まだこの世にいない世代に対する責任ということが、国連でも討議されるようになった。

　未来世代の権利を認めさせる運動の中心に、フランスの**ジャック・イブ・クストー**がいる。彼は、「環境問題はまだ生まれていない未来世代の権利の問題として考えなければいけない」、とした。クストーは海洋探検家として知られるとともに、実際にアクアラングを発明し、水中カメラで海の神秘の世界を映像化して伝えた最初の人物である（ドキュメンタリー映画「沈黙の世界」）。彼は海に潜るうちに、海洋の汚染に気づき、海洋汚染の問題を地球環境汚染の問題として広げながら、何とかそれを防ぎ、未来世代にこれ以上汚染していない環境を残さなければいけないとい

う思いで、「**未来世代の権利憲章（the Bill of the Right of the Future Generation）**」
（巻末資料13参照）を国連で採択させようという運動を始めたのであった。

　クストーは、海洋を汚染から守るためにフランスの水爆実験を批判し、沖縄のサ
ンゴ礁の調査なども行ない、環境の保護を訴えた。彼は、「この地球を守り、文化
を次の世代へ伝えることは、世代から世代へ（from generation to generation）とい
う発想だけでなく、まだ生まれていない世代（future generation）から預かってい
るこの地球を大事にすることなのだ、それが未来世代の権利に応えることになるの
だ」という発想から、この運動を始めた。

　この視点から考えれば、子どもの権利の問題も、まだ生まれていない未来世代の
権利の問題にもつながっていることになる。それは、地球時代の内実を大きく広げ
ることにもつながる。自然としての地球、その上に存在する生命体の共生、それは
自然と人間との共生であり、万人の共生でもある。その「万人」は、過去の世代の人
たちとのつながりと同時に、未来世代とのつながりも含むものである。

　「**教養**とは人と人をつなぐものだ」といういい方がある。過去の人とも対話ができ、
地球の向こう側の人とも対話ができて、つながりをもてる。これが教養であるが、
さらに未来世代との対話の可能性を含んで、私たちが考えなければならない課題が
大きく広がってきている。子どもの権利の思想も、未来世代の権利とつなぎながら、
具体的には、現在の若い世代に対する責任の問題として自覚していく発想が必要に
なっている。

3．地球時代と地域

　今日、世界全体がボーダーレスな（国境がない）世界になっており、グローバリゼ
ーションということばが、ある意味では現代をとらえる一つのキーコンセプトにな
っている。しかし、いわゆる**グローバリゼーション**とは、よくみるならば、アメ
リカを軸にしたアメリカ的な価値観の世界支配を意味している。より具体的にいえ
ば、グローバリゼーションは金融資本、先端技術、情報産業、多国籍企業などが結

びついた経済が世界に広がっていくことの表現であり、実際にはアメリカによる政治、経済の世界支配である。

　日本でも、この流れは避けがたいことだとして、グローバリゼーションということばが積極的な意味で使われることが多いのが現状である。グローバリゼーションなるものは、アメリカ一極の経済秩序、新自由主義的な発想による地球規模での経済のネットワークであり、そこに市場の原理が入り込んでいくことから、大競争の時代が生じている。他方、その競争の外側で、核やバイオの中核となる知識の独占体制も進み、**エピステモクラシー**(知による支配の体制)の進行がみられる。そして、そこで考えられている平和もまた、強大な軍事力を支えとするアメリカ一極の、いわゆるパックス・アメリカーナ(アメリカを中心とする平和)にほかならない。

　しかし、グローバリゼーションとパックス・アメリカーナがはたしてそれぞれの地域の人間に本当に幸せをもたらすのかどうか、という問い直しが求められている。グローバリゼーションの問題性をとらえるためには、中南米、アジア、アフリカ、EU(ヨーロッパ連合)といった国際的な地域(リージョン)の問題、国連の構成単位である一国(ナショナル)の問題、そして国のなかの中央と地方という意味での地方(ローカル)、地域の問題がある。グローバリゼーションへの対抗原理を考える場合には、**インター・ナショナル**の視点が重要であり、**地域、ナショナル、リージョン**、そして**地球世界(グローバル)**の、それぞれの視点から串刺し的に、重層的に問題をとらえることが重要である。その原点ともいうべきものが、生活拠点の空間としての地域、そしてそこでの**住民自治**である。

地域を問い直す　−住民自治−

　では、地域とは何なのか。とりあえずは、一人ひとりがそこで生活して生きる基盤であり、そして地域を問うことはその生活の質を問うことだといえる。しかし、地域が問われているというのは、別のいい方をすれば、地域がなくなっているということでもある。地域の地方化、地域の解体、あるいは限界地域、地域の崩壊とい

うことばもよく使われる。だからこそ、地域をどうつくり直すかという課題は、自分たちの生活をどのように見直し、その質を豊かにするために何が必要かという問題にもなる。

中央と地方というコンセプトのなかで地域がなくなってきているということ、もう一つは、地域の解体と深くかかわりながら、私たちの生活自体が流動化しているなかで故郷が失われているということ、この二つの問題について考えてみよう。

まず、中央と地方というコンセプトのなかでの地域の問題は、この表現がすでに意味しているように、中央と地域ではなくて「地方」になっていることにあらわれている。地域が中央と結びつくことによって、地域の独自性は失われていく。「地域の地方化」ということばは、すでに1960年代から使われている。地域の地方化とは、たとえば国土開発、あるいは列島改造などの大きな国の政策のなかで、批判的に使われるようになったことばで、各地域の固有性がみえなくなっていく、地域が破壊されていくということである。

地域の開発と解体

1960年代の列島改造や地域開発で日本の自然風景が大きく変わり、それまでの白砂青松の美しい水辺に突然大コンビナートが建設され、公害を垂れ流していく状況を踏まえて、この地域開発がはたして地域を豊かにしたのかが問われた。地域開発という名の地域の解体、そのなかで人間が根無し草になっていく問題を、経済学の視点から鋭く指摘したのが宮本憲一『地域開発はこれでよいか』(1973年、岩波新書)である。

宮本は、経済学の研究それ自体が、いわゆるデスクワークではなく、地域の生活と深くかかわり、地域生活を立て直す経済学をつくるにはどうしたらいいのか、ということを学問意識にしてきた。宮本は、列島改造案について、国をあげて最大利潤をどのように追求するかという、ナショナル・マキシマム化の国家的行動原理が列島改造の課題になるなかで、地域は逆に収奪されていくという構造が生まれるこ

とを指摘し、そういう構造を変えて、生活基盤としての地域の最低限必要なものは何なのかという視点から、地域をとらえ直すことを主張している。列島改造や巨大開発のなかで、まさしく地方自治の破壊が起こっている。開発を担う第三セクターとは、「権力とお金をもったブルドーザー」のようなもので、住民の声はその開発に十分反映されていない。これにストップをかけるのは、住民の自治的な運動以外にない、ということである。

　地域開発は公害問題と深く結びついていたが、現在では公害問題とはいわずに、地球環境問題がしきりにいわれるようになった。環境問題を、自分の住んでいる地域の公害ということだけではなくて、地球規模での汚染や破壊の問題として考えなければいけないことはたしかである。しかし、足元の公害問題やそれを引き起こした企業のあり方、そして農業のあり方や農薬の問題などを問うことなしに、地球規模の環境が問題だというだけでよいのか。地域の公害問題に目を向けることなく、地球汚染、地球環境問題だけをいっていても、問題のありかをそらすにすぎないことになりかねない。

　文科省は総合学習の課題のモデルとして、環境問題、地球環境問題を推奨しているが、やはり自分たちの生活環境そのものである地域開発や公害の問題に目を向けることが必要である。そしてまた、平和や人権というようなテーマを考える場合も地域からの視点が必要になってくる。

地方自治の本旨

　経済政策、開発政策とは別に、もう一つ、行政的な面で中央と地方の関係をどう考えたらよいか、という問題がある。戦前の国家主義的な枠組みのもとでは、地方自治や住民自治などという考え方は存在しなかった。地方とは、中央の出先としての地方であり、地方の行政は内務省が握っていて、その所管のなかには警察行政と教育行政が重要な内容としてあった。しかし1945年、大きな歴史的転回のなかで国の仕組みも変化した。日本国憲法が制定され、**教育基本法**（巻末資料5参照）が

生まれ、**地方自治法**がつくられ、地方自治に関して一つの新しい視点が提起されていった[3]。

1960年代の後半から70年代にかけて、京都府の蜷川知事、東京都の美濃部知事をはじめ各地に革新知事が誕生し、地域の民主化がすすんだ。市町村のレベルでは、日本で初めて老人と乳児の医療費を無料にした岩手県沢内村の深沢村長、住民自治の実現に努めた長野県栄村の高橋村長や東京都狛江市の矢野市長などが、重要な取り組みを行った。核廃絶を訴え続ける広島市長、長崎市長のメッセージは、世界に向けられている。やはり、**自治の精神**を担う住民が、地域の住民としての主体性をもって、自分たちの地域をつくるという思いを共有して横につながっていくことが必要である。それによって、中央直結の行政でなければ地方は疲弊するというような考え方とは、別の道筋が開かれるのだといえる。

教育改革の問題にしても、地域に根ざす教育が改革の軸にならなくてはならない。**教育委員会**、さらには**PTA**、地元の文化、教育の専門家、企業もかかわり、それぞれが、地球時代にふさわしい課題を担う市民の一人ひとりをどう育てるかということを認識する必要がある。そうしていくことで、地方分権を中央の責任と権限が配分される分権としてではなく、自治と参加でとらえ直す可能性もみえてくる。改正された**新地方自治法**(1999年)も、住民参加型の自治体づくりの可能性を開くものとして使うことができる。しかし、そのためには住民自治の考え方が、生活感覚をとおして息づいていなければならない。

4．教育の本質

教育とは、国のために人をつくることであり、そのためには一定の強制が必要だという意見がある。(旧)教育基本法の改正論の中にも、国のために死ねる人間をつくるのだというような発言も見られた。論議の前提として確認しておくべきことは、そもそも教育というものは、歴史的にどういうことだったのか、だれが主人公で、

---

[3] 憲法第92条には、地方自治について「地方公共団体の組織及び運営に関する事項は、地方自治の本旨に基づいて法律でこれを定める」とある。

社会の中でどういう役割を果たしてきたのかということであり、そのことをきちんと踏まえておく必要がある。

　ここで、教育の本質というとき、それは、教育というものはこういうものだと頭のなかで考えて、そして、理念的にそれを説くということではなく、歴史のなかで教育とは何であったか、その事実をとおしながら、どうあるべきかという課題が少しずつ豊かに展開してきたのではないか、と考えることが重要である。

　教育の歴史性、社会性という意味でいえば、たとえば日本の教育に関しても、江戸期、明治期、そして大正、昭和と、そこでの教育は、いわばひとつの歴史的、社会的な枠の中でつくられてきた。そして、戦後の改革はやはりひとつの歴史の事実であり、その変化をとおして、教育に関する条理、あるいは合意の水準というものが少しずつ変化している。教育は、いずれにしても、歴史的、社会的に規定されているということ、これを否定するわけにはいかない。

　近代の後期にかけての、そして現代（地球時代）の歴史、教育の変化、それから教育の思想の変化、それらを明確にとらえておく必要がある。1945年は現代史のひとつの大きな転回点であり、日本の近・現代史のなかで、何がどういうふうに変わってきているのか、そういうとらえ方がまず必要である。

近代教育と人権

　戦後の改革で、教育は**国家**への**国民**（臣民）の**義務**から**人権**としての教育に変わった。では、人権とは何なのか。このことに関して、アメリカ革命、フランス革命にもかかわった**トーマス・ペイン**という思想家が、『人間の権利』（1792年）を著している。ペインはそこで、人間にとって、人間であるということが「最高の肩書」であり、それ以外にないのだということを述べた。それまでの身分社会、つまり王様がおり、貴族がおりという身分制を否定する原理は、「人間は人間である」ということ以上にはない、近代の革命というものは、「貴族をも人間に高めた」と、抑圧されて人間扱いされなかった庶民を人間として解放しただけではなくて、貴族をも人間に

高めたのだととらえた。このとらえ方は、人権をとらえる上で非常に重要である。そして、その人権のなかには、「すべての知的な権利ないしは精神の持つ権利が含まれ、人間は、その権利を放棄することはない」、と述べている。人権のなかでも、「精神的な自由」、そして、精神の高揚を求める人間、その知的で精神的な権利というものは、すべての人間が持っている、これは人権の中核である、ということを述べている。これは、当然、一人ひとりが学ぶ権利を持ち、教育を求める権利を持つという原理につながっていく発想である。

　もう一人、フランス革命のとき、公教育の思想を深め、そして公教育のプランを立法議会に提示した(1791年)ことで有名な**コンドルセ**を想起する必要がある。彼は人権宣言の起草者の一人としても知られている。

　コンドルセは、国民の権利としての教育をすべてのものに保障するという原理を軸にしながら、教育の中身に関しては、**真理**を軸にした**インストラクション(知育)**が中心でなければならない、その領域で、国家あるいは政府が**介入**するということは、決してしてはならないことなのだ、と述べている。そして、「政府によって与えられる偏見は、真の暴政であり」、さらに「政府はどこに真理が存し、どこに誤謬があるかを決定する権利をもたない」、と述べている。これは、近代における国家と教育の基本的な関係を表現したことばである。そしてさらに、「国民の意思あるいは意見を選定する権利を占有する権力は、国民主権の一部を事実上奪うものである」、つまり、国家がある考えを国民に押し付けるということは、国民の主権の一部を奪うことである、と述べている。

　国民から真実を学ぶ権利を奪うことは、国民主権を奪うことになるのであり、これに重ねて、教育というものは時の政府から独立 (l'indépendance de l'enseignement) していなければならない、これが**公教育の原理**なのだということを強調している。

　このコンドルセのとらえ方と同様に、国家権力の法的限界を基礎づけたフランスの法学者**L・デュギー**も「国家は学説をもたない」と述べ、ドイツにおいても、**W・**

フンボルトは「国家活動の限界規制に関する考察」のなかで「公権力からの教育の自立性」を主張し、法学の大家イェリネックは「市民国家というものは、人間の内面性に属するものは何物も自らは生産しえない」と述べている。このように、近代国家は価値観から中立という意味での中立国家（neutral state）であることが求められていた。

このような原理が提示されたにもかかわらず、ヨーロッパでそれが現実になったかというと、そうではなく、時の権力者が思う方向で国民を鋳型にはめていく、そして国家が**「道徳の教師」**になるというのはひとつの趨勢であったことも間違いない。それが第一次大戦を準備し、第二次大戦を準備することにもなっていった（堀尾 1971）。

1945 年の歴史的な転回というのは、国際的にも、そうした教育の考え方が大きく批判されるということであり、そして、国連がつくられ、世界人権宣言が出され、**ユネスコ憲章**（巻末資料 6 参照）が出されるという筋のなかで、国際的にも教育の条理が豊かに確立していく。戦後の日本の改革も、この流れのなかでなされていったといえる。

戦後教育改革の意義

憲法・教育基本法体制の意味を考えれば、戦後改革には、戦前の日本、つまり（大日本）帝国憲法下の、そして教育勅語体制のもとでの教育を大きく変える、そこに課題があった。戦前の教育が国家のための国民（臣民）の義務として考えられていたのに対して、戦後の改革のもとで、教育はまさに人権のひとつとしてとらえられ、**人権としての教育**が保障されるためには、国家が教育の中身に関してとやかく立ち入ってはいけないという原理が同時に提起された（たとえば、田中耕太郎による「教権の独立論」）。先述のコンドルセのような見解が、ようやく日本国憲法、そして教育基本法を支える思想にもなってきたといえるだろう。

それでは、戦前の国民の精神の自由はどのようになっていたのか。思想、信条の

自由は、帝国憲法の 28 条にも書かれていた。しかし、そこでは、「安寧秩序ヲ妨ゲズ及臣民タルノ義務ニ背カザル限ニ於テ」信教の自由（思想、信条の自由）を有する、となっていた。帝国憲法が 1889 年につくられ、翌 1890 年、**教育勅語**（巻末資料３参照）が出される、そのことによって「臣民タルノ義務ニ背カザル限ニ於テ」という中身が具体的に示されたといってもいい。つまり、教育勅語を批判するというようなことはできない、それは秩序を乱し、「臣民タルノ義務ニ背」くことだとされた。実際、所謂、**内村鑑三不敬事件**が起きている。教育勅語が出された翌年、文部省は直轄学校に教育勅語を配布し、機会あるごとにその精神を生徒たちに指導するようにと指示したが、第一高等中学校の教師であった内村は、そのときに教育勅語への拝礼を拒否した不敬な輩として、処分された。

この事件の意味は、非常に大きかった。それは、明治国家、帝国憲法下における、精神の自由がどういうものであったかということを象徴的に示しているわけであるが、この事件以降、明治国家は一層、精神の自由を抑圧する方向で動いていく。

この事件に対して、キリスト教者たちは、批判の声を上げる。柏木義円は、安中の教会の牧師としても有名だが、彼は「若し夫国家を以て唯一の中心となし、人の良心も理性も国家に対しては権威なく、唯人を以て国家の奴隷、国家の器械と為す、是れ国家主義か。基督教固より此の如き主義と相容れず‥‥‥若し勅語の精神の意義にして此の如きか、是れ非立憲の勅語なり」、「今や思想の自由を妨ぐるものは忠孝の名なり、人の理性を屈抑するものは忠孝の名なり、偽善者の自らを飾る器具は忠孝の名なり」と痛烈な批判をしている。

この事件に対しては、**井上哲次郎**が「教育と宗教の衝突」という論文（1891 年）でその見解を発表している。井上は、東京帝国大学の哲学の教授で、帝国憲法下、教育勅語体制のもとでの筆頭イデオローグである。ここで井上は、国体教育の擁護とキリスト教批判をおこなった。ここでの教育というのは、教育勅語を軸にした国体主義的な教育であり、まさに教育勅語を軸にした教育こそが教育とされた。内村鑑三不敬事件は、教育勅語が精神的自由を制約するものであったことを示す象徴的な

事件であったといえよう。

　井上哲次郎は、教科書検定に関しても重要な発言をしていた。彼は、「学問と教育の区別」という原理の上に立って、「例えば教科書を書く場合にも、それは二様の態度がある。一方は事実を事実として、その正邪、善悪に拘泥せずに極めて科学的に研究する。これに反して、他の一方は、国民道徳の上から事実を判断研究する。すなわち、国家のために是否善悪を言うことを主眼に置く。そして、国定教科書の場合、もちろん後者に寄らねばならぬことは論ずるまでもないことだ」と述べて、国定教科書の意味を強調し、真理は国民道徳の観点から曲げられていいのだ、と述べている。

　戦前の国家と教育の関係、そこでの人間の内面の自由との関係は、戦後改革で大きく変わっていく。個人の尊厳と人権の尊重の原理に立脚する(日本国)憲法、そして(旧)教育基本法がつくられたのであり、そこに戦後改革の大きな意義があった。

　戦後改革は占領下ではあったが、決して押しつけられたものではなかった。連合国側のアメリカ教育使節団に対応して、日本側にも教育家委員会が組織されて報告書をまとめ、さらに 1946 年 8 月には教育刷新委員会がつくられ、そこで教育の根本理念が検討され、教育基本法が作成されていく。この間に、南原繁、務台理作、田中耕太郎、田中二郎らの果たした役割は大きい（堀尾 1987、堀尾・山住 1976、堀尾 2005）。

人権としての教育　−子どもの権利とは何か−

　戦後の教育改革、それを支えている基本に人権としての教育の思想がある。さらにいえば、ヨーロッパにおいても日本においても、**子どもの権利**の視点から人権の思想が豊かになってきた。人権は、人間が人間である限り、すべての人間の持つ、不可譲の権利である。すべての人間には、当然子どもも含まれる。しかし、長い間、子どもは人間として認められず、近代以降においても、せいぜい「小さなおとな」としての「未熟もの」であり、その限りにおいて、人権の主体からはずされてきた。

女性や労働者も同様であった。したがって、まず前提として、子どもは人間であり、人間として当然の権利(人権)をもつことが確認されなければならない。

　その上で、しかし、子どもは子どもであり、おとなとは異なる存在であり(**「子どもの発見」「子ども期の発見」**)、豊かな子ども期を過ごすことが、その生涯にわたっての幸福追求の基礎をなすことが主張され、社会的にも承認されてくる。

　「子どもの発見」と子どもの権利の思想の発展にとって、**J・J・ルソー**とその著**『エミール』**(1762年)は決定的に重要な意味をもっていた。子ども(期)の発見の書といわれるこの本の冒頭近くに、こう書かれている。「人は子どもというものを知らない。子どもについてまちがった観念をもっている。……まず何よりあなた方の生徒を研究することだ」。そして、こう記されている。「自然は子どもが大人になる前に子どもであることを望んでいる。この順序をひっくり返そうとすると、成熟してもいない、味わいもない、そしてすぐに腐ってしまう促成の果実を結ばせることになる。私たちは若い博士と老いこんだ子どもを与えられることになる」。

　子どもは「未熟なおとな」ではない。その「未熟さ」は、現在のおとなをのりこえる**「発達の可能態」**としてとらえ直されなければならず、「早熟な子ども」を求めれば、その豊かな未来を台無しにしてしまうことになる。ルソーは、人間とはまず子どもであり、おとなとは違うのだということから出発した。このことが、青年期の発見につながり、さらに人間の再発見につながるものとなった。

　ルソーの「子ども(期)の発見」を、コンドルセは「新しい世代の権利」としてとらえ直し、V・ユーゴーは文学者らしく、「コロンブスはアメリカ大陸を発見したが、私は子どもを発見した」ということばを残している。ユーゴーの発見した子どもは、社会のなかの子どもであり、子どもの権利(droit de l'enfant)ということばを最初にフランス語で使ったのは彼だともいわれている。

　こうして、子どもの発見と子どもの権利の思想はルソーやコンドルセ、V・ユーゴーなどの思想のなかに芽ばえ、民法の親権解釈を変え、社会政策のなかで子ども保護の施策があらわれ、新教育運動と結んで義務教育の問い直しもすすめられてく

る。世界的心理学者で新教育運動の指導者でもあった**H・ワロン**は、「新教育の真の意義は子どもの権利の確認にある」と述べている。

ジュネーブ宣言以降の子どもの権利論

1924 年の**ジュネーブ宣言**は、子どもの権利の国際的承認の第一歩となり、1948年の世界人権宣言、1959 年の子どもの権利宣言、さらには 1979 年の国際児童年をとおして、「**子どもの最善の利益**」を核とし、子どもの保護を受ける権利とともに、その主体としての成長・発達・学習の権利を含む子どもの権利論が国際的に展開されていく。日本でも、国際的動きに呼応して**児童憲章**(1951 年)を**子どもの権利憲章**としてとらえる動きもすすんでくる。

また、国際児童年での提起をうけて、子どもの権利宣言を条約にする取り組みがすすみ、宣言から 30 年目の 1989 年に国連で**子どもの権利条約**が採択され、日本も 1994 年に批准した(巻末資料 8 参照)。こうして、子どもの権利は「思想」から「宣言」、そして「条約」として、批准国の国内法に優先する法的規範となってきた。その実効性を確保するものとして、**政府**および **NGO** は、それぞれ**国連子どもの権利委員会**に報告書を提出し、委員会はそれらを審査し、政府に勧告を行う制度が機能している。

このような歴史の流れをふまえて、では子どもの権利とは何なのか、どのようにとらえればいいのか。端的にいえば、子どもも人間であり、当然、子どもも人権の主体である。その上で、しかし、子どもは子どもであることによって、子ども時代固有の豊かな生活、人間としての成長・発達が保障されなければならない。その子ども時代にふさわしい「**子ども期**」の充実を求める権利が子どもにはある、というのが子どもの権利の思想の中核である。

人権と子どもの権利、そして子どもの人権、この三つのカテゴリーがどういう関係になっているのか。人権一般は当然の前提として、しかし、子どもの権利というのは子ども時代の権利、子ども期の権利ということであり、人権一般とは違うカテ

ゴリーである。そして、その視点をくぐらせて、もう一度人権をとらえ直してみると、実は人権というのは人間の権利であり、人間とは子どもであり、青年であり、老人であり、やがて死んでいく存在である。つまり、そういう人間の一生を含んで人間の権利をとらえ直す視点を、子どもの権利の視点は提示したのであり、そのライフ・ステージに即して、子どもの人権、青年の人権、成人の人権、老人の人権という概念（コンセプト）も有意味なものとなってきているのである。さらに子どもの権利は、子どもの発達にかかわる親や教師たちの人権や、その職責にかかわる権利（権限）が保障されていない限り、その保障はおぼつかないというのも明白である。こうして、子どもの権利はその生涯にわたる**人権の基底**をなすものであり、また、子どもにかかわる人々の権利の保障をも求めるものであり、さらに「未来世代の権利」の視点とも重なって、人権思想そのものの新たな展開を促す契機でもある。

子どもの権利からみた憲法

　子どもの権利とは、生存、成長、発達する権利、学ぶ権利、教育への権利、意見表明の権利、そして豊かな内面を形成する権利が、その中核的なものになる。そのような子どもの権利の視点で、憲法を読んでみたらどうなるか。それは、憲法に規定された人権を子どもにも適用するという発想ではない。むしろ、その逆である。

　さて、**憲法第11条**には、すべての国民が人権の主体であると書かれている。その人権の主体のなかに、まず、子どもは入るのか入らないのか。子どもも国民（people）の一人として、入るのは当然のことである。第13条には、幸福追求の権利が書かれている。子どもにとっても、当然、幸福追求の権利というものが保障されなければならない。子どもが人間的に成長・発達するためには、平和的な環境、平和的に生存する権利が保障されなければならず、豊かな環境を求める権利も子どもの幸福追求の権利の中で重要な意味をもっている。

　第19条の思想、良心の自由、精神の自由に関しても、これは人権の中核であり、決して大人だけの自由ではない。しかも、その思想、良心の自由は、子どもにとっ

ては、いっそう丁寧な配慮が必要だということこそ、まさしく重要な点である。それは、配慮が必要だから枠にはめようというのとはまったく違うのであり、子どもにとっては、その思想、良心、広くは精神それ自体も形成過程にあるのだから、より豊かな環境のもとで、間違いを直し、試行錯誤をくり返し、選び直しながら自己を形成していく、その発達のフレキシブルなプロセスを含んでの自由であり、奪われてはならない権利なのだと考える必要がある。

第 21 条の表現の自由、子どもの権利条約では**第 12 条の意見表明権**が、新しい権利として特筆して強調されているが、第 21 条にある表現の自由は、子どもから見れば意見表明権を含むものとして読み直されてよいものである。第 21 条は、「集会、結社及び言論、出版その他一切の表現の自由は、これを保障する」となっており、この「その他一切の表現の自由」のなかに、子どもの意見表明権が入ってよいはずなのである。子どもの権利条約では、第 12 条で子どもの意見表明権を書き、そして第 13 条で表現の自由、第 14 条で思想、良心、宗教の自由、第 15 条で集会、結社等の自由について述べているという構造になっているわけで、子どもの権利条約と憲法を重ねていけば、表現の自由には子どもの意見表明権が含まれることが、いっそう明確になる。

第 23 条の学問の自由について、憲法学者のなかには、依然として高等教育機関における研究と教授の自由と解釈している人がいるが、それは間違いである。第 23 条は、国民の権利のひとつとして書かれている平明な文章であり、大学人の自由などと言う必要はない。まず国民一人ひとりの自由であり、そして、子どもにとっては学問の自由とは何なのか、ということになる。真理、真実を学ぶ権利、問いを問い続ける権利、それが子どもにとっての学問の自由である。

初代文部大臣の森有礼が、学問が教育とは区別されると主張し、明治の中期以降、この学問と教育を区別する考え方が日本の社会に定着した。しかし、それ以前はどうかと言えば、たとえば、**福沢諭吉**の『学問のすゝめ』(初編 1872 年)をみればわかるように、これは決して大学における研究者の「学問のすゝめ」ではなく、庶民が、

子どもが、学問好きになるよう、学問をすすめなければいけない、そのことによって国民主権が意味を持つという原理である。したがって、第23条も子どもの**学習権**、そして国民の学習権という視点から読み直していく必要がある。そうすれば、研究者や教師の学問の自由と**教育の自由**には、国民や子どもの付託に応える職責の自覚が求められていることもわかってくるはずである。さらに、第26条の教育を受ける権利も、子どもが人間的に成長、発達する権利、そして学ぶ権利、それにふさわしい教育を求める権利が規定されている、そのように読めるだろう。

　子どもの権利からみるとき、「**教育を受ける権利**」という表現が、実はひとつの問題をはらんでいることもわかってくる。教育を受けるという受動的なことではなくて、学ぶ権利を前提としての「**教育への権利**」(right to education)、つまり、教育を求め、教育にあらざる教育を押しつけられる場合には、それを批判し、拒否する権利も含まれる。このように、憲法条項も一貫した視点で読むことができるのではないか。子どもの権利条約には、さらに、子どもの心とからだの成長、発達の権利を中心にして、学ぶ権利、意見を言う権利、問いを問い続ける権利、そして教育への権利が保障されている(子どもの権利条約第6条、第12条、第14条、第29条等参照)。こうして、子どもの権利の視点から憲法第13条、第19条、第21条、第23条、第26条を一貫してとらえることができるだろう。

　憲法をとらえるには、憲法をただ守るということではなく、未来展望のなかで、その価値をより豊かに発展させることが求められている。憲法は、それぞれ発展の可能性を持つ、いわば「**未完のプロジェクト**」なのであり、その課題を豊かにするのは次の国民である。つくられた時期からすれば、私たちはその次の国民なのだが、まさに、憲法は「現在及び将来の国民」に託されているのであり(前文、第11条、第97条)、そういう視点を含めて、憲法をとらえる必要がある。

教育における本質と公共性

　教育が**公の性質**を持っているとは、どういうことであろうか。それは、教育の本

質と深くかかわっている。教育は人権のひとつであり、一人ひとりの利益につながるものだが、子どもに伝えられるべき学問や文化は共同のもの、公共のものであり、学問や教育はすべての人に開かれており、それを身につけた人間は、その成果を社会に還元しなければならない。

　教育の公共性を考える際、子どもをどうとらえるか、ということが問題となる。子どもは親の私物ではない。親の私物と考えている限り、その子どもの教育を親が選ぶというレベルでは、私的な利益、そして将来への投資といった意識で考えられがちだが、そう考える限り、教育の共同性・公共性は出てこない。いわゆる**自由化論者（新自由主義）**は、受益者負担論と親の選択権の主張から教育を公費部門からはずすという主張で、それは、教育の公共性の否定につながっている。

　子どもは、親が責任を負うと同時に、社会の子であるという子ども観が強調されなければならず、同時に、教育や文化、そして学問は、普遍へと開かれているもので、すべての国民が享受しうる共同・公共のものである。そして、教育と学習の場には、自由の雰囲気がみなぎっていなければならない。身につけた学問、教育は、社会に還元されなければいけない。こういったとらえ方と結びつけて、公の性質をとらえ直していく必要がある。教育は、国や県や市が関与するから公の性質を持つ、というのではなく、その本質において、前述の意味での公の性質を持つものである。したがって、できるだけ公費、つまりは国民の税金でまかなうことが望ましい。

　人権としての教育を軸にした教育の自由とその自律性は、精神の自由を前提に、子どもの学習の自由、教師の研修と教育実践の自由、親の教育選択と参加の自由、教育行政の条件整備の責任、さらに国家権力の教育内容への不介入の原則を含んで成立する。これは、1980年代の臨教審のいう**「教育の自由化」**、そして現在の新自由主義のいう「規制緩和と選択の自由」とは異なっている。人権としての教育と子育ての共同性に基づいての、一人ひとりのものであると同時にみんなのものとしての公教育をつくりだすこと、これは、**新しい公**をつくりだすことであるといえる。

　それは、公教育は国家的な事業であるという発想、戦前のように、いわば「お上」

(官)がやるべきことだと発想しながら、国が関与することで公共性が保たれるという考え方、そのような国権論的公共性論に立つのではない。いま私たちには、人権としての教育の思想を軸に、子どもの人間的な成長・発達の権利をみんなで保障すること、子育てと教育に関係する者、子どもに関心をもつ者のすべてがそれに参加して、子育ての共同性と教育の公共性をつくり出すことという、人権論的・市民的公共性論が求められている[4]。

　子どもは親の私物ではなく、その子の教育に親だけが責任を負っているのではない。子どもとその教育は、まさに一人ひとりのものであると同時にみんなのもの、子どもには誰よりも親が重い責任を負うということと同時に、子どもは社会のものである。そして、社会全体が子どもの発達を保障する、そういう意味で共同性・公共性が考えられなければならず、教育の内容もまた、学問や芸術や文化の内容がそうであるように、普遍へと開かれ、みんなのものとして共有されていくものである。したがって、教育を受けた者はそれをひとりじめにして、自分の利益のために使う、またその費用は受益者が負担するのが当然であるというような学問や教育のとらえ方は、本来、学問・文化・教育の本質にそぐわないものである。

　教育の公共性は、教師が学問や文化を若い世代に伝えるという仕事そのものによるものである、といってもよい。学問や文化を介して、子どもたちは真理の前にその精神を自由に開いていく。学問や文化の真理、真実は、個性的であるとともに普遍をめざして開かれている。もちろん、教育を受け、学問や文化を身につけることは、自分が豊かになることには間違いないのであるが、同時に自分の身につけたその学問や教育を広く国民のもの、社会のもの、そして人類のものへと開いていく、それが学問や文化の本来的な性質のはずである。私たちの公教育とは、このような子ども観、学問観と結びついている。子どもたちは、自分自身の生きる力と同時に、自分の幸せをみんなの幸せのなかにおくことができなければ自分の幸せもない、という感覚を身につけて育つことが大切である。

---

[4] なお、英語で public（公）は offcial（官）とは異なり、ドイツ語で öffentlich（公）は offziell（官）とは異なる。前者は開かれた、みんなのものという意味をもっている。

世界人権宣言のいうように、教育はそれ自体が子どもの権利であり、人権のひとつであるとともに、その教育を通して人格の発達と、基本的人権と自由の尊重を身につけさせることが目的である（26条）。あるいはまた、児童の権利宣言（1959年）のいうように、子どもたちは、友愛と平和の精神のもとに、その力と才能が人類のために捧げられるべきであるという十分な意識のなかで育てられなければならない（10条）。これはそのまま、日本の憲法・教育基本法の精神と合致するものといえるだろう。

　真に公共的なものをつくっていくというとき、ただ物理的な意味での公共的な空間をつくればいいということではない。それを支えている一人ひとりの人権感覚と、それと親和的な公共的感覚の問題、それをもとに新しい関係を紡ぎ出そうとする意欲や構え（disposition）の問題があり、そういうものに支えられてはじめて、その空間が本来的な意味での「公共的な空間」になる。現在、私たちが新しい公共性をつくりだしていくプロセスは、実は憲法を支えている公共性の根っ子を掘り当てる作業でもある。

　学校教育に引きつけていえば、現実には、権力の恣意的な枠づけのなかで、いわゆる「学校知」という歪められた知になってしまうという危険性が多分にあるものの、知は本来、社会的に開かれたものである。そして、**民衆**（人民：people）がそれをわが物として、知を力にしたとき民主主義は実現できる。教育における公共性というものは、このようなコンテキスト（文脈）のなかで、子どもの存在の社会性、知の開かれたあり方、教師という仕事の公共性、そしてそれを支えている父母と民衆、そういう人々の参加によってつくられていくものなのである。

　前述の教育の本質とかかわって、学校とは何であるのか、教師の役割と責任はどこにあるかが、つづいて問題になってくる。学校とは、子ども、青年の発達の権利、学ぶ権利の保障の場であり、そして、生徒どうしがたがいにその人格を認め合い、その居場所がそこに保障され、安心できる場でなければならない。教師には、その職責にふさわしい自由が保障されていなければならない（コラム参照）。

◆コラムー学校教育が「公の性質」を持つ意味

　教育の公共性を考える際、教育基本法第6条(学校教育)の規定が重要である。その第1項にある「法律で定める学校は、公の性質を持つ」という規定をどう考えればよいか。

　学校を設置するには法に基づく一定の基準があり、それにのっとらなければならない。地方公共団体が設置するいわゆる公立学校は当然だが、法人が設置するいわゆる私立学校も、法に定められた学校基準に従って作られる。それらは学校教育法第1条の規定に基づく学校という意味で、「1条校」と呼ばれ、各種学校や塾とは区別されている。そして、その学校は公の性質を持つとされている。つまり、ここでの学校は国公立だけではなく、私学も含めて、すべて公の性質を持っているとされている。そこでこの「公の性質」とはどういうものなのかについて、二つの考え方がある。

　ひとつは、設置者が公の性質を持っているからだと解される。たとえば、地方公共団体、あるいは国が設置するのは、設置者が公的機関だから、当然、公の性質を持つということになる。では、私学はどうなのか。私学は公立の足りない所を補っているのだから、そういう意味で、いわば公的な性格を持つといってもいい、という議論になる。つまり設置主体によって、公の性質を判断する。

　しかし、この論理からすれば、私学は、あくまで付随物になってしまう。現在の日本の幼児教育や大学のことを考えれば、圧倒的に私学のほうが多いというのが実情である。したがって、私学は公立を補うもの、その限りで公的性質をもつという解釈では、とても位置づけられてはいないことになる。なお、戦後改革期に、文部行政は私立学校をどうするのかという質問に対して、田中耕太郎文相は、欧米において学校は元来私学的の性質をもって発達したが、日本は逆であった、本当の教育というものは国家自らやるべきものではなく、政府は単なる世話役にとどまるのが建前であり、今後、私学を大いに助成するが干渉してはならない、と述べていたことが想起されてよい(貴族院、1946年9月19日)。そして、私学もまたその教育の本質上、公の性質を持っているのである。

　教育という営みが、公権力がその内容に立ち入るべきではないという意味で「私事」であると同時に、学校は「私事の組織化」されたものであり、それは一人ひとりのものであるとともにみんなのものという意味で、さらにそこでの学問や文化が開かれたものであるという意味でまさに公の性質を持つのである。

教師の「教育実践の自由」とその根拠　-責任と権限-

　子どもは学校だけで発達するわけではないが、とくに学齢期の子どもは、学校の人間関係と授業をとおして、いわば科学や芸術に触れるということをとおして、豊かに発達する。その発達を保障する力量と責任、その権限を持っているのが教師だといえる。基本的には、子どもの人権としての学ぶ権利、そして親の子どもに対する責任を軸にした親権、これはまさに権利として考えてよい。その上で、教師の権利とは、親の信託に基づき、子どもの学習の権利を保障するという仕事からくる「責任と権限」としてとらえられるべきである。

　その責任と権限のなかには、当然、教師が教師である力量を身につけていなければならず、その力量は不断の研修に基づく実践をとおしてより豊かになっていく性質のものである。教師の研修とは、自分が教えるその内容——中学・高校なら担当教科とその背景にある学問——についても不断に研究を続けることは当然のことだが、同時に、その子どもや青年がどういう存在であるのか、それぞれの発達段階にはどういう問題があるのか、これについての不断の研究が求められる。たとえば、小学校の高学年、あるいは中学生なら、思春期は精神的な動揺も含めて、新しく可能性を飛躍的に開いていく時期であり、そのとき教師には、いっそうフレキシブルな対応が求められている。子どもというのは、ある発達の段階を超えるためには、実は後ろに下がって助走を大きくとって大きく飛躍するという、そういうイメージで発達を考える必要がある。何かを積み上げて、真っ直ぐだんだんと成長するというのではない。それだけにとくに、幼稚園から小学校に上がる段階や、小学校の高学年から中学生、あるいは中学から高校の思春期から青年期への飛躍の過程では、発達の筋道を教師は十分に理解していることが求められる。そして、そういう意味で教師は、子ども、青年を知る、研究する、専門家でなければならない。

　さらにいえば、子ども、青年を知ることと、教科とその学問を知ること、それだけでは教師は務まらない。その二つを軸にしながら、日常の授業実践で子どもに人格的に接しているのであり、その際には、その日、その日の子どもの健康状態や心

の動きについても敏感な感受性をもって対応しなければならない。そういう実践者としての力量が求められている。教師とは、子どもと向き合うなかで、子どもを理解し、声なき声に耳を傾け、いつも自分を高め人間的にも豊かになっていく、そういう存在である。それゆえにまた、教師には研修の自由と責任がある。自ら研さんを積む責任がある。そして、それに基づく教育実践の自由が保障されていなければ、教師の仕事は務まらないのである。一般の公務員も、もちろんその仕事に即した研修の責任があるが、教師にとって、その仕事の中身がまさに教育という仕事であるゆえに、一般の公務員とはおのずと違った教師の仕事、そして教育の自主性というものがより深く理解されていなければならない。

5．地球時代の新しい段階

　地球時代は、第二次世界大戦の終結から始まったが、これをさらに四つの時期でとらえることができる。まず、第一期は、核をもって終わった大戦、そこから新しい平和をどうつくるかが、まさに国際的に共有された課題意識であった。「もう戦争はなくさなければならない」、「平和のための国際機構が必要だ」ということが認識された時期である。この時期には国連がつくられ、ユネスコの活動が始まった。国連憲章、世界人権宣言、ユネスコ憲章の示す新たな理念の時代である。

　地球上に存在するすべての人々が、人と自然との共生を含めて一つの運命的な絆によってつながれているという感覚と認識が共有されていく、その入り口が1945年であった。そこでは、平和や人権が課題になり、植民地が独立し、戦争や核実験による環境破壊がすすむなかで、環境に対する共通の意識も出てきた。これを第一期とすれば、この「理念の時代」は短く、現実の国際政治は朝鮮戦争、ベトナム戦争そして米ソ冷戦体制のもとで、核の拡大競争と核戦争の危機の時代が長く続いた。これが第二期である。

　第三期は1989年、ベルリンの壁、そしてソ連の崩壊から始まる。壁が崩れ、ブランデンブルグ門が開かれた年のクリスマスには、バーンスタインの指揮でベート

ーベンの「交響曲第九番」が演奏された。自由 Freiheitと平和 Friedenと歓喜 Freude、この三つのFがベルリンの壁の解放の意味を象徴している。この事件は大きな解放をもたらしたかのようにみえて、その後の動きは、アメリカの一極支配であり、グローバリゼーションであり、市場原理と自己責任の時代、そしてイラク戦争や9.11に見られるようなテロと戦争の状況が続く。さらにリーマン・ショックをきっかけに広がる国際的な経済危機、そしてアメリカの軍事戦略の破綻が見られた。

その後、第四期は、人権や平和、環境、共生を共通の願いとして国際秩序も多元化がすすみ、中南米や東アジアの「非同盟の友好」へ向けての努力を重ねている、そうした新しい時代が開かれようとしている時期である。「地球は一つ」という感覚が広がり、そういう時代を築こうという思いがいっそう強まってきているのが第四期、すなわち現代の段階である。

この第四期につながる動きは、1945年以降の理念の時代(第一期)とその後の歴史のなかでもずっと続けられてきた。これまでみてきたように、国連の成立、ユネスコの活動、国際人権法としての国際法の発展、そして国連の軍縮会議も第一回特別軍縮会議として1978年に開かれ、それに連動して世界軍縮教育会議が1980年に開かれた。この二つの国際会議をとおして、disarmament(武装解除、軍備撤廃、非武装)とは何か、という議論がすすんだ。

研究者や民衆からは、ラッセル・アインシュタイン宣言(1955年)にみるように、これ以上核開発をすすめてはいけない、核戦争を起こしてはいけない、という声明が出され、それに呼応するかたちでパグウォッシュ会議が開催される。そして、セビリア声明(1986年)をわすれてはならない(巻末資料11参照)。同じ年の国際平和年に呼応して、12カ国の人文・自然科学者たちが、イスラムとキリスト教徒の出会いと共生にとっての象徴的な場所として知られるスペインのセビリアで国際会議を開き、人間の攻撃性の問題を議論した。人間にはもともと攻撃本能があって、戦争は不可避だという議論があるが、これは科学的におかしいという声明を出した。この声明は、生物学者、脳生理学者、心理学者、文化人類学者たちによる重要な声

明で、ユネスコはこの声明の普及に努めている。さらに、1999年には国連総会で**「平和の文化に関する宣言と行動計画」**が採択され、2000年を**「平和の文化国際年」**と定めた。ユネスコを中心に、2001年からの10年を「世界の子どもたちのための平和と非暴力の文化のための国際行動年」として各国で取り組んだ。

日本では、ビキニ環礁での水爆実験と被災した第五福竜丸事件が一つのきっかけになって、原水爆禁止の大きな運動とともに平和運動が高まり、2004年に発足した「九条の会」も活動を活発にしていく。国際的には、核拡散防止条約から核廃絶条約へ向けての動きが強まり、「核兵器禁止条約」が採択されている。

1945年から70年以上たった現在、地球時代はそのまま全面的に展開しているとはいえない。教育、文化をとおして、心の底から地球時代がきたといえるような時代をつくらなければならない状況にきている。

引用・参考文献

堀尾輝久　1971『現代教育の思想と構造』　岩波書店

堀尾輝久・山住正巳　1976『教育理念』東京大学出版会

堀尾輝久　1987『天皇制国家と教育』青木書店

堀尾輝久　2005『教育を拓く』所収「教育基本法『問題』の構造」青木書店

第2章　地球時代の人間

1．類としての人間の自己認識

人間に生まれた不可思議

ものごころ(物心)ついたのはいつ頃のことだっただろう？

どのようにして物心ついたのだろう？

どうして物心ついたと思ったのだろう？

物心？　物？　物思いに耽る、物悲しい、物足りない、物の怪に取り憑かれる……あれ？　物っていったいぜんたい何だろう？

ことばは便利なようで、決してスッキリさせてはくれない。私たちはいつの間にかことばを使うようになり、物心ついている。使っているつもりで、実は言霊に使わされているのかもしれない。ことばとか物とか区別して言っていること自体、ことばの作用だろう。だが、そんなことばを介して周りを、周りの人たちを認める。そうしながら、心って何、自分って何、自分がいま存在しているってどういうこと、とその不思議に慄く。

あ、思わず知らず私たちと、勝手にひと様を巻き込んでしまっていた。なお不思議なことに、いつしか、どうしてか、他の誰も皆、自分と同じなのだと悟らされてもいて、そんな私たちを人間と称している。

私たちはどこから来たのか？　私たちは何者か？　私たちはどこへ行くのか？

（D'où venons-nous ？　Que sommes-nous ？　Où allons-nous ？）

フランスの画家ポール・ゴーギャンのかの有名な絵を待つまでもないだろう。気づいたらすでに生まれ、生きていた。そもそも根源的に受動的な存在である私たち

人間は、この問いを神や仏、造物主、超自然的存在に問いかけることはできるが、問い続けることしかできない。

だから、私たちは何者かとか、アイデンティティ(identity、同一性)がどうのって言われても何やら薄ら寒い。「いまはいつ、ここはどこ、私は誰」という問いにも、私たちは誰も皆、答え尽くすことはできない。私たち人間は本質的に、精神医学用語で言う「失見当識状態」にある(立花 1996)。

それでも、いや、それだからこそ、人間は問わずにはいられない。結局は、自らが自ら自身に問う**自己言及**(self-reference)による問いであっても。わからないものはわからなくとも、そのまっただなかにあり続けるのが人間であり、文化と教育の営みである。そうして人間は、いま地球時代に立ち至っている。

人間を定義する試み

私たち人間とは何者なのか。この人間の「類としての自己認識」をめぐり、古より人々は物思ったことだろう。

例えば、17 世紀中頃のフランスの哲学者ブレーズ・パスカルは、「人間は考える葦である」と言っている(『パンセ』)[1]。人間は一茎の葦のような自然のなかの最も弱い存在にすぎないが、有限の自らに対する無限の宇宙の優越を知っており、それ故に、何も知らない宇宙よりも尊いというのである。人間の尊厳は考えることのうちにある、と彼は書き残し、夭折した。

19 世紀後半のドイツの哲学者フリードリッヒ・ニーチェは、人間がそうした認識の力を有していることを人間の呪われた運命と捉え、「人間とは超えられねばならない何者かである」とした(『ツァラツストラはこう言った』)[2]。怜悧な人間は、

---

[1] Pensées はパスカルの死後に彼のノートから編集された遺稿集で、最初は 1670 年に刊行され、その後、何回か別の編集がされ続けている。多くの邦訳があるが、最新の邦訳は岩波文庫に収められている(塩川徹也訳、上・中、2015 年 / 下、2016 年)。

[2] Also sprach Zarathustra は 1885 年に刊行された。参照しやすい邦訳としては、岩波文庫(氷上英廣訳、上・下、1967 年、1970 年)をはじめ、最近の河出文庫(佐々木中訳、2015 年)まで数種の文庫本がある。邦訳のニーチェ全集にも収められている(理想社版、白水社版等)。

物思うことを定められているが、すでに何者かと決めつけられてしまったわけでは
なく、何者かへと超え出て行く可能性を有しており、超え出て行かなければならな
い。そう彼は物思い続け、卒倒した。

　あるいは、より端的な人間の定義は、ホモ・ロクエンス(Homo loquens：ことば
を話す人)、ホモ・ファーベル(Homo faber：工作する人)、ホモ・ルーデンス(Homo
ludens：遊ぶ人)など、二名法に倣い数々試みられてきた。これらは、人間が人間
であることの目印を指し示している。二名法とは、生物の学名をヨーロッパの古典
語であるラテン語により、分類上、最も下位の二つ、属名と種名であらわす命名法
である。18 世紀のスウェーデンの博物学者カール・フォン・リンネ(父)[3]がこれを
体系化した。リンネにより、人間という生物は**ホモ・サピエンス**(Homo sapiens：
賢いヒト)と命名されている。ホモ属のサピエンス種ということで、これは地球上
に現存する私たち人間の学名として現在も通用し、一般にも馴染みが深い。同じホ
モ属のすでに絶滅した種としては、ホモ・エレクトス(Homo erectus：直立するヒ
ト)、ホモ・ハビリス(Homo habilis：器用なヒト)などがあり、それぞれ、直立二
足歩行すること、道具をつくり、道具を使うこと、という人類(ヒト)の特性を示唆
する学名がつけられている。

人類の進化と人間の孤独

　いま、人間、人、ヒト、人類という語が並べられてきた。これらはどう異なり、
どう重なるのか。そんなこと、日常、意識されることは稀だろう。厳密な使い分け
の共通理解があるわけでもない。

　私たち人間はどこから来たのか。私たち人間は、たとえこの問いを究め尽くすこ
とはできないとしても、この問いに挑み続けている。近現代の科学(学問)は、そう
して営まれてきた。

---

[3]　父と息子がまったくの同名で、しかも同じ博物学者なので、父を大リンネ、息子を小リン
　ネと呼ぶことがある。二名法による生物分類の体系化は父の業績である。

リンネの生物分類は、まだすべては神が創造されたという信仰に基づいていた。その一世紀ほど後の19世紀半ば頃から、イギリスの生物学者チャールズ・ダーウィンらにより**進化論**の考え方が広まっていく。生物は時間を経るうちに進化してきたのであり、人間もまた、現在の人間そのままに神がお造りになったのではなく、祖先を辿って行くと、どこかで現在の人間とは異なる種の生物に行き当たり、その生物もまたどこかでさらに別種の生物に行き当たるはず、と考えられるようになった。実際、19世紀以降、数々の私たちとは異なる種の化石となった人類が発掘されており、先にあげたホモ・エレクトスとホモ・ハビリスはそれぞれ19世紀末と20世紀後半に発見されたその一種である。今世紀に入ってからも人類の新種発見が相次ぎ、これまでに明らかになった人類はすでに30種前後を数えている。

　人類進化の探究には、20世紀の後半以降、化石人骨の発掘に加え分子生物学が応用されるようになった。

　ある生物と別のある生物がどのくらい親戚関係にあるのかは、見た目の形態(かたち)とその機能(はたらき)を比べ、どのくらい似ていて、どう異なるかということから推定される。すでに絶滅したある生物の化石が発掘され、同様の比較により、先の生物たちがいずれもその子孫に当たると推測されれば、絶滅したその生物はそれらの共通の祖先ということになる。こうして、生物の**系統関係**が描かれてきた。分子生物学は、生物を構成し、その形態や機能を齎す分子レベルの遺伝子情報を解明する。分子生物学により、化石がなくとも、現存する生物間の分子レベルの異同を比較することで、どのくらいの親戚であり、どのくらい過去にさかのぼれば共通の祖先に行き当たるか、その系統関係を類推することができる。

　分子レベルの比較によると、私たち人間にとって、現存する生物で最も近い親戚はチンパンジーとボノボであり、次にゴリラである[4]。チンパンジーやボノボと人間の共通の祖先はどのような生物だったのか、まだ発掘されておらず謎であるが、

---

[4]　これにオランウータンを加えたグループは類人猿と呼ばれ、霊長類のなかでも人間に近い種として区別されている。チンパンジーとボノボは、両者の共通の祖先が人類の祖先と分岐した後に分化した。

700万年くらい前に存在していたと考えられている。人間の祖先は、チンパンジーやボノボの祖先とは、約700万年前に袂を分かち、ゴリラの祖先とはそれよりさらに200万年くらい前に分岐した。その後、さまざまな人類が地上に現れたが、今日、現存しているのは私たち人間、ホモ・サピエンスただ一種であり、他の人類種はすべて絶滅した。外見や文化の多様性から、いまなお人種という概念が用いられることがあっても、それは生物学的には意味をなさない。「世界は一家、人類は皆兄弟」と言えば、単なるスローガンにしか聞こえず、何やら胡散臭い響きすらあるかもしれないが、現存する世界中の人類は、皆ホモ・サピエンスである[5]。ゴリラ、チンパンジー、ボノボという類人猿が人間のふたいとこ(またいとこ・はとこ)だとすれば、父母や祖父母のみならず、兄弟姉妹やおじおばやいとこたちも、ある者は若くして、ある者は年老いて、皆亡くなってしまったということである。

　私たち人間は、人類のただ一種の孤独な生き残りであり、世界中に生息域を広げ、爆発的に人口を増加させている。これが、古人類学や考古学、分子生物学などの現代の科学から導かれる、類としての人間の自己認識である。

人類化と人間化

　私たちの遠い祖先は、およそ700万年前頃から、アフリカの熱帯雨林を次第に後にしていった。外には何があるのかと、好奇心から新天地を求めたのか、それとも、地殻や気候の変動で熱帯雨林が縮小し、類人猿の祖先たちに追い払われるよう

---

[5] 言うまでもないことであるが、生物学的な種は、繁殖の可能性が一つの目安ではあっても、絶対的な基準ではない。ある時点にある種が突然降って湧くわけではなく、進化という連続的な変異の積み重ねに生じてくる質的な転換を種と見做すということである。ホモ・サピエンスもつねに変化(進化)し続けている。種の下位に亜種を設け、極めて近縁のネアンデルタール人(後述)をホモ・サピエンス・ネアンデルターレンシス、私たち人間をホモ・サピエンス・サピエンスとする説もあれば、約一万年前以降の人間をホモ・サピエンス・リセンスとする説もある。しかし、ホモ・サピエンスは約20万年前以降から種を区別するほどの変異には至っていないとする考え方が一般的である。ただし、遺伝子解析がさらに詳細に行われていけば、将来、新たに分化する種が予想されるとか、あるいは人為的な介入により新種(ポスト・ヒューマン)が形成される可能性もなくはない。だからこそ、現代人のなかを生物学的に分類する積極的で生産的な意味はないと考えられる。

にして脱出を余儀なくされたのか、事情はわからない。ただ確かなのは、私たちの祖先は樹上生活をやめ、何とかニッチ(生き延びられる場)を探し、いのちをつないだということである。高く、鬱蒼と生い茂る熱帯雨林に留まれば、食料は豊富で、捕食者に襲われる脅威も小さかったはずなのに、やがて慣れない灼熱の大地でよたよたと直立二足歩行をはじめ、しばしば肉食獣に嚙み砕かれながらも、視野を広げ、口にできるものを両手で、字義通り懸命に拾い集めたことだろう。

この樹上生活をやめた後の、さまざまな人類の歩みの全体を、**人類化**(ヒト化)、ホミニゼーション(hominization)と称し、これに対し、人間をホモ・サピエンスに限定し、ホモ・サピエンスの歩みを**人間化**、ヒューマニゼーション(humanization)と称することにしよう。このような語の使い方が、学術的に定着しているわけではない。もしもホモ・サピエンス以外の私たちとは異なる種の人類が現存していたら、これを人間と見做すかどうか論争になるかもしれないが、ここでは仮にこう区別しておこう。

人類化のはじまりは、不安定な直立二足歩行である。数百万年間、アフリカのサバンナ(草原)や湿地に、一般に猿人と括られる数々の人類が現れては姿を消していった。脳容量は類人猿とほぼ同じで、現存のチンパンジーくらいの華奢な人類も、骨格がかなり頑丈な人類もいた。

200万年くらい前までには、生物学的にホモ属に分類される人類たちが登場した。ホモ・ハビリスやホモ・エレクトスなど一般に原人と括られる人類で、脳容量は猿人の倍くらいに巨大化し、石器(道具)を用いた痕跡がある。原人のなかには、アフリカを出てユーラシア大陸の東の端、東南アジアや中国に達する集団もあった。

数十万年前には、脳容量がさらに巨大化し、原人の約1.5倍、ホモ・サピエンスよりも大きい人類が現れた。ホモ・サピエンスを新人と称するのに対し、旧人と呼ばれるホモ・ネアンデルターレンシス(Homo neanderthalensis)、ネアンデルタール人である。この人類は中東からヨーロッパや中央アジアの寒冷地域にも生息し、2万年くらい前に絶滅したと考えられている。

私たちホモ・サピエンスは、30万年から20万年前頃にアフリカ大陸のどこかで誕生し、その後、アフリカ各地のみならず、数万年前頃からはアフリカを出て世界各地にも拡散した。その拡散ルートの解明にも、人類学や考古学の研究成果に分子生物学が加わっている。世界各地の人々の遺伝子情報を解析すると、例えば、アフリカ大陸の人々とその他の大陸の人々の違いは、その他の大陸の人々相互の違いよりもかなり大きく、アフリカから各大陸に拡散していったことが裏付けられる。こうして、分子レベルの異同からホモ・サピエンス内の系統関係が推定されている。

　約700万年の人類化の過程には、大きく括れば、猿人、原人、旧人、そして新人が登場した。ここで注意しておかねばらないのは、この順に入れ替わったわけではないということである。猿人と原人は、少なくとも約100万年間は同時代のこの地球上に、いわば共存していた。新人、ホモ・サピエンスは、現在はただ一種の人類であるが、1万年くらい前までは他の人類が存在していた。これまでに発見された30種前後の人類は、各時期に入り乱れて現れ、その系統関係は未解明である。ホモ・サピエンスの直接の祖先の系統はまだわかっておらず、かつて地上には複数の人類が共存していたのに、なぜ現在はホモ・サピエンス一種だけが大繁栄しているのかも謎である。近年、ネアンデルタール人の化石人骨から苦難の末に遺伝子情報を解読することができ、その結果、ホモ・サピエンスとネアンデルタール人が交配していた事実が解明された(ペーボ 2015)。両者の共通の祖先も推測はされているが、ハイテク化した発掘技術、解読技術を携えて、これからも新種の発見が続き、人類化の過程は書き換えられていくだろう(ウォルター 2014)。

人類化に窺われる特質

　では、この人類化にはどのような特質を見ることができるのだろうか。

　人類の進化の傾向について、人間には残念ながらともに語り合う友がいない。少しでも知ろうと、絶滅人類種を発掘し、近縁の類人猿や他の霊長類、哺乳類という地上の仲間たちの生物としての形態、行動様式を調べ、自らと比較してきた。

食物豊富で外敵の少ない環境(熱帯雨林)を離れた人類は、雑食を極め(何でも食べ)、子どもをたくさん産むという生存戦略をとった。肉食獣の食べ残しから、やがては骨髄などをも食したことは、高蛋白・高カロリーの栄養摂取となり、脳の大型化に幸いした。あたまは使えば使うほど大きなエネルギーを消費するようになる。

　直立二足歩行は、しだいに安定していったが、多産と早産を余儀なくさせた。捕食者の多い慣れない環境では、まずは何とか難を逃れ、出産間隔を短くして凌ぐしか、種として生き延びる術はなかっただろう。だが、未知の環境での苦心は、熱帯雨林の環境とは異なる身体の機能と行動の発達を促した。

　直立中心の生活は、骨盤を小さくして出産の負担を重くしたうえ、さらに脳が大きくなってきたため、ギリギリ産道を通ることが可能なタイミングで出産するようになったと考えられる。20世紀のスイスの生物学者アドルフ・ポルトマンは、人間は**生理的早産**という説を唱えた(ポルトマン　1961)。一般に、ネズミなどの小型の哺乳類が未熟な状態で生まれ親の保護を要し(就巣性を示し)、多産(多胎)多死であるのに対し、ウマなどの大型の哺乳類は生まれるとすぐに立ち上がるほどで(離巣性を示し)、少産少死である。人間は大型なのに極めて未熟に生まれ、長期間の保護を要する奇妙な哺乳類と言える。他の大型哺乳類と同様の進化であったなら、人間の妊娠期間はあと一年長かったはずで、生後一年間は言わば胎外の胎児期である。人間は、周囲から手厚く保護されなければ成育できないような進化をしてきた。

　近縁の類人猿に比べると出産間隔が短く多産で[6]、加えて早産となると、産む性の側の負担が計り知れず大きくなる。しかし、このことは外敵のリスクのもとで、食料を確実に求めるための役割分担と、子どもを共同で大事に育てる行動を発達させた。産む性の側は、食料を探し運ぶパートナーの選択に慎重になり、近縁種とは異なってなぜか発情期がわかりにくくなり、両性の駆け引きが盛んになったとも想像される。共同での子育てを軸として、人類に特有の家族集団が形成されていった。

---

[6]　チンパンジーやゴリラは数年に一回の出産で授乳期間が長いが、人間の場合は授乳期間が短く、年子も可能である。

生理的に早産で生まれる人間は、大きな脳の成長に時間を要するばかりではなく、**ネオテニー**(neoteny、幼形成熟)現象を示すようになったとする説もある。ネオテニーとは、オタマジャクシ(幼体)がカエル(成体)にならずにオタマジャクシのまま大人になる(性的に成熟する)ということで、有名な例としては両生類のアホロートル(メキシコサラマンダー)がある。20世紀前半にオランダの解剖学者ルイス・ボルクは、チンパンジーの胎児や幼児にはあるのに大人になると消失する数々の特徴が、人間の場合は一生涯存続することを観察し、人間の発生上の特質としてネオテニーを論じた(ウォルター 2014)。例えば、幼いチンパンジーは人間に似て顔は平らで額が広いが、大人になると口元が大きく突出し、眉の上は緩やかなカーブを描くようになる(動物園などでぜひ確かめられたい)。

　頭蓋骨を比べてみると、絶滅した人類は眼窩の上(眉の部分)が隆起しており、額は狭いのに対し、ホモ・サピエンスにはこの隆起がほぼ見られず、広く平らな額があり、前頭葉が他の人類たちよりも巨大化したことが推測される。脳科学は、複雑に進化した脳という神経システムの**可塑性**(plasticity、変化を形づくり保つ性質)を解明し、幼少時に著しい**学習**の可能性が消失せずに生涯続くことを示唆してきた。生物現象であるネオテニーは、人間の文化を推進し、豊富に革新を起こさせる根拠として、しばしば積極的に論及されている。

　子どもの特徴が大人になっても残るというネオテニー説の一方で、人類の進化を自然に持つはずの性質を削ぎ落としてきた過程と消極的に捉える説がある。ネオテニー説とほぼ同時代の20世紀前半にドイツの人類学者エゴン・アイクシュテットは、人類が文化をつくり出したというより、文化が人類をつくり出したとして、**自己家畜化**(self-domestication)という概念を提起した(江原 1998)。家畜は人間により野生種から変化させられた生き物であるが、道具をつくり、道具を使う人類は自らの文化的環境を築くことで野生から離脱し、自らを家畜化してきたのではないか、というわけである。薄く柔らかい人間の体毛について、チンパンジーの胎児の性質を生涯保っていると見ることもできれば、イノシシ(野生種)の硬い毛がブタ(家畜)

の柔らかい毛になったと見ることもできなくはない。

　動物学者の小原秀雄は、1970 年代からこの自己家畜化概念に注目して人類の進化を捉え直し、増幅し続ける人工的環境下の現代人は自己家畜化からさらに「自己ペット化」に至っているとして現代文明を批判している(小原／羽仁 1995)[7]。

　私たち人間の成長・発達と教育を考える基礎となるはずの人類化の過程は、まだまだ謎だらけであるが、そこには生理的早産、ネオテニー、自己家畜化の傾向が窺われる。では、学習の可能性を生涯保つ人間の脳の可塑性はどこに向かって行くのか。脳それ自体は教えてくれないだろう。教育学者の森昭は、ニーチェが「人間は未だ確定されざる動物である」と述べたことに示唆を得て、「創造的非確定性」を人間学の集約的基本命題と捉えた(森 1977)[8]。創造そのものは善悪両刃の剣ということである。教育を考える次のステージに向かうべく、そのような創造的非確定者である人間の人間化という自問自答を、いくらかでも覗いておこう。

２．人間化の行方

ことばを持つという不思議

　私たち人間は、ことばを使ってお互いにコミュニケーションを行い、ことばによって周りを捉え、物を考えている。現にここにこう記しているのも、ことばによる思考であり、コミュニケーションである。ことばを使わなければコミュニケーションできないわけではないし、ことばがなくともこの世界を感じ、思う(?)ことはできるだろうが、私たちはなぜかことばを持っている。他の生き物はどうしているのか。人類化の過程に登場したさまざまな人類たちはどうだったのか。同じことばが通じないが故にコミュニケーションできないと思わせられながら、結局、ことばによって考え、解き明かそうとしている。

---

[7]　小原は庭イヌと座敷イヌを例として、家畜化にも自然なそれと異常なそれがあるとしている。座敷イヌはイヌらしい自由を必要とせず、ペットになりかかった異常な状態ということである。

[8]　森は、未確定とするといつか確定するという含意があるので、そもそも確定しない、確定するかどうかわからないという意味で非確定とすると述べている。

私たちはどうしてことばを使っているのか。ことばという日常語を言語に置き換え、科学的探究の一端を訪ねてみよう。

　ホモ・サピエンスの 30 万年から 20 万年とされる歩みは、その大半が**先史時代**であり、文字資料を残す**歴史時代**はたかだか数千年に過ぎない。音声言語は、仮にあったとしても化石として残らないが、少なくとも私たちホモ・サピエンスが用いているような言語は他の人類種にはなかったと考えられている。なぜそう考えられるのか。もし私たちのような言語を用いていたとしたら、私たちのような文明を築いたはずと考えてしまえば探求はそこまでで、私たちに迫ることにはつながらない。

　まず、頭骨の比較から、脳の言語中枢に相当する部分の有無や構音構造を推定することができる。ただ、ネアンデルタール人はホモ・サピエンスよりも脳容量が大きく、どのような音声を発し、用いることができたのか論争となっている。

　認知考古学は、人類の遺物からその思考の様を探っている。例えば、ホモ・サピエンスが遺した道具は精巧で何段階もの工程を要し、複雑な認知構造がないと製作できない。ネアンデルタール人とは交配もあったとされるほど生息域が近かったはずであるが、梃子の原理を応用した飛び道具(投槍器など)は、肉体的頑丈さに勝るはずの彼らネアンデルタール人より狩猟を有利にしただろう。数万年前くらいからは、食物を得ることには直結しない非実用的な装飾品や(洞窟)壁画など、他の人類種は遺さなかった人工的遺物が見られるようになり、この頃に「創造力の爆発」や「意識のビッグバン」が起きたとする説もある(クライン/エドガー 2004)。

　あるいは、単なる遺体処理とは異なる**死者**の埋葬は、死を想い、「いる(存在する)けれどもいない(存在しない)、いないけれどもいる」死者を発見したということで、死者と生者との関係、あれかこれかに割り切れない(割り切らない)私たち人間の曖昧な、余白を残し続ける思考を窺わせる。ただし、この点についてもネアンデルタール人に埋葬と見做し得る習慣があったかどうか論争になっている。

　非実用的な遺物や埋葬の習慣は、これらを営み遺した集団の規模をも推定させる。霊長類学者の山極寿一によれば、人類は両性が共同する家族集団を拡大し、複数の

家族による共同体を形成していったが、この家族と共同体の二重性は、他の霊長類には見られない人間に特有の生活形態である(山極 2014)。人類は親密な家族を築きながら、他の家族とも排他的にならずに共同することで命脈を保ってきた。集団の規模は脳の大きさと相関し、ホモ・サピエンスの脳容量に達した数十万年前頃には、人類学でマジックナンバーとされる 150 人程度の集団を形成したと考えられる。お互いに生身の顔を識別してつき合うことが可能な上限人数ということである。数万年前以降のホモ・サピエンスの非実用的な装飾品は、この規模を超えた集団で何らかの関係性を示すのに実用的だったのかもしれない。

言語起源論の盛衰と現在

　マジックナンバーを超える集団の内部、あるいは集団相互の交流には複雑な言語が用いられただろう。神授説に立つのでなければ、この言語はしだいにあらわれてきた(進化してきた)はずである。

　近代啓蒙の 18 世紀には、人間とは何かという関心と一体の探究として哲学的な言語起源論が隆盛し、欲求起源説、情念起源説、反省起源説などの諸説が唱えられていた。しかし、19 世紀半ば以降はその様相が一変する。比較言語学などの実証的研究が主流となるなかで、人類の普遍性よりも人類の多地域性に関心が移行し、言語起源論は言語学ではタブー視される話題となった。あらゆる言語の起源という、およそ実証できそうにない思弁ではなく、世界の多様な言語それぞれの歴史的変化を記述することが先決ということである。化石人骨の発掘や人類学の成果から、現存する人類は複数の地域毎に進化したとも考えられてきた(多地域進化説)。

　20 世紀後半には、また様相が一変した。アメリカの言語哲学者ノーム・チョムスキーによる「生成文法」の提唱が起爆剤となり、言語の普遍性への関心が復活する。チョムスキーは、世界の言語がいかに多種多様であっても、すべての人間には生得的に文法機能が備わっているとし、言語を人間の生物学的形質と捉えた。この研究動向から、20 世紀末以降、言語の起源と進化に関する研究が盛んになり、進化言

語学(Evolutionary Linguistics)という新しい分野が形成されている。そこには言語学のみならず、認知科学、生物学、考古学、人類学、脳神経科学、哲学、計算機科学など多様な領域の研究者が関わっており、学際的活況のもと、言語の起源と進化は、「生物進化の最大のハード・プロブレム」にして、真の人間理解に近づくための「最後のフロンティア」と考えられるようになった(藤田／岡ノ谷 2012)。

現在では、現存する人類が多地域で進化したとはほとんど考えられていない。すでに述べたように、一般に支持されているのは、2, 30万年ほど前のアフリカにホモ・サピエンスがあらわれ、数万年前頃からホモ・サピエンスが世界各地に拡散したとするアフリカ単一起源説である。数万年前の「意識のビックバン」は複雑な思考が可能になったということであり、複雑な思考を可能にする言語がこの頃に誕生したのかもしれない。おそらく、種を別つほどではない僅かな突然変異の結果、ホモ・サピエンスのなかに生物学的形質としての言語を獲得した集団が発生したのだろう。そして、言語を用いている私たち人間は皆その子孫なのだろう。だとすれば、世界の多様な言語を比較考証し、言語を持った最初の集団の言語へと辿っていくことは理論的には不可能とも言えない。ある言語学者のグループは、Global Etymologies として地球祖語の復元を企てている(ラジリー 1999)。

では、すべての人間に生得的に備わっている文法構造とは何なのだろう。複雑な思考とはどういうことだろう。

その文法構造の最も端的な特質をあげるなら、それは**リカージョン**(recursion、再帰、回帰)、つまり、ある構成要素(文)を同種の構成要素(文)に組み込むことである。文法的には、文は等位接続や関係節によりいくらでもつないでいくことができる。人間は有限の要素を無限に繰り返す方法を手に入れ、複雑な情報をやり取りすることができるようになった。決して準拠枠(フレーム)に落ち着くことのない、無限の思考循環に陥ることにもなった。想像力の翼という、ただ生命をつないでいくには余計なものを得てしまった。「創造力の爆発」とはそういうことである。ニーチェが、認識

を発見したのは人間の呪われた運命と言い、「永遠回帰」[9]と絶叫したのも、そういうことである。

　ところが、世界には普遍的なはずのリカージョンがない言語も存在するという。アメリカの言語学者ダニエル・エヴェレットは、キリスト教の伝道師としてブラジルのアマゾン川の支流のまた支流沿いに生きるピダハン部族の村に赴き、約30年にわたってピダハン語を研究した。その結果、ピダハン語は現存するどの言語とも類縁関係になく、歌うような調子で直接体験を語るのが原則で、時制も等位接続も関係節もなく、その文法構造にリカージョンは見られないと分析している(エヴェレット 2012)。当然、チョムスキーたちとは論争になった。エヴェレットの主張は、統語的要素としてのリカージョンがない特異なピダハン語が現に存在しているということである。おそらくそれは、ピダハン部族が数世紀間、外部の影響を受けない親密な社会を築いていたからであり、エヴェレットもリカージョンが人間の認知能力の一過程であることを認めないわけではない。ピダハン語にはリカージョンがないが、ピダハン部族の物語には、ある物語の着想が別の物語の着想に取り入れられることがあり、リカージョンが見られるとも述べている。それでも、エヴェレットの問題提起は言語の普遍主義に一石を投じたと言えるだろう。

言語への進化：歌うようなことば

　リカージョンという文法的特質を備えた言語は、おそらく数万年前頃に登場した。それ自体は何らかの突然変異が引き金となったのかもしれないが、言語が突然降って湧いたとしたのでは、神授説と変わらない。いかに人間に特有でも、言語も進化のなかで獲得されたはずで、その過程についてはどのように考えられるのだろう。

　言語心理学者の岡ノ谷一夫は、「前適応説」を採用し、この「生物進化の最大のハ

---

[9]　同一物が永遠に繰り返すというニーチェの思想で、だからこの人生を何度でも繰り返せるような生き方をという、人生を究極的に肯定する道徳と解せなくもない。1882年刊行のDie fröhliche Wissenschaft で初めて述べられた。邦訳としては、『悦ばしき知識』(信太正三訳、理想社版全集、1962年)、『華やぐ知恵』(氷上英廣訳、白水社版全集、1980年)等がある。

ード・プロブレム」に挑んでいる。鳥の羽毛は保温の機能がやがて飛翔の機能に適応したと考えられるが、その飛翔の前の保温の機能が前適応である。岡ノ谷は、言語とは直接関係のない、他の機能のために進化した機能がいくつか組み合わさって、まったく新しい機能として言語が誕生したと仮定した。そこで、人間の言語とさまざまな動物のコミュニケーションとの比較研究を行い、とりわけジュウシマツに注目する。意表を突かれるようだが、岡ノ谷はジュウシマツのオスが一定の規則性を有した個性的なさえずりで求愛を競っていることを解析し、この発見から意味内容と文法形式は独立して進化したのではないかと考え、「状況と音列の相互分節化」説を構想した(岡ノ谷 2010)。

　まず意味をともなう単語があって、その単語の組み合わせ方として文法があるという順序で考えると、言語起源として理解しやすいかもしれない。岡ノ谷の説は、そうではなく、状況に対応して歌うような抑揚と強弱をともなった音列が発せられ、その相互の分節化が繰り返されることで、音列の切り取り方という文法とそれがどのような状況に対応するのかという意味が同時に形成されていく、という考え方である。例えば、狩りの状況と食事の状況でそれぞれ漠然とした音列が繰り返し歌われたとして、そのなかのある共通の音列が切り取られて、「いっしょに(狩り／食事)をしよう」という意味が分節化するということである。単語より先に歌があったと言われると変な気分になるかもしれないが、状況に対応した歌のようなものから切り取られて単語が生まれ、その切り取り方には規則性があったということである。

　岡ノ谷はさらに、個体発生は系統発生を繰り返すかのように、人間は誰もが常に個性的にこの相互分節化を実践していることを示唆している。その実践とは、赤ん坊と母親(養育者)の「相互カテゴリー化」である。母親は赤ん坊の泣き声により、しだいに排泄後(オムツ)なのか空腹(ミルク)なのか聞き分けるようになり、赤ん坊もまた母親の対応により自らのシグナルの有効性を覚え、使い分けていく。こうした母親と子どもにしか通用しないコミュニケーションは、子どもの記憶に残らなくとも確かに存在し、子どもはリズミカルな音の流れのなかで音節を区切り判別しなが

ら言語を獲得していくと考えられる。

　ところで、人間の赤ん坊は大声でけたたましく泣くが、これは近縁の霊長類には見られない人間に特有の現象である。人類は集団で暮らすうちに、赤ん坊が大声で泣いても大丈夫なくらい、外敵に襲われる危険性を減らした。すると赤ん坊は、さまざまな泣き方をして親の行為を引き出すようになる。泣き方を複雑に変えることができるのは、自分で息を止め、呼吸をコントロールできるからであるが、これは人間と鳥類、鯨類にしかできない。鳥類は大空を飛翔するために、鯨類は深海に潜水するために呼吸のコントロールが不可欠だが、近縁の霊長類にはできない呼吸のコントロールがなぜか人間には可能である。この機能のおかげで赤ん坊は複雑な泣き声を発するようになり、これが前適応となって発声学習が可能になった。したがって、赤ん坊が生きようと懸命に泣き、母親が歌いかけるようにあやすことが、相互分節化による言語の生成を促したと考えられる。ことばを解さないと思われる赤ん坊こそが、実は人間の言語の生みの親なのかもしれない。

　イギリスの認知考古学者スティーヴン・ミズンも、言語の進化における母親と子どもの関係を重要視している。人類化の過程で身体と脳が大きくなり、難産で養育の負担が増していくと、母親は常に子どもを抱き上げているわけにもいかなくなり、地面におろした際には歌うようなことばかけが有効であった。ミズンは、考古学や人類学に加え、脳科学、医学、心理学の知見を博捜して人類の言語的進化の痕跡を抉り出していく。そのなかで、とくに音楽と言語の共通性に注目し、ホモ・サピエンスまでの人類には「音楽と言語の共通の先駆体」があったと想定した(ミズン2006)。音楽も言語もリカージョンに依拠した、人間社会に普遍的なコミュニケーション体系であり、出所は同じはずということである。確かに、両者は同じ発声構造と聴覚系のデバイスにより成り立ち、処理する脳内のメカニズムもかなり共通しているだろう。ネアンデルタール人はおそらくこの先駆体を最高度に洗練させ、ホモ・サピエンスはこれを分化させ、それぞれを進化させた。ネアンデルタール人はホモ・サピエンスより脳容量が大きく、かなり高度で感情豊かなコミュニケーショ

ンを行っていたと想像されるが、その遺物に象徴的思考は窺えない。したがって、その社会は小規模で、文化は極度に固定され、ホモ・サピエンスのような言語を用いていたとは考えられない。そのようにミズンは考察している。

自己言及する主体としての人間

　ホモ・サピエンスの歩みも含め、約700万年の人類化の過程のごく最近まで、人類は歌うように音列を発し叫び、これをしだいに洗練させながらも、全身を駆使してコミュニケーションをはかっていたと考えられる。地上の動物として、他の仲間たちに比べそれほど特異な振る舞い方をしていたわけでもなかっただろう。ところが数万年前頃から、ホモ・サピエンスはリカージョンを備えた言語を操りはじめ、世界を認識し、自然に手を加える主体であるかのように振る舞い、人間化を加速させて今日に至っている。言語は、認識と加工の技術を世代から世代へと文化として継承・発展させることを可能にし、この文化をめぐって人間どうしが織り成す社会を複雑化、高度化させるマジックであった。

　あらためて省察すると、私たち人間が生きているということは、(1)**自然**の生き物として生命活動を継続していることであり、(2)人間ならではの**文化**を継承しながら生涯、成長・発達することであり、(3)**社会**のなかで人間どうしの関係をむすびつつ生活するということである。教育研究は、人間存在を「発達と教育」の 相（アスペクト）から探究し、総合する営みであり、人間の成長・発達に関する、1)自然の生き物としての物質的根拠・メカニズムを解明する知見と、2)文化的に蓄積されてきた知恵の発掘と、3)社会的な事実についての観察とのあいだを絶えず往還してきた。

　私たちはどこから来たのか、何者なのか？　この問いをめぐり私たちは私たちを奇跡（ミラクル）として、その奇跡へと連鎖してきた軌跡を描いている。

　過去1万年ほど比較的温暖で、ホモ・サピエンスの文化的発展を阻害するような破壊的な気象条件はあまり生じなかった。それ以前の約10万年続いた寒冷な氷期には、超巨大噴火もあり多くの生物は厳しい生存条件を突きつけられたが、ホ

モ・サピエンスは絶滅に瀕しながらも、新天地を求め各大陸に移動、拡散していった。海陸の様を俯瞰すれば、超大陸の形成と分離・移動が繰り返されてきたが、たまたま現在は世界中に多様な地理的環境と多種の生物相を見せている。何度も起こった生物の大量絶滅に至るような天変地異は、過去数千万年以上なく、哺乳類が繁栄し進化してきた。地球と月と太陽と、さらには他の惑星たちとの絶妙の位置関係が、地球に生命を育む環境を可能にしている。宇宙空間の力動が、何かしら生命の源となるものを齎した。時間の流れ方が僅かでも異なっていれば、地球上に生命があらわれ、私たちが誕生することはなかったかもしれない。

　この宇宙は、これを認識しようとする知的生命体をなぜか存在させている。私たちの他にも同じような存在がそのどこかにいるのか、いまのところわかっていない。現代の宇宙論は、観測しているこの宇宙がおそらくは無限ではないことを突きとめつつある。それでも宇宙が無限なのは、パスカルの言う「考える葦」の尊厳(思考)そのものがリカージョンによるからであり、とりあえずは**超越**と言うしか一息つく術はない。私たち人間は、どこまでも辿り着くはずのない自問自答を、ときに孤独に苛まれながらも、決して虚しい営みとしてではなく協働してきた。私たち人間は、人間どうしの関係のなかで自己言及にはまってしまった存在と言えるだろう。

脱自然へと駆けめぐる人間化

　人間が自然に手をかける科学的な技術の発展は、自然の生き物であるはずの人間を自然界から逸脱した存在にしつつある。

　この宇宙はエントロピーを増大させ、どんどん無秩序に向かっている。だが、生命は物理法則の例外でエントロピーを下げ、一定の秩序を保つ。20世紀後半にオーストリアの動物行動学者コンラート・ローレンツは、人間だけはさらに例外で、調節回路としての負のフィードバックが組み込まれていないかのように正のフィードバックばかりが作動し、人口過剰という大罪を犯していると指摘した(ローレ

ンツ 1995)[10]。天災や感染症に襲われながらも、推計ではパスカルの時代(17 世紀)は約 5 億人、20 世紀初めは約 16 億人、20 世紀末には 60 億人に達し、2011 年には 70 億人を突破、今世紀末には 100 億人に迫ると予想され、まさしく人口爆発である。

　この経過は、人間が胃袋を経由しないエネルギーを獲得して、地球(earth)と生物たちがともに息づくガイア(Gaia)に悲鳴をあげさせる道程でもある。樹木などの生物を燃料とするのもすでに環境破壊であるが、長い年月をかけて熟成された化石燃料を手にすると、陸も海底も、さらには頁岩層(けつがん)までも掘り尽くそうとし、その上にそれでも飽き足らず、原子核をも叩き起こし奉仕を強いることをやめていない。地球の資産を短期間に食い潰す勢いで、未来にただ汚物という負荷をかけるだけの所業が大罪でないとしたら、何が罪に当たるだろう。

　とは言え、類としての人間がいかに大罪人でも、個々人は吹けば飛ぶ葦のような存在であることに変わりはない。それぞれ一度限り、諸行無常の儚い生涯をまっとうするのみである。多くの日常と類の所為の落差は、あまりに大きいだろう。たまたまいまを生きる私たちは、葦の尊厳を行使するには厳しすぎる状況に遭遇させられている。

　科学哲学者の広井良典は、人間の歴史を巨視的(マクロ)に捉え、現代は第四の拡大・成長と第三の定常化の長いせめぎ合いの時代への岐路にあると見ている(広井 2015)。拡大・成長の限界局面に定常化が訪れるというのが広井の仮説で、第一の定常化は、数万年前の「意識のビッグバン」が窺われる時期からはじまる。**狩猟・採集**の拡大・成長という第一のグローバリゼーションが何らかの飽和状態に達し、外への意識が内に向かい自然信仰が芽生えた。第二の定常化がはじまったのは、紀元前 5 世紀前後の精神革命(枢軸時代)と称される時期で、一万年前頃からの**農耕**の拡大・成長という第二のグローバリゼーションがある種の資源・環境的制約に直面し、世界各

10　人口過剰に加え、生活空間の荒廃、人間どうしの競争、感性の衰滅、遺伝的な頽廃、伝統の破壊、教化されやすさ、核兵器を八つの大罪としている。

地で同時多発的に普遍志向の思想や宗教が誕生した。約 400 年前からの**近代化**(modernization)の時代は、市場化、産業化、情報化・金融化と資本主義システムが単系的に発展する第三の拡大・成長期であり、人口爆発と成長の限界に近づきつつある。現在が第三の定常化にあるのだとすれば、第一、第二の定常化の時代の自然信仰、普遍宗教に匹敵する「地球倫理」が求められる、と広井は提唱する。

　産業化の大波に覆われ、グローバル資本が跋扈する現代でも、世界には農耕や漁労を主たる営みとする人々も、今や絶滅が危惧されるとは言え、狩猟・採集民も存在している(尾本 2016)[11]。歌うような言語のピダハン部族もいれば、彼らのくらし(生活)に魅了されるエヴェレットのような先進社会の研究者もいる。それぞれの自然との距離を度外視し、人間と一括りにして環境への負荷を慨嘆するのはあまりフェア(公正)ではないだろう。

　アマゾンの奥地には、いまなお文明社会とは隔絶されたイゾラドと総称される先住民が暮らしている[12]。ヨーロッパ人が入植をはじめた数世紀前には、先住民は数百万人いたと推定されるが、現在は精々数千人程度にまで激減した。入植者と先住民が同じホモ・サピエンスであることは言うまでもないが、まず明らかなのは、1万年以上の地理的隔離の結果、前者は後者を未知の感染症による絶滅の危機に陥らせたということである。ブラジル政府は先住民の保護区を設け、先住民と開拓民のトラブル防止に乗り出した。保護活動家のシドニー・ポスエロは、開拓民との確執

---

[11] 尾本惠市によれば、世界の狩猟・採集民は推定約 71 万人で、世界人口の 0.01%に過ぎない。尾本は、野生動物の絶滅危惧種保護ばかりではなく、絶滅危惧にある狩猟・採集民にもっと関心を向けるべきだと訴えている。

[12] 隔絶された人々を意味するポルトガル語 povos isolados から、「文明人」と未接触の先住民はイゾラドと呼ばれている。NHK は 2003 年にイゾラドを取材した番組「沢木耕太郎アマゾン思索紀行」を放映しており、取材の経緯は案内役のノンフィクション作家沢木耕太郎の著書に詳しい(沢木 2002)。この番組に出てくる、通称アウレとアウラという中年の二人の男性は、彼らが幼い頃に絶滅したイゾラド部族のただ二人だけの生き残りと考えられ、沢木たちに「人間が最小単位で生きるとはどういうことか」という深い問いを投げかけた。2018 年末、NHK はその後の近況を取材した番組「アウラ 未知のイゾラド 最後のひとり」を放映している。たった二人だった生き残りの一人、アウレはすでに死去していたが、一人ぼっちになったアウラは、それでも自分たちの部族の言語を語り続けている。この言語は、彼らが保護されてから 30 年にわたって寄り添ってきた言語学者にも、ほんの一部しか解することのできない謎の言語であるという。

が絶えない、命懸けの活動の意味について、「絶滅を先延ばしにすることでインディオに時間を与えているのではなく、私たちの方がインディオから、彼らに対しこの五百年の間にどんなことをしてきたのかを考えるための時間をもらっているのだ」と語っている(沢木 2002／傍点引用者)。

　文明化は暴力的な装置となり、先住民のいのち(生命)とくらし(文化と社会)を根絶やしにしてきた。ポスエロは、どんなに小さな集団でも、その文化が消えるということは、この世界が**多様性**を喪い、豊かさを失うことだと言う。世界中を**均質化**に向かわせるグローバリゼーションが猖獗を極めている現在、焼け石に水の足掻きに聞こえるかもしれないが、ポスエロは重要な視座を示唆していると言えるだろう。ローカルな活動に徹し、ローカルなくらしの価値を考え抜くことこそが、実は普遍性へと開かれていく可能性を持つ。個々人の分断とその時間管理ばかりが一元的に加速するグローバリゼーションのなかでも、考えるゆとりを紡ぎだす人々が、そこかしこで手を取りあっていけるはずである[13]。

くらしといのちの科学化と人間の未来

　人間の歩みを巨視的に概観すると、自らもそこに息づくはずのガイアを傷める大罪に個人としては眩暈がしてしまい、グローバルに思考するのは困難に思えてくる。一方で、金融経済の昂進とインターネットの至便化は、居ながらにしてグローバルな影響力を行使する可能性を個人に齎している。広井の言う定常化が兆しているとしても、大罪を顧みないグローバリゼーションのもとで地球を癒す持続可能な開発(巻末資料 16)を萌させるには、ローカルな叡智を再発見する**反省**(reflection、省察)が求められるだろう。

　反省の軸を戦後日本という時空に限定してみると、人々のくらし(生活)が極端に変化してきたことに気づかされる。

13　ここでは人間どうしの関係にのみ注目したが、絶滅に瀕する他の生物との関係も同様であり、ローカルエリアで環境保全に取り組む人々の苦難の活動は地球的価値に繋がっている。

まず、くらしのなりわい(生業)である産業の構造は、そのメインストリームが第一次産業から第二次産業、第三次産業へと急速に交代し、自然環境から距離をとる人々が大勢になった。都市化、核家族化、少子・高齢化の急激な進行は、共同体的な中間集団の人間関係を解体した。自宅での出産や看取りが稀な現象になるほど、医療が人生全体を包むようになった。乳幼児死亡率が劇的に低下し、平均寿命が延びたことで老後が設計対象になった[14]。それは紛れもなく公衆衛生、医療など科学的施策の賜物である。だが、こうしてくらしもいのち(生命)の営みも、高度な科学とそれによる人工的環境への依存なくしては成立し難くなり、蓄えられてきたはずの文化的・社会的な知恵は置き去りにされていった。

　社会学者の見田宗介は、戦後日本の心性の変化について三つの時期に区分し、各時代の基調色を「現実」の反対語によって特徴づけている(見田 2006)。1945年から60年頃までは人々が「理想」を追い求めた時代であり、1960年から70年代前半までの高度成長期は人々が「夢」に生きようとした時代であり、そして70年代後半以降は、人々はもはやリアリティを愛さず「虚構」を浮遊する時代である。この時代、リアルなもの、生のもの、自然なものの脱臭に向かう排除の感性圧が高じてきた。

　くらしと心性の脱自然化という戦後日本の趨勢は、教育の営みを著しい困難に直面させているだろう。社会の急速で極端な変容は、世代間の文化的継承を阻害するからである。育つ過程で目にする風景(自然)も、手にする道具(文化)も、包まれる人間関係 (社会)も大きく異なれば、経験値が通用する世代としての範囲はしだいに狭くなっていく。加えて、子どもの成長・発達は自然の過程でもあり、急激な文明化(文化・社会)の副作用はまずここにおよぶ可能性が大きい。だが、自然を脱臭するような文化と感性圧のもとでは、必要な手間暇が偏り疎かにされる恐れすらあり、実際、体温や免疫・自律神経系の異常、アレルギー体質、生活習慣病やロコモ

14　平均寿命は戦後直後の1947年には男性50.06歳、女性53.96歳、20世紀末の2000年にはそれぞれ77.72歳、84.60歳で、2013年には男性も80歳を越え、それぞれ80.21歳、86.61歳と世界最高の水準になっている(厚生労働省簡易生命表・確定生命表)。出生1000人に対する一歳未満の乳児死亡率は、1955年39.8、1975年10.0、2000年3.1で、2018年には1.9となっており、世界最低水準である(厚生労働省人口動態統計／世界保健統計)。

ティブ・シンドローム(運動器症候群)の兆候など、子どもたちの成育に関する異変の指摘は枚挙にいとまがない[15]。

いかなる時代でも、大人と子ども、老人と若者にはズレがあって当然であるし、いつの時代にも、矢鱈に危急存亡と不安を煽る輩は存在する。そのように一笑に付すことができるような状況では、もはやないのかしれない。利便性を追究する科学技術は人工的環境を増幅し続け、人間の自己家畜化を生き物として危うい水準にまで推し進めているのかもしれない。だから、生き物としての原点である子どもがその自然からシグナルを発しているのだろう。ところが、共同体的人間関係の解体により、子育ての文化的知恵が継承されないまま、科学的知見への依存度がさらに高まっていく。

科学の営みとは、問題設定と問題解決を絶えず接続していくことである。自然は無情に、いやただ淡々と生老病死を刻むのみであり、医療はそもそも自然への抵抗という面を拭えない。発展する科学技術は、遺伝子組み換え、ゲノム編集といった生命への分子(遺伝子)レベルの介入をはじめ、教育の前提であるはずの人間自然そのものが改変される可能性も出てきた。

グローバリゼーションの渦のなかで、私たち人間は行き過ぎた脱自然への警鐘を顧みずに、さらに脱自然を飛躍させていくのだろうか。ガイアの痛みは、当然人間の痛みをともなってくるはずである。

アメリカの政治哲学者で共同体主義(communitarianism)の代表的論客であるマイケル・サンデルは、医療目的の技術が人間の形態(かたち)や機能(はたらき)の改善を目ざして介入する**エンハンスメント**(enhancement、強化・増強)に対する批判的論点を整理するなかで、その最も本質的な懸念は、安全性や、努力の価値を損なう主体性侵害の可能性よりも、むしろそこに潜む超行為主体性(hyperagency)にこ

---

[15]　高度成長期が過ぎた後の 1978 年、NHK は約 1000 校の小・中・高校にアンケート調査を行い、その結果をもとに、「警告！　こどものからだは蝕まれている！」と題する番組を放映した。今世紀に入ってからも、同番組のディレクターによる、その後の四半世紀をも検証した研究書(清川　2003)や「ライフハザード」の語で子どもの心身の発育状況に警鐘を鳴らす書(瀧井　2004)などが出版されている。

そあると述べている(サンデル 2010)[16]。「ゲノム革命には道徳的な眩暈がする」と言うサンデルは、人間本性をも含めすべてを作り直そうという支配への衝動は、人間らしい能力や達成に備わる「生の被贈与性」(giftedness of life)への理解を失わせると指摘する。いのちもくらしも与えられたものというのは当然で、単なる宗教的信念にすぎないように思われるかもしれないが、この指摘の社会と教育への含意を看過することはできないだろう。なぜなら、生の被贈与性の感覚や理解が損なわれれば、所与の事柄や不測の事態を甘んじて受け入れる「謙虚」さが失われ、ありとあらゆる事柄が、偶然ではなく支配とコントロールの産物として個人の自己「責任」の問題と見なされるようになり、個人の責任の範囲が拡大すれば、人間の本来的脆弱性や予測不可能性を基盤として成立するはずの社会の「連帯」的側面が破壊されるからである。

　2020 年早々に世界中を襲った所謂コロナ禍、新型コロナウイルス感染症(COVID-19)の蔓延(パンデミック、pandemic)は、人類の現状を立ち止まって考え、新しい日常、ニューノーマルを模索する機会ともなるはずである。しかし、これまでのグローバル資本を中心とした刹那的で現世享楽的な開発の勢いにブレーキをかけるのは、なお困難と思われる。

　そこで一方には、拡大・成長の歩みを休めることなく、科学技術によるブレークスルーを期待する考え方もあるだろう。今世紀半ばには、人工知能(AI)が人類に代わって文明の進歩の主役になる、シンギュラリティ(singularity)を迎えるとの予想もある。人工知能や生命のデザインにより、さらに快適な(?)人工的環境を推し進め、資本主義システムの資源収奪に限界が見えてきたなら、他の惑星に資源を求め、ガイアが傷み、人間という種そのものにも危機が訪れれば、その一部は太陽系大航海に挑戦していく、といった未来構想である。だが、それはもはや私たち人間を超えたポスト・ヒューマンの時代だろう。

---

[16] 　サンデルは、2001 年の末、あの 9.11 の後に、テロとの戦いを宣言したブッシュ大統領のもとで新設された生命倫理評議会の委員になり、4 年間務めた。

他方には、拡大・成長を全否定はしないまでも、脱自然を減速させながら人間の来し方と足下を見つめ直す考え方、いき方もあるだろう。例えば、要素還元主義による科学の巨大化ばかりではなく、「等身大の科学」としてより日常的に誰もが複雑系の問題に取り組んでいくという科学の転換が考えられる(池内 2014)。あるいは、強さと競争を至上原理とする効率主義ではなく、「弱さ」という負の烙印を押されたものに学び、「弱さ」に立脚することでよりしなやかな社会の可能性を開いていくことも考えられる(高橋／辻 2014)。重厚長大な産業よりも、いのちにより密接に関わる産業に注力し経済をシフトしていくことが求められる。これらをニューノーマルとして重視し、コロナ禍に見舞われた今こそ分岐点とする主張が高まってもいる。

　人間はすでに、ガイアを傷つけ、人間どうしの殺戮を極限化する技術を手にしており、種としての自殺行為に走っているようにも見える。「成長の限界」や「持続可能な開発」が唱えられ、感染症や気候変動の脅威から地球環境問題は待った無しであることが明らかに思えても、なかなか懲りないようにも見える。

　しかし、スローな価値、ローカルな知恵を再発見していけば、ようやく種としての成長期を脱し、創造的な**成熟**の時期を迎えると構想することもできるかもしれない。教育の営みと研究もまた、競争的で排他的な成長を追い求めることを脱し、粘り強く、成熟へと変革されていく必要があるだろう。

　人間はその原点で、赤ん坊の泣き声に耳を傾け、死者の声に耳を研ぎ澄ませながら、ことばを紡いできた。肩寄せ合って互いを守り、利他的で、他者、とりわけ幼い者には関わらずにいられない、**ホモ・エデュカンス**(Homo educans、教育するヒト)としての性質をつなぎ合わせてきた。ここに立ち戻り、現状の叡智を 具 にさがすことも、まだまだできるはずである。

　私たち人間は自然の生き物としての人類化をベースとしながらも、脱自然の文化と社会をともなった人間化という特異で急激な変化を歩んでいる。地球時代の人間はそのように自問自答を繰り返しているが、未来はあくまでも未決である。

引用・参考文献

池内了　2014　『科学のこれまで、科学のこれから』　岩波書店(ブックレット)

ウォルター,C.　2014　長野敬・赤松眞紀訳『人類進化 700 万年の物語 私たちだけがなぜ生き残れたのか』　青土社

エヴェレット,D.L.　2012　屋代通子訳『ピダハン 「言語本能」を超える文化と世界観』　みすず書房

江原昭善　1998　『人間はなぜ人間か 新しい人類の地平から』　雄山閣

岡ノ谷一夫　2010　『さえずり言語起源論 新版 小鳥の歌からヒトの言葉へ』　岩波書店

小原秀雄／羽仁進　1995　『ペット化する現代人 自己家畜化論から』　NHK ブックス

尾本惠市　2016　『ヒトと文明 狩猟採集民から現代を見る』　筑摩書房(ちくま新書)

清川輝基　2003　『人間になれない子どもたち』　枻出版社

クライン,R.G.／エドガー,B.　2004　鈴木淑美訳『5 万年前に人類に何が起きたか? 意識のビッグバン』　新書館

沢木耕太郎　2002　『イルカと墜落』　文藝春秋

サンデル,M.J.　2010　林芳紀・伊吹友秀訳『完全な人間を目指さなくてもよい理由 遺伝子操作とエンハンスメントの倫理』　ナカニシヤ出版

高橋源一郎／辻信一　2014　『弱さの思想 たそがれを抱きしめる』　大月書店

瀧井宏臣　2004　『こどもたちのライフハザード』　岩波書店

立花隆　1996　『知の現在 限りなき人間へのアプローチ』　NHK 人間大学テキスト

広井良典　2015　『ポスト資本主義 科学・人間・社会の未来』　岩波書店(岩波新書)

藤田耕司／岡ノ谷一夫(編)　2012　『進化言語学の構築 あたらしい人間科学を目指して』　ひつじ書房

ペーボ,S.　2015　野中香方子訳『ネアンデルタール人は私たちと交配した』　文藝春秋

ポルトマン,A.　1961　高木正孝訳『人間はどこまで動物か　新しい人間像のために』
　　岩波書店(岩波新書)

ミズン,S.　2006　熊谷淳子訳『歌うネアンデルタール　音楽と言語から見るヒトの進化』
　　早川書房

見田宗介　2006　『社会学入門—人間と社会の未来』　岩波書店(岩波新書)

森昭　1977　『人間形成原論　遺稿』　黎明書房

山極寿一　2014　『「サル化」する人間社会』　集英社インターナショナル

ラジリー,R.　1999　安原和見訳『石器時代文明の驚異　人類史の謎を解く』　河出
　　書房新社

ローレンツ,K. 1995　日高敏隆・大羽更明訳『文明化した人間の八つの大罪　新装版』
　　新思索社

第3章　地球時代への教育思想

1．教育を組織化する思想

　現代に生きる私たちは、**教育**ということばからまず何を思い浮かべるだろうか。科学技術の高度化、情報化が目まぐるしく進展し、世の中がどんどん変化しているようであっても、まだ辛うじて**学校教育**のイメージが共有されるのではないだろうか。学校とは、ある年齢になればみんなが通う(通わなければならない)ところで、そこでは、同じ年齢の子どもたちが集まって、同じ方向に座り、対面する(たいていは)一人の教師から一斉に同じ勉強(？)を教わっている(授業を受けている)、そうして毎日かなりの時間を過ごしている、というイメージである。それ以前に、お母さん、お父さんをはじめとした大人たちに育ててもらっていることも、やはり教育と言うのかもしれないし、人は大人になってもずっと勉強し続けていくのかもしれないが、教育の中心は学校教育である。

　現代社会では、人は学校に通って教わり、学びながらしだいに一人前になっていくのが普通で、そうしないと変だ(普通ではない)と見做される。世界にはさまざまな国々、地域があるが、ある程度の先進社会では同様のしくみ(制度、システム)が行き渡っており、だから地球時代を迎えているのではないか。経済発展の遅れたところでは、子どもたちはいまだに学校に通うことができず、働かざるを得ない場合もある。私たちは、成長していくなかでいつの間にかそのようなイメージを共有していく。

　では、学校教育のしくみはいつ頃から、どのように登場したのだろう。

学校教育の機能分化

　人々が大きな家族や小規模な共同体で、主に狩猟・採集を営んで暮らす社会では、おそらく学校を組織するような動機は生じなかっただろう。子どもたちは大人たちのあり様に全身で触れながら、生きるなかで生きる術をまるごと学んでいたはずである。小規模な社会で生きるための知識と技術、仲間たちの決まりごと(規則・慣習)は口伝え、語り伝えられた。仲間の長老が自分たちの由来や自分たちが暮らす世界について(神話・宗教)、子どもたちに語り諭したかもしれない。教育は生活に埋め込まれていた。

　人々が農耕を営み、食糧を備蓄するようになると、大規模化していく集団では、これらの農耕と備蓄とを管理し指揮する役割としてのまつりごと(政治)が必要になり、これを担う者たちがあらわれた。この管理を進める道具として文字(シンボル)が生まれ、生活に埋め込まれた知識や技術、口承の物語は生活から外部化されていく。人々は、文字(シンボル)を使い管理・支配する者と農耕労働に従事し支配される者に**階層分化**していった。

　この過程で、支配する階層が文字(シンボル)に習熟するための学校を組織するようになったと考えられる。学校は、1)食物を得ることに人々全員が従事しなくともすむような余剰生産力と、2)習熟には一定の時間と組織だった手順を要する文字(シンボル)を前提条件として成立した。その経緯は、端的に学校を意味する欧米語から窺うことができる。英語の school の語源は古代ギリシア語のscholē(スコレー)で、それは暇を意味するが、暇とは何もすることがなく退屈ということではない。古代ギリシアのポリスで政治に関わる市民には、生産労働は奴隷が担うので、労働に煩わされずに精神を集中して学問する余裕(ゆとり)があったということである[1]。

　階層分化した社会では、支配する層として宗教的な権威と政治権力が支配する力

---

[1]　日本の教育課程(カリキュラム)政策では、教育内容を過剰に詰め込む教育からの転換として「ゆとり」という語が 1970 年代末から用いられている。とりわけ、この「ゆとり」のなかで「生きる力」を身につけることをスローガンとした今世紀初めの教育課程は「ゆとり教育」と呼ばれ、学力低下を招くと世論の批判に晒された。働き過ぎの日本社会では、「ゆとり」という語はほとんど暇を持て余すことと同一視されている。

となる高度な知識と学校を占有した。やがて、支配される層のなかから支配に抵抗し、自分たちのことは自分たちでおさめる力を得て自立する者たちがあらわれてくる。中心的な権威と権力は互いの争いをも経ながらしだいに綻びを見せ、政治、警察、司法、経済、宗教、医療など、社会のさまざまな役割(機能)が分化発展していった。近代社会はそのような**機能分化**社会であり、より多くの人々が**リテラシー**(文字に習熟する力)を獲得するようになる。欧米の先進社会を中心に学校教育は独自の機能として分化し、これを人々の統制に利用しようとする企みや、抗争に明け暮れる現実に絶望した人々の次世代に託す切なる願いや、教育の機会は普遍的人権とする主張などが交錯しながら、そのしくみが整えられていった。

教育の語義変化

　教育論の名著として知られる、18 世紀フランスの思想家ジャン＝ジャック・ルソーの『エミール：または教育について』(1762 年)には、この間の事情を覗かせる興味深い一節がある(ルソー 2007)[2]。

　　「産婆は取り上げ(educit obstetrix)、乳母は養い(educat nutrix.)、教僕はしつけ(instituit paedagogus)、教師は教える(docet magister)」とワローは言っている。このように、教育すること(éducation)、しつけること(institution)、教えること(instruction)は、養育者、教僕、教師が違うように、それぞれ違う目的を持っていた。しかし、こういう区別はよくない。立派に導かれるには、子どもはただ一人の指導者によってのみ導かれるべきである。

　幾分詳しく読み解しておこう。ワローは紀元前 1 世紀ローマの学者で、その一文からルソーは古代社会では教育(education)の意味が異なっていたことを見つけ

---

[2]　Emile ou de l'éducation の比較的入手、参照しやすい邦訳として、今野一雄訳(岩波文庫、上中下 3 巻、1962 年〜1964 年／改版 2007 年)、長尾十三二ほか訳(明治図書出版、世界教育学選集、1, 2, 3 の 3 巻、1967 年〜1969 年)、平岡昇訳(河出書房新社、世界の大思想、1973 年／ワイド版 2005 年)、樋口謹一訳(白水社、ルソー選集、上中下 3 巻、1986 年)等がある。以下、本文中の引用は(ルソー 2007)に他の訳などを参照して適宜変更を加えている。

出している。ヨーロッパの古典語であるラテン語で、赤ん坊を引き出し、取り上げることを意味する educere(educit はその三人称単数現在形)と、赤ん坊に栄養を与え、大きく育てることを意味する educare(educat)は、辞書に載る直接法現在一人称単数形が同じ綴り educo で非常に紛らわしいが異なる動詞である。この一節でルソーは両者を合わせてフランス語の éducation で受け、教育のもともとの意味が子どもを産み育てる女たちの営み、専ら女の領分であることを強調しているように読み取れる。しかし、両者がともに education の語源なのかというと、そうではない。名詞はそれぞれ eductio と educatio で、それぞれ英語の eduction、education の語源である。つまり、education の古典語に辿った語源は educare であり、educere ではない。綴りが酷似していて誤解を招きやすいが、ルソーが端的に述べる通り、教育(education)のもともとの意味は授乳であった[3]。

　後半の二つは、古代の市民社会では男たちだけの領分である。教僕(paedagogus)とは、古代ギリシアでパイダゴーゴスと呼ばれた存在で、しばしば家庭教師と訳されるが、子守り奴隷となった学識のある被征服民である[4]。古代ローマでも同様に、このパイダゴーゴスが子どものしつけ役を担っていた。今日では制度や組織を意味する institution(フランス語、英語同綴り)のもともとの意味には、奴隷が主人の子どもの世話をし、その通学に付き従う(通学先に向かわせる)ことが含まれていた。そして、私たちが教育をイメージするその通学先を見てみると、ルソーがフランス語の instruction(教授)で受けたラテン語の docere は doctor に、教師を意味する magister は master に通じる語で、学位(degree)の源がこんなところに顔を出している。

　人は産み出され、育てられ、しつけられ、教えられて(生まれ、育ち、徳と知を

---

[3] しばしば、education の語源は「引き出すこと」だとして、教育とは知識を授けることではなく、子どもの可能性を引き出すことだと強調されることがあるが、語源を探索してみれば無理もない誤解である。詳しくは、白水(2018)を参照。引き出した子どもに放置せず栄養を与えることが重要である。因みに、産婆 obstetrix は今日の英語の obstetrics 産科(学)の語源であり、乳母 nutrix は nutrition(栄養学)、nurse(看護者・養育者)、nurture(養育)、nourish(栄養を与えること)の語源に連なる語である。

[4] 教育学を意味する英語の pedagogy は、このパイダゴーゴスに由来する語である。

学び、身につけて)一人前になっていくが、教育の意味は学校(教育)が普及するにしたがって後ろの方にずれていったようである。教育とは、もともと養育であった。近代という時代は、手間暇を惜しむことができない発達初期の重要性を置き去りにして、学校臭さを歪に肥大させてきたのかもしれない。

『エミール』の前半部は、この発達初期の重要性を喚起し、解き明かすことにあてられている。人間は「弱い者として、何も持たずに」生まれ、「大人になった時に必要なものは、すべて教育によって与えられる」と、人間にとって教育が絶対不可欠であることを強調している。しかしその一方で、冒頭から「創造主のもとではすべては善なのに、人間の手にかかるとすべて悪に堕落する」としている。ルソーは、絶対王政下の国家と社会に失望し、その終焉を予感しながら、「祖国(patrie)と公民(citoyen、市民)の二語は現代語から抹殺するべきだ」とまで述べていた。当然、コレージュ(collège、学院、学校)など笑止千万で**公教育**の施設に値せず、「祖国のないところに公教育は存在しない」。人間には教育が欠かせないのに、**人為**は悪でしかないのだとすれば、では、どうすればいいのか。

ルソーの試みは、公教育ではなく**私教育**により、エミールを腐敗した社会の影響に晒されないよう、**自然**の導きにしたがった人間としての成育を支えることであった。それは、人為には極力委ねないという意味で消極教育と呼ばれている[5]。

『エミール』後半部は、そうして腐敗堕落を回避し、自然の人間として思春期・青年期を迎えたエミールが、社会をつくり変えていく社会人となるための道筋を描く試みと見ることができる。ルソーは公教育そのものを否定したのではなく、絶対王政下とは異なる、来るべき社会の公教育を思案していた。

人権革命、産業革命と公教育

ルソーの試行錯誤は、旧体制(ancien régime)に引導を渡すフランス革命の思想

---

[5] 人間が人間として育つ過程を子細に論じたルソーは、産みの母の命と引き換えに生を享けた。よく知られ、しばしば非難されてきたことであるが、自身は五人の実子を次々と孤児院に送った。

的準備となる。『エミール』発刊と同じ頃、プロイセン(ドイツ)[6]では啓蒙専制君主の典型とされるフリードリッヒ大王(フリードリッヒ2世)のもとで一般地方学事通則が公布され(1763 年)、初等義務教育制度が定められたが、これは国王が臣民の教育を掌握し、臣民としての人々の愛国心を育成して強固な絶対主義国家に動員する教育制度であった。フランス革命によりこのような体制(レジーム)は転換され、国王のための臣民は共和国を形成する国民となる。教育は臣民の**義務**ではなく、主権者である国民の人権を実現するには欠かすことのできない、すべての人々の**権利**として意味づけられた。私教育の余裕などない大多数の人々が織り成す共和国となるように、徹底した平等主義による無償の公教育が模索された[7]。

　一方、18 世紀後半以降はイギリスを中心に産業革命が進展した時代である。資本を蓄えた持てる階級は、年少労働と引き換えに、労働力の質確保と治安対策としてリテラシーの定着と**規律訓練**を企図する学校教育を推進させた。19 世紀の学校教育には、生産現場さながらの効率を重視した**大量一斉教授**が導入され普及していく。教師が優秀な生徒たちをモニター(monitor、助教)に指名して教え、このモニターたちが教えられたことを他の生徒たちに教える**モニター制**は、一人の教師の監督による数百名の生徒への指導を可能にした。ただし、あまりに幼い生徒たちにこの方法を適用するのは無理がある。そこで、階段状に並べられた机に座る数十人の生徒たちが一人の教師と向き合って授業を受ける、**ギャラリー方式**と呼ばれる一斉教授方法が考案された。年齢別あるいは能力別に編成される、私たちに馴染みの深い教室の風景は、このような過程を経てできあがってきた。

　持てる階級が推進する管理・統制の学校教育に対し、持たざる階級(労働者)による労働運動のなかでは、これに抵抗して権利としての**自己教育**を組織化する構想や、

---

[6]　当時のドイツ地方は領邦諸侯の国々に分かれており、このプロイセンを中心に 1871 年、ドイツ帝国が成立した。
[7]　フランス革命期に議会に提出された公教育案には、今日の公教育にとって継承・発展させていくことを要するさまざまな論点が提示されていた。「すべての者の教育機会の平等」、「内面は私的領域として徳育に関与せず知育に限定した公教育」、「政治からは独立し科学の発展に即した教育内容」、「古い世代を超えていく新しい世代の権利」などである。詳しくは、堀尾(1971)、堀尾(1991)を参照されたい。

無償の公教育の普遍的保障を政府の責任とする主張が提起された。教育を人権と捉える理念と**社会教育**の思想は、教育制度の底流を形成していく。だが、資本組織の強欲に果てはなく、近代後期には帝国主義競争が激化し、世界は大規模な戦闘をも辞さない様相を呈するようになる。先進諸国は、この時代に向けて国力増強を目ざす国家主導の義務教育を制度化し、同様の制度は後発国にも広がっていった。

「教育されなければならない」という人間観

　ルソーの『エミール』に戻ると、「弱い者として、何も持たずに」生まれ、生き物としても社会的にも未成熟な子どもにとって、生きて大人となるには教育が必要不可欠であった。ルソーの影響を受けたドイツ(プロイセン)の哲学者イマヌエル・カントは[8]、近代の大学で行われた草創期の教育学の講義で、人間を端的に「教育されなければならない被造物(animal educandum)」と定義している[9]。この「人間に教育は不可欠」という人間観と教育観は、教育を普遍的な人権と捉える理念を呼び起こす一方で、大人とは区別され、大人への途上にある子どもたちを、否応なしに制度的存在として学校教育に囲い込んでいくことにもなる。

　教育学(教育研究)では、「人間(となる)には教育は不可欠」という観念を論証する材料として、しばしば野生児の伝説が用いられてきた。適切な時期に適切な教育を欠くとどうなってしまうのか、人間らしさが見られなくなるのか、ということである。人間を実験台とすることは倫理的に許されず、また技術的にも困難なので、普通ではない状況で生育したと思われる事例が報告されると、それは繰り返し注目さ

---

[8]　既述のように、当時のドイツは領邦に分かれており、カントが終生過ごしたのはプロイセンのバルト海に面したケーニヒスベルクで、現在はロシア領(カリーニングラード)である。

[9]　カントはケーニヒスベルク大学の哲学の正教授として、他の教授たちと輪番で教育学の講義を担当した。「教育学講義」(Über Pädagogik)と題された書物が存命中の 1803 年に刊行されたが、これは講義録をもとに弟子の一人であるテオドール・リンクが編集したものである。勝田守一と伊勢田耀子による邦訳がある(カント 1971)。この講義ではときにラテン語が用いられ、「animal rationabile(理性能力を賦与された存在)である人間は、教育によって animal rationale(理性的存在)となる」、「人間は教育されなければならない唯一の被造物である」と説明されている。

れてきた[10]。学問的な検討に耐える報告であるには、(1)事例が先天的要因による
のではなく、後天的な環境要因によることが明らかであること、(2)その環境要因
の詳細(普通ではないと思われる状況)が可能な限り明らかにされること、(3)事例
の対象への処遇やケアが詳述されていることが必要となるが、これらの条件を満た
すことは、実は極めて困難で稀なことである[11]。

　数多く伝えられてきた野生児の記録のうち、(3)を満たし、最もよく知られるそ
れとして『アヴェロンの野生児』がある(イタール 1978)。こんな概要である。

　フランス革命の直後、18 世紀末にフランス南部のアヴェロン県サンセルナン村
(首都パリから約 500 kmの山村)の森で、推定 11、2 歳の半裸の少年が捕獲され、取
り調べを受けた。その報告は「野生児発見」としてセンセーションを巻き起こし、少
年は 1800 年にパリに護送され、国立ろうあ学校に収容される[12]。この学校の住み
込み医師ジャン・イタールは、粗暴でことばを解さないこの少年を教育し、何とか
その人間性を目覚めさせようと考えた。そこで、政府の許可を取り付け、寮母グラ
ン夫人の協力を得ながらこの少年を献身的に養育する。O の音に敏感に反応したと
いうことで、ヴィクトール(Victor)と命名されたこの少年のために、感覚器官、と

10　外界から隔離し、感覚情報すらも制限した状況下で子どもを育てる試みが行われたと見
　　られる記録も残っている。ミステリー・ファンの興をそそるカスパー・ハウザーの物語は
　　その典型で、人間的な接触を与えられずに成育したと見られる諸症状をこれに因みカスパ
　　ー・ハウザー症候群と呼ぶことがある。19 世紀初めのドイツ(バイエルン王国)での実話で、
　　「近代刑法学の父」と称されるアンゼルム・ファイエルバッハ(唯物論哲学者として著名なル
　　ートヴィッヒ・フォイエルバッハの父)による記録がある(フォイエルバッハ 1991)。
11　動物の群れで発見されたとか、動物に育てられたとする事例は、不思議な興味を起こさ
　　せるが、ほとんど伝聞に基づいた推測によるもので、捏造を疑わせる場合もある。よく知
　　られる事例として、1920 年代のインドで狼(ジャッカル)に育てられた(とされる)少女、カ
　　マラとアマラの記録がある(シング 1978)。これが日本で有名になったのは、当時アメリカ
　　の心理学の権威であったアーノルド・ゲゼルが、彼女たちを直接には見ないまま著書で紹
　　介した影響が大きいと考えられる。
12　18 世紀後半、ド・レペ神父がパリにろうあ学校を開校し、手話法を体系化した。この学
　　校は弟子のシカールによって引き継がれ、フランス革命期に国立ろうあ学校となった。シ
　　カールも後述の人間観察家協会のメンバーで、イタールがこの学校に医師として勤めるよ
　　うになったのは、校長シカールと懇意になったことによる。因みに、同時代のドイツでは
　　ハイニッケらが読唇術などの口話法によるろうあ教育を行っていた。フランスの手話が、
　　どちらかと言えばコミュニケーションとしての言語を重視したのに対し、ドイツの口話は、
　　言語の認知機能を重視し、健常者と同じ言語の習得に拘った方法と考えられる。

りわけ聴覚の訓練やことばの教授を工夫する。しかし、ヴィクトールは書きことば をいくらか修得したものの、話すことはできないまま進歩を見せず、結局、約 6 年で教育は断念された[13]。1801 年と 1806 年に、イタール自身による報告書が提出 されている。

　ちょうどナポレオン・ボナパルトが統領から皇帝ナポレオン 1 世となる頃で、 フランス政府により結成された人間観察家協会がこの少年の調査に当たっていた。 イタールの報告書は、自らの行為を正当化する嫌いがないとは言えないとしても、 (3)の条件に照らせば興味深い。彼の教育は失敗に終わったが、それは 11, 2 歳で はことばを獲得する**臨界期**を過ぎていたからであり、アプローチの困難な少年に果 敢に対応したその試行錯誤は、後の障がい児教育に大きな影響を与えた、と評価す ることも可能だろう。

　ただし、人間観察家協会のメンバーで、「近代精神医学の父」と称されることもあ る医師フィリップ・ピネルは[14]、この少年を重度の知的障がい児と診断し、知的障 がい者が収容されるビセートル施療院に委ねるのが適当としていた。イタールはこ の診断に反発し、少年はごく幼少期に養育者に遺棄されながら、奇跡的に森のなか で生き延びてきたと推測し、教育の効果に期待をかけた。むしろ『エミール』よろ しく、少年に人間社会の影響を受けていない自然状態を見たのかもしれない。(1) の条件ではそもそも評価の分かれる少年の、(2)については、残念ながら少年自身 が語ることはなかったため、検証不可能な前提に立った上での(3)であった。こう して、当時は珍しくもなかったであろう捨て子の一人が、最も有名な野生児として 今日まで語り継がれている。

---

[13]　イタールは商家の出身であったが、兵役逃れを願う両親の勧めから軍医の道に進み、ヴィ クトールへの教育の後、医学アカデミーに迎えられた。ヴィクトールは、後述のビセートル 施療院に収容された後、未亡人となったグラン夫人に引き取られ、40 歳頃まで生存した。
[14]　フランスには精神疾患の患者や浮浪者らの総合施療院(病院)として、男子のビセートル、 女子のサルペトルエールがあるが、ピネルははじめビセートル、後にサルペトリエールで 医師を勤め、閉鎖病棟を開放病棟に変える人道的な改革を行ったとされている。

近代の両義性

　野生児の伝説で注目しておきたいのは、障がい者へのアプローチの場で人間性が問われていた、ということである。人間観察家協会が設けられるような、人間の人間らしさに異様とも言える関心が高まった時代であった。ろうあ者と野生児を交錯させるその眼差しには、紛れもなくヨーロッパ近代の**啓蒙**意識が露呈している。英語の enlightenment、ドイツ語の Aufklärung、フランス語の lumières がいずれも光がさすことを意味するように、ヨーロッパ近代は光を照らす場(空間、時間)という自意識で人間性に適わぬもの(正常とは見做せないもの)を蒙として検出しながら、やがて生産、軍事、科学の圧倒的な力を携えて世界を席巻した。

　人間自身が科学的研究対象とされることで、人間が人間として成長・発達する諸過程とこれに必要な諸条件が精緻に明らかにされていく。このことは、例えば乳幼児死亡率の低下など、人間生活の向上に寄与する一方で、差異を序列化する競争に晒されるなど、人間自身を窮屈な自己疎外に陥らせているのかもしれない。確かに高度な科学技術に支えられた便利な社会を築き上げては来たが、近現代の人間は、必ずしも幸せに向かって進歩しているわけではないのかもしれない。人間性の包摂(inclusion)は、同時に排除(exclusion)をうむ。普通であること(normal、正常と見做されること、規準に適うこと)は[15]、常に変わっていること(異常なこと、おかしいと見做されること)との緊張のうちにある。

　アヴェロンの野生児の伝説は、時が大きく下った 1969 年、フランソワ・トリュフォーにより『野性の少年』(L'Enfant Sauvage)と題し映画化されている(1970 年公開)。ちょうどアメリカのアポロ計画が月から地球を眺める視座を現実化し、月に人類の足跡をも残し、科学の進歩が謳歌された時代であった。月着陸・地球生還の成功は、「地球時代」を鮮やかに意識させる偉業とも言える。

　だが、一方で制作の前年(1968 年)には、パリを発火点として世界各地で若者(学

---

[15]　教員養成に目的を特化した教育機関として、戦前の日本には師範学校があったが、この師範も英語では normal である(normal school)。

生)たちを中心とする反乱が起こり、民主化が厳しく問われていた[16]。トリュフォーは、学歴とはまったく縁がなく、政治には無関心と装いながらも、同年、反乱に呼応するかのようにカンヌ映画祭粉砕の論陣を張っている。彼は、実父不明の私生児として養育先を盥回しにされ、実母と継父に引き取られるといっそう孤独で荒んだ幼少期を送ったが、映画批評で頭角を現し、自らの出世作『大人は判ってくれない』(1959年)[17]が好評を博して以降は、ヌーヴェルヴァーグ(Nouvelle Vague、新しい波)運動の代表者と目される、そんな人物であった。生涯恋愛に明け暮れ、「愛の映画作家」と評されるほど恋愛映画を得意とする一方、『大人は判ってくれない』をはじめとする自伝的作品では、大人の無理解に苛まれる子どもの苦々しさを表現している。家庭に恵まれなくとも学校の教師に励まされるか、学校では惨めな思いをしても温かい家族が待っているか、そのいずれでもなく、むしろ家族と学校は価値観を同じくして子どもを追い詰めていく。ノスタルジーなど割って入る余地もなく、ただ呆然と立ち尽くす、救いのないその作風には、近代の巨大な推進力が家族と学校という装置を通じて抗い難く浸透してくることへの批判的視線を読み込むことができるだろう。1960年前後という時代にあって、それは確かに新しい運動を示唆した。

　捨て子意識を終生拭えなかったトリュフォーが、『野性の少年』で自らをヴィクトールに重ねたことは明らかと思われる。だが、ここでイタールを演じたのも彼自身であった。人の子の親でもあった監督トリュフォーは、教育を介して向かいあう

---

[16] パリから先進各国に波及した運動は、パリ5月革命とか68年革命と言われる。日本でも学生運動が激化し、東京大学では学生たちが大講堂を封鎖し、機動隊が導入され封鎖は解除されたが、1969年度の入試が中止されるという事件があった。1968年には、アメリカでは泥沼化するベトナム戦争への反戦気運が高まり、またキング牧師暗殺事件の後、公民権運動をめぐる暴動が起こっている。チェコでは、「プラハの春」と呼ばれる変革運動があり、ソ連を中心とする軍事介入で押しつぶされた(チェコ事件)。これは、後の東欧民主化、共産主義諸国の解体、冷戦構造の崩壊につながったと見ることもできる。夏期オリンピック(第19回)が開催されたメキシコでは、開催の直前に学生たちによる民主化運動が軍により鎮圧され、多数の死者が出た(トラテロルコ事件)。1968年は、現代史の画期の一つであった。
[17] 原題はLes Quatre Cents Coups で、直訳すれば殴打400回である。トリュフォーは、実母との暮らしを想起しながら、「子どもは何をやっても大人に叱られ罰せられる、これほど不当なことはない」と制作動機の一端を語っている(桜井 1997)。

子どもと大人の無様で、悲しくも優しい仕種を具に描きながら、大人と子どもの あいだを彷徨っていたのかもしれない。

「普遍的な人権としての教育」という理念は、ヨーロッパ近代から地球時代に照らし出された未完のプロジェクトと考えることができる。では、日本の近代はこれにどう向きあってきたのだろう。

2．近代日本の教育制度とその理念

日本の近代の歩みをどの時期から考えるか、とりわけ江戸時代後期をどう評価するかについてはさまざまな捉え方がある。ここでは、明治政府の成立から第二次世界大戦の敗戦までの時期を**近代日本**、(第二次世界大)戦後を二度と戦前としてはならないとの決意と願いを込めて**現代日本、地球時代の日本**として学校教育制度を導いた思想について、ところどころ立ちどまりながら概観しておこう[18]。

ある時代の概観を試みる際、私たちはその時代を現代から遡及して判断しがちになる。例えば、第二次世界大戦の敗戦という歴史的事実を知っているので、明治以降を富国強兵に邁進した戦前と大きく括り、破局への道程の如く考えてしまう。先入見なしにその時代に降り立つのは難しいことではあるが、明治の人々は敗戦を知らないというあたりまえのことを想像しながら、巻末の資(史)料の最初の三つ、1．学制序文(学事奨励に関する被仰出書)、2．教学聖旨、3．教育勅語(教育に関する勅語)を繙いてみよう。

近代学校の創出とその目的

学制序文は、明治新政府がこれから学校教育制度をつくることを宣言した文書で、明治5年、西暦1872年に当時の最高官庁である太政官から全国に布告されている。

18　日本では幸いにして戦前とはなっていないが、地球時代として国際社会を考えると、戦後も戦乱が絶えず、夥しい犠牲が続いている。常に国際的な平和への努力が求められる。

この時点の人々は、私たちがよく馴染んでいる学校教育というものをまだ知らない。私たちが用いている暦（こよみ）も知らない。この序文の末尾には、「明治5年壬申（みずのえさる）7月」とある。十干十二支（じっかんじゅうにし）で壬申にあたる明治5年は実は**改暦**が実施された年で、それまでの旧暦（太陰太陽暦）は新暦（グレゴリオ暦）に改められた。明治5年元日からそうなったのではない。明治5年は12月2日で打ち切られ、12月3日となるべき日は明治6年、西暦1873年の1月1日となった。人々にとっては唐突に決められたことで、例年より一月近く早く正月を迎えさせられた。西暦はここから遡及換算され、明治5年1月1日から12月2日は1872年2月9日から12月31日となった。資料冒頭にある日付、1872(明治5)年8月2日は厳密には間違いを含んでおり、明治5年8月2日は西暦に換算すると1872年9月4日である[19]。

　やや仔細（しさい）に立ち入ったが、近代日本はこのようにしてはじまった。新政府が号令をかけても、人々の日常感覚は明治維新そして文明開化と、ある日突然、一挙に切り替わったわけではないだろう。

　この被仰出書（おおせいだされしょ）は、お上から民に仰せられる一方的な命令文であるが、1)何のために、2)何をする（学ぶ）学校を設け、そこには3)誰が行く（通う）ことになるのか、字面の上ではどう説明されているだろう。これより後の教学聖旨、教育勅語はいずれも漢文訓読体で記されている。時期的には先のこの文書の方が、むしろ現代でも読みとりやすい文体と内容ではないだろうか。

　まず冒頭で1)について、学校をつくる目的（「学校の設けあるゆゑん」）は人々が自立してまっとうな人生を歩むためであるとし、人々が自立するには、2)実際生活のあらゆる事柄に学問が関わっているので（「凡人（およそひと）の営むところの事学あらさるはなし」）、さまざまな**実学**を学ぶ必要があると述べている。そして、昔から学校というものはあったが、学問は武士が国家のために行うものだとして、自立のためという主旨が理解されておらず、その学問は実際生活には役立たない**虚学**だったと断じ、

19　教育史の資(史)料集のなかには、誤解を招かないよう注記はあるが、旧暦の日付を優先して簡便に表記したものがある。明治5年以前については、西暦との対照に注意を要する。

これからは3)すべての人民が学校に行かなければならない、村中に学問しない家、学問しない人がないように(「邑(ゆう)に不学の戸なく家に不学の人なからしめん」)、と強調している。再三、貧乏なのは学問しないからであり、文明が普及せず、徒に社会不安が起きるのは学問の主旨を誤解しているからだと脅してもいる。

　学問は決して国家のためではなく、個人個人が生きていくためのものとされているが、ここで言う国家とは、当時の人々にとって国家とは何だろうか。新政府は、豊かで強い国づくり(富国強兵)のために学校を設けるのではないのだろうか。

　版籍奉還、廃藩置県が断行されても、人々にとって「お国」と言えば、まだ日本国よりも(旧)藩が念頭にあっただろう。(旧)薩摩藩と(旧)長州藩を中核とした新政権に対し、内乱の危機が完全に去ったとも言い難い時期である。明治新政府は、国内の**統一**と同時に、幕末以来の不平等条約を撤廃し対外的**独立**を達成するという二重の課題を負っていた。この課題に対し、欧米の近代(国家、科学)に学ぶ開明主義者たちは、**人民**(people)の自立、自発性こそが強い国を成す礎(いしずえ)と考え、儒学的教養に拠る伝統主義者たちは、天皇中心の秩序に**臣民**(subject)が服従する国家こそが強く、理想と考えた。

　序文を読む限り、開明主義的な考え方が学制を主導したようである。欧米の強さと先進性は個人の独立性にあるという異文化理解、近代認識は、かなりその本質に迫るものであった。学問の主旨に則った新しい学校(近代学校)、すべての人々が生きるために学ぶ学校は、地方官にどんなに不便な田舎の人々(辺隅の小民)をも説得せよと命じ、**同調競争**を仕掛けることで制度として普及するものと期待されている。同調競争とはつまり、隣村は学校を設けたのに我が村にないのはまずかろう、時代に乗り遅れるだろうということである。そのように付言しながらも、悲しいかな、新政府はまだ財政基盤が整わず、学費をお上に頼るのは時代遅れの誤った考え方(「沿襲の弊」)として**受益者負担**を訴えている。他のことはさて置いても学業に励めというわけであるが、あらゆる人々にそんな余裕(ゆとり)があるはずもない。しかも、無理をして学校に行っても、教科書は翻訳中心で人々の生活とかけ離れ、進級

試験が厳しく落第多発という有様で、不満が昂じ学校を打ち壊す暴動が起きたところもあった。学制は整然と全国を学区にわける中央集権的な構想であったが[20]、何度か修正を経ながら短期間のうちに廃止され、1879(明治 12)年、**教育令**が公布された。

学問、教学、教育

　準備不足であることは否めず、壮大な計画倒れに終わった学制であるが、近代日本の教育制度の出発点で、身分、性別に関わらない**国民皆学**の理想、しかもあくまでも自分自身が自立して生きるための学問が謳われた意義は銘記されなければならないだろう。殖産興業、徴兵制とまさしく富国強兵が国策として推進される最中のことで、「個人が生きるための学問」という理念を額面通りには受け取り難いかもしれない。それでも、この序文は学問が人生を拓くという、立身出世の素朴な能力主義の社会(**メリットクラシー**、meritocracy)を予感させてもいた。

　ところで、学問を奨励するこの序文には[21]、学制に代わった教育令の教育という語がまったく出てこない。なぜだろうか。

　実は開明主義者たちが漢籍教養(古典漢文の書籍を読みこなすことができる力)を基盤に欧米の学問から数々の翻訳語を捻り出していた時期で、まだ education の翻訳として教育という概念は定着していなかった[22]。この序文では、役にも立たない文章ばかり覚え本質を見極めずに無駄話に耽った(「詞章記誦の末に趣り空理虚談の途に陥り」)と、従来の伝統的学問(儒学)をはっきりと揶揄しているが、開明主義者自身も漢籍教養に依拠していたことは、ここに本末論を用いていることに露

---

[20]　全国を 8 大学区、各大学区を 32 中学区、各中学区を 210 小学区に分け、各区にそれぞれ大学校(8)、中学校(8×32)、小学校(8×32×210)を設立すると計画された。

[21]　福澤諭吉の『学問のすゝめ』初編が出されたのは、同じ 1872 年のはじめであった。後述の森初代文相を含め、学問と教育の関係については本書第 1 章 4 を参照。

[22]　この時期より前に教育という語がまったく存在しなかったわけではないが、私たちが今日用いている教育という語は、この時期以降に翻訳語として普及したものである。もし教育とは異なる語が翻訳として定着していたら(例えば、「教導」と訳されていた時期もある)、その語が今日の教育の語に代わっていたかもしれない。

呈している[23]。

教学聖旨は教育と学問についての天皇陛下のお考えということで、教育令公布の直前頃に明治天皇の侍講(側に仕え学問を講義する人)の元田永孚が記した。ここで開明主義者たちは、むしろ儒学者たちこそが得意とする本末論で仕返しされている。世界から知識を得ようというのはすぐれた考え(「卓見」)だが、明治維新以来、文明開化という末節ばかりが持てはやされて道徳が廃れ(「品行ヲ破リ風俗ヲ傷フ」)、本質が見失われたと皮肉交じりに論難されている。日本の教学(教育と学問)はあくまでも仁義忠孝を旨とする道徳が先決で、知識技芸はその後に来るものであり、この伝統を間違えずに備えれば(道徳才芸本末全備)、日本の独立精神は世界中に誇れるものである(「我邦独立ノ精神ニ於テ宇内ニ恥ルコト無カル可シ」)。これが聖旨の主旨で、徳育(道徳教育)を重視し知育よりも根本に据えよということである。

その徳育とは、どういうことだろうか。端的に言うなら、儒学の教えである「長幼の序」、年長者(君、父)に年少者(臣、子)は敬い従うという秩序を徹底し、護らせることであった。明治天皇はこの聖旨の前年秋頃に各地で学校を巡覧しており、これを基にとくに重視すべき事柄が「小学条目二件」として挙げられている。

その第一は、人間であれば誰もが備えているはずの仁義忠孝の心を幼いうちに確固たるものにする(「幼少ノ始ニ其脳髄ニ感覚セシメテ培養スル」)ということである。それには模範的人物(忠臣、義士、孝子、節婦)について、昨今よく学校に備えられるようになった絵や写真を用いて言い聞かせるのがいいとし、繰り返し「脳髄ニ感覚セシメ」と強調している。洗脳ともとれる**教化**(注入教育、indoctrination)の推奨である。

第二は、農民や商人の子が家業に役立たないばかりか、徒に秩序を乱す恐れさえある空論に終始しているので、農民や商人に相応しい学科を設けるようにというこ

23　例えば、冒頭から「身を立て」、「身を脩め」と述べていることには、「礼記」(大学)の「修身斉家治国平天下」の影響が明らかである。これは為政者の心得であるが、後述のように、やがて「修身」が最重要視される科目の名称となった。

とである。学制は身分制社会を超える学びの可能性を示唆したが[24]、教学聖旨は、まず全員が徳育を学び、その上での知育はそれぞれの家業に即すようにと方針転換を説いた。秩序を重んじるその秩序とは、こういうことである。

この聖旨には、当時内務卿で後に初代総理大臣となる伊藤博文らが「教育議」を提出し、風俗の乱れは政治的急変によるもので新しい教育のせいではなく、教育の成果が出るには時間がかかると訴えている。これに対し、元田は重ねて儒学的道徳の優位性を説いた。こうして、教育制度は徳育をめぐる論争の舞台に引き寄せられていく。伝統主義者の巻き返しは一定の功を奏し、1880(明治 13)年に改正された教育令では、普通教育を行う小学校の学科(教科目)のうち徳育を担う**修身**が筆頭にあげられ(最重要視される教科となり)、その時間数も拡大された。

教育勅語への統一

学制に代わったはずの教育令もまた二度の改正を経て短期間で廃止となり、1885(明治 18)年末の内閣制度発足の際に初代文部大臣に就任した森有礼のもとで、翌 1886 年、(諸)**学校令**が公布される[25]。森は薩摩藩士だった幕末から英米を遍歴した開明主義者で、儒学的な徳育を重視しなかったが、一方で国家富強の根本を築くとの使命感を持って国家主義的教育改革を断行した。そのなかで森が説いた「学問と教育の区別」論は、(帝国)大学のみを学問の場とすることで、大学以外の学校を学制が奨励したはずの自発的な学問とは切り離された、画一的で統制的な教育機関とするように作用した（第 1 章 4 参照）。

森は、奇しくも(?)大日本帝国憲法が発布されたその日、1889(明治 22)年 2 月 11 日[26]に保守派の青年に切りつけられ、翌日、死去した。森が暗殺された後、徳

---

24 学制序文は、中等以上の学問(高上の学)は人それぞれの能力によるが、男の子も女の子も、幼い子を小学校に通わせるのが保護者の責任(「幼童の子弟は男女の別なく小学に従事せしめざるをもて其父兄の越度たるべき事」)と初等義務教育の考え方を述べている。

25 学校種毎に出された帝国大学令、師範学校令、小学校令、中学校令、そして諸学校通則の各単行勅令からなる総称で、以後、学校種毎に随時、追加、改正された。

26 2 月 11 日は古事記と日本書紀(記紀)によると神武天皇が即位した日で、今日の建国記念日である。

育の基本方針を国で定めるようにとの動きが活発になる。翌1890年2月の地方官会議では、長幼の序の崩壊は国家の危機として徳育に関する建議がなされた。**教育勅語**(教育に関する勅語)はこうした流れのなかで、同年10月30日、明治天皇から総理大臣(山縣有朋)と文部大臣(芳川顕正)に下賜された。

全文315文字であるが、この教育勅語には何が記されているのだろうか。

まず、歴代天皇の仁政と臣民の一貫した忠誠が日本の国柄(国体)で、教育の根本理念もここにあるとしている。その上で、具体的に臣民が守るべき徳目を挙げ、天皇陛下自らが臣民とともに実践していくという決意表明がなされている。

地方官会議の建議を受けた山縣総理のもとで、開明主義の中村正直の原案に法制局長官井上毅[27]が難色を示し、元田とも協議して修正し起草したとされており、人民の自発性を重視したはずの開明主義と臣民の服従を説いた伝統主義の合作と言えなくもない。

すでに帝国憲法を公布し、同時に皇室典範を定めており、立憲君主制の体裁は整えられていた。教育勅語は帝国憲法が施行され、第1回帝国議会が開会される11月29日のちょうど一カ月前に、天皇陛下の署名公印(御名御璽)のみで、法律に必要な国務大臣の副署はない形で下賜された。なぜだろうか。

それは、立憲君主制下では君主は臣民の良心の自由に干渉しないのが原則なので、内面性に関わる内容を政治的命令とすることは避け、あくまでも天皇個人の著作、しかも帝国憲法が施行されるギリギリ前のそれとする意図からであった。こうすることで、井上(毅)たちは近代(立憲)国家としての面目を保持しようとしたのだろう。教育勅語は法律でも**勅令**(天皇陛下が直接下される御命令)でもない。

親孝行、兄弟愛からはじまり、勉学に励んで人格の向上に努め、規則を重んじ、国が危機となったら進んで国のために尽力する、といった徳目を掲げる教育勅語は、当時の人々にとってわかり易く、概ね歓迎されたとされている。天皇陛下自らが有り難くも「爾<ruby>臣民<rt>なんじ</rt></ruby>」と直接に呼びかけてくださっているということで、法令では

---

27 この後に文部大臣を歴任している(第二次伊藤内閣)。

ない教育勅語は、むしろ法令ではないが故に立憲政体をも超越した規範となっていった。挙げられた徳目は、すべては天皇家を永遠に盛り立てるためという目的に構造化されているが(「以テ天 壌無窮ノ皇運ヲ扶翼スヘシ」)、国全体を大きな家族と見立て、家族の敬愛と慈しみを説く**家族国家観**に人々は親近感を抱く。一家の大黒柱が家族を幸せに導かないはずがないから信じてみんなでいい家族になろう、ということである。

　こうして、感情的にも基礎づけられて道徳が国定化され、近代天皇制国家が成立した。人民となるべき国民は、自発的に臣民として天皇中心の秩序に服従することになった。開明主義者たちは、いったいどこへ行ったのだろう。この秩序による国の統一のもとで、やがては民度(人民の成熟度)が増していくと期待でもしたのだろうか。

教育勅語体制の構築

　教育勅語が下賜され天皇制国家となって以降、帝国憲法のもとでの国民の三大義務のうち、他の二つ、兵役(帝国憲法 20 条)、納税(同 21 条)とは異なり、教育に関しては(議会を経て成立する)法律ではなく勅令により制度化されることになった。これ以降の戦前の教育のあり方は、あらゆる制度が教育勅語を中心に構造化されたという意味で、教育勅語**体制**(regime)と称することができる。

　近代日本は、(1)個人が自立して生きていくためという**人間形成の学校**構想(culture としての学校)と、(2)秩序のもとに統一された国家を築くためという**体制統合の学校**構想(control としての学校)とが試行錯誤しながら、結局は後者の構想を初等義務教育を通じて果たしていく体制へと邁進していく。そのためには、さまざまな装置が駆使され、あらゆる手段で教育勅語の浸透がはかられた。

　まず、教育勅語それ自体が神格化されていった。その謄本は全国の学校に配布され、学校の儀式で奉読するようにと(芳川)文部大臣が訓示する。さらに、御真影(天皇皇后の肖像写真)が下賜された学校は、文部省訓令によりこの謄本と御真影を一

定の場所に奉安するよう定められ、教師も子どももその場に最敬礼することを習慣づけられた(☞ コーヒーブレイク)。

初等義務教育を行う小学校は、1890 年の(改正)小学校令で道徳教育と国民教育の場とされた。翌 1891 年の小学校教則大綱では、「特性の涵養」を最も留意すべきこととし(第1条)、その中核である修身(科)は「教育勅語の趣旨に基づく」ものと規定された(第2条)。

続いて、同年には文部省令「小学校祝日大祭日儀式規程」が公布され、国家祝祭日は休業日ではなく厳格な**儀式**を行う日となった。やがてその挙行内容は、君が代斉唱、御真影拝礼、教育勅語奉読、校長訓話、式歌斉唱と定められ、小学校は厳粛な雰囲気のなかで絶対的服従の行動様式を注入する場となる。教育勅語奉読中は、子どもたちは頭を垂れてじっとしていなければならず、紀元節(2 月 11 日)や新年などの寒い季節の祝日では、奉読が終わると子どもたちが一斉に鼻をすすり講堂中に鳴り響いたという逸話が伝えられている。こうして座学と訓練の両面で、国民統合の徹底が模索された。

初等義務教育の徹底

では、そのような統合の場としての初等義務教育はどのように普及したのだろうか。場が設けられても、子どもたちがここに集うように、集うことができるようにならなければ意味がない。生きるために働かなければならないとか、通うためのお金がないのでは、子どもたちは集うことができない。

人は生きるために学ばなければならないと唱えた学制以来、教育令の時期も授業料徴収が原則で、1890 年の(改正)小学校令でもそれは変わらず、**就学率**は伸び悩んでいた。日清戦争を経た後の1899(明治 32)年、教育基金特別会計法により日清戦争の賠償金の一部が初等教育振興に用いられることになり、翌 1900 年の第三次小学校令で尋常小学校は授業料を徴収しない 4 年義務制となった。義務教育年限は1907(明治 40)年に 6 年となり、この 1900 年代には就学率も 90%を超え、1911(明治 44)年の工場法で年少労働が禁じられると、ほぼ完全就学に近いところに達した

とされている[28]。義務制の内実が満たされ、学校に行く子どもたちが絶対多数派になった。

　子どもたちが集う学校を統合の場として機能させる装置の極み(真打ち)は、**国定教科書**による教育内容の統制、画一化である。教科書は学制の時期には自由発行、自由採択であったが[29]、教育令の時期に文部省への開申(届出)制、さらに文部省による許可制が導入され、1886(明治19)年、森(初代)文部大臣のもとで検定制になっていた。1890年代後半には、とりわけ修身科について帝国議会(貴族院・衆議院)で教科書国定化の建議がなされ、国定教科書の機運が醸成される。1900(明治33)年、文部省は修身教科書調査委員会を設置し、ついに自ら教科書編纂に着手した。修身科は国家の重大事に関わるので誤りや不適切な内容を除く必要があり、また教科書出版社の営利本位を抑制し、紙質や耐久性を向上させながらも低価格にして父兄の経済的負担を軽減するため、と理由づけられてのことであった。

　この当時の教科書制度は、文部省検定済み教科書から府県が統一採択し、購入者の負担を考慮して4年間変更しないというもので、売り込み競争は激しく、教科書出版社と府県当局者の贈収賄が公然の疑惑となっていた。ここに**教科書疑獄事件**が勃発する。1902(明治35)年末から翌1903年6月にかけて、教科書採択の関係者が全国で約200名検挙され、半数以上に有罪判決が下された[30]。同年(1903年)4月、小学校令一部改正により教科書は文部省著作によるとされ、翌1904(明治37)年、まず修身科、日本歴史、地理、国語読本、書キ方手本の国定教科書使用が始まり、以後、他教科も順次国定教科書となっていく。主要な教科書会社は同年1月に起訴されて5年間の被採択権剥奪処分を受け、検定制度は事実上維持困難であった。国定教科書は、世論が憤激する前代未聞の政治的事件の最中に断行され、数回の改

28　数字の正確さについては疑問を呈する研究がさまざまあるが、義務教育制度の整備と産業革命の進展にしたがって就学率が上昇していったことは確かである。一方、この時期以降も、奉公に出されるなどして学校に通えない子どもたちは、とりわけ女子に少なからず存在し続けた。

29　文部省も教科書不足への対応として、教科書の推薦や自ら出版も行っていた。

30　一斉宅捜索が北海道・3府・36県におよび、現職あるいは元知事や視学官、審査官、師範学校教員、学校長、議員、弁護士、教科書出版社の関係者などが検挙された。

訂を経ながら戦後直後まで続く。学問とは区別された教育の内容は、国家により全国一律同じものに定められた。

◆ コーヒーブレイク　学校長の殉死と日本的物神崇拝

　一度（ひとたび）、統一的な方針が固められると、人々はさながら磁場に吸い寄せられるように呼応していく。方針の象徴は、疑う余地のない崇拝対象となる。「私の父は私が八歳の春に死んだ。しかも自殺して死んだ」の書き出しで始まる久米正雄『父の死』(1916 年)には、その様が見て取れる。私小説作家久米の、これが文壇デビュー作であった。

　1898（明治31）年３月、長野県上田市の上田街学校女子部(作中では女学校)で深夜に火災が起きた。校長(正雄の父由太郎)はすぐに駆けつけ御真影を運び出そうとするが、火勢強く周囲に制止される。御真影は校舎とともに焼失した。翌朝の焼け跡で、正雄(作中では辰夫)は人々の噂話を耳にする(旧カナ・漢字のまま引用する)。

　「校長先生はまるで気狂ひのやうになつて、どうしても出すつて聞かなかつたが、たうとう押へられて了つたんだ。何しろ入れば死ぬに定まつてゐるからね。」

　「併し御真影を燃やしちや校長の責任になるだらう。」

　「さうかも知れないね。」

　「一体命に代へても出さなくちやならないんぢや無いのか。」

　「それはさうだ。」

その翌日、久米校長は家族が警戒するなか自室で自刃して果てた。

　……急いで駆けて来た父の碁友達の旧藩士の初老が、入つてくるといきなり父の肌をひろげて左腹部を見た。そこには割合に浅いが二寸ほどの切傷が血を含んで開いて居た。その人は泣かん許りの悦びの声でそれを指し乍ら叫んだ。

　「さすがは武士の出だ。ちやんと作法を心得てる！」

　父は申訳ほど左腹部に刀を立て、そしてその返す刀を咽喉にあてゝ突つぷし、頸動脈を見事に断ち切つて了つたのであつた。人々は今その申訳ほどのものに嘆賞の声をあげてゐる。母すら涙の中に雄々しい思ひを凝めて幾度か初老の言葉にうなづいた。併し私にはど

うしてそれが偉いのか解らなかつた。がえらいのには違ひないのだと自らを信じさせた。この短編は、葬儀場での次の描写で終わっている。

　……一人の黒い洋服を着た人が私の肩を叩いた。其人は私がふり向く間もなく私の手を、しつかり握つて幾度か打振り打振りかう云つた。

　「お父さんのやうにえらくなるんですよ。お父さんのやうに偉くなるんですよ。」

　私はぢつと其人の顔を見てやつた。眼の中には明るい涙が浮んでゐた。それで私の方でも手をしつかり握り返して点頭いた。

　傾きかゝつた夕日の黄ばんだ光りを浴びて、私とその見知らぬ人とは手を握り合つたまゝ、暫らく黙つてゐた。

　私は此時のかうした感激の下に永久に生きられゝばよかつたと思ふ。

　私小説ではあるが、わずか8歳にして突然父を亡くした正雄にこのように声をかける見知らぬ人が本当に現れたのかどうかはわからない。この後、久米校長は敗戦まで忠義心の厚い教育界の鏡として顕彰された。1936(昭和11)年発刊の『学校事故 実話・実例・対策集』(学校事故防止研究会編)には「久米校長自殺事件」の項があり、「よしや職責上失態あり、恐懼すべき事態を惹起したとはいえ、死は一切を浄化する。罪を一身に負うて処決した久米校長の責任観念は、やがて非難を同情へ、更に賞賛へと転回せしめるに充分なものであった」と記されている(旧カナ・漢字を改めた)。

　この書には、他にも御真影に関わる殉職者が紹介されており、久米校長は決して例外ではなかった。火災による焼失を招かないようにと、宿直制度やコンクリート製奉安殿が普及したが、それでも戦前の校長は、「奉安殿の扉が開いているという夢にうなされては夜中に目をさまし、奉安殿に駆けつける」という経験をしばしばした。

　これらは、上からの明示的命令による処断ではない。空気を読めば、自発的に服従せざるを得ず、空気を読まなければ、世間から指弾される。KY と笑える時代は泰平と思ううち、KY はいつしか非国民へと雪崩を打つのかもしれない。

　私たちには、内なる攻撃性を見つめながら、暗黙裡に犠牲を強いる空気に NO と言える絆を求めることはできないのだろうか。

『父の死』、『学校事故 実話・実例・対策集』とも書籍としての入手は困難であるが、ネット上で読むことができる。

青空文庫　http://www.aozora.gr.jp/cards/001151/files/49280_34317.html

近代デジタルライブラリー　http://kindai.ndl.go.jp/info:ndljp/pid/1072612

〜〜〜〜〜〜〜〜〜〜〜〜〜〜〜〜〜〜〜〜〜〜〜〜〜〜〜〜〜〜〜〜〜

総力戦に向かう教育体制

　このようにして、1890年に近代天皇制国家としての体裁が整えられて以降、教育勅語体制の構築が加速していった。臣民形成に収斂させる画一的な学校教育には、例えば大正時代からの**自由教育**、新教育と呼ばれる運動や昭和初期の**新興教育運動**などの批判が顕在化したこともある。師範学校附属小学校や私立学校を中心に、都市部の新中間層を基盤として展開された前者に対し、後者は疲弊した農民や都市労働者たちが国定学力ではない、「生きるための力」を求めた運動であるが、両者はそれぞれ戦後の教育に多様な示唆を与えている。

　一方で、近代日本は対外戦争に明け暮れたと言っても過言ではなく、教育勅語体制の約半世紀のうち、実に28年余りが戦争状態にあった。軍事の影響は学校教育にも直接に及び、異を唱える余地は限りなく小さくなっていく。日清・日露戦争時から青年団を中心に自発的に始められた出征軍人家族への援護活動は、1931(昭和6)年の満州事変勃発以降、その組織化が叫ばれ、1937(昭和12)年の国民精神総動員運動実施要綱(閣議決定)には「銃後ノ後援ノ強化持続」として「1.出動将兵ヘノ感謝及銃後ノ普及徹底、2.隣保相扶ノ発揚、3.勤労奉仕」が示された。この頃から小学校もしだいに軍人援護の場となり、1941(昭和16)年、文部省は厚生省管轄の軍事保護院とともに「軍人援護教育要綱・指針」を作成する。同年には小学校令が改正され、「国民の基礎的錬成を為すことを目的」とする**国民学校**が発足した[31]。

---

[31]　初等科6年、高等科2年の8年義務制と規定されたが、初等科修了以後には中等学校への進学が可能で、全員が場をともにするのは6年であった。

国民学校では、修身、国語、国史、地理を包括する中核教科として国民科が設けられ、その内容は次のように規定されている。

　我ガ国ノ道徳、言語、歴史、国土国勢等ニ付テ習得セシメ、特ニ国体ノ精華ヲ明ニシテ、国民精神ヲ涵養シ、皇国ノ使命ヲ自覚セシムルヲ以テ要旨トス

　皇国ニ生レタル喜ヲ感ゼシメ、敬神、奉公ノ真義ヲ体得セシムベシ

　我ガ国ノ歴史、国土ガ優秀ナル国民性ヲ育成シタル所以ヲ知ラシムルト共ニ、我ガ国文化ノ特質ヲ明ニシテ其ノ創造発展ニ力ムルノ精神ヲ養フベシ

　他教科ト相俟チテ政治、経済、国防、海洋等ニ関スル事項ノ教授ニ留意スベシ

（国民学校令施行規則第2条）

近代戦は総力戦と捉えられ、「教育即援護、援護即生産」のスローガンのもと、国民学校のあらゆる活動が家庭、地域と一体となった軍人援護活動に編成されていく。戦時下という非常時、教育は錬成に置き換えられ、初等義務教育を通じて国民統合を果たす構想が極限状況に達するなか、**少国民**である子どもたちはこれを日常（あたりまえ）として生きていた[32]。

3. 現代日本と教育の新生

1945(昭和20)年8月15日、近代日本は敗戦を迎えた。無残な夥しい死を齎し、(第二次)世界大戦は終わった[33]。政府は一億総決起を臆面もなく一億総懺悔に振り替えたが、人々には複雑な思いが去来したことだろう。あるいは、そんな余裕はなかったかもしれない。無差別大量殺戮を繰り返したアメリカが、連合国軍として進駐し民主主義の伝道者の如く振る舞うことには、驚きと耐え難い屈辱を覚えることもあったはずである。だが、近代日本もまた他国に進軍し刃を向けたことを糊塗す

---

[32]　当時の国民学校の教育実践を取材した貴重な映像記録として文化映画『戦ふ少國民』（全四部、電通映画社製作・軍事保護院後援指導）がある。

[33]　日本の終戦記念日は玉音放送があったこの日であるが、第二次世界大戦が終わったのはいつかを一義的に定めることはできない。最後まで連合国と交戦した日本にのみ即しても、ポツダム宣言受諾の通告はこの前日（8月14日）であり、降伏文書調印は9月2日である。平和条約の締結はさらに数年以上先である。また、この日を過ぎても戦闘状態がおさまらず、民間人を含めて犠牲を余儀なくされた人々が多数あったことも忘れられてはならない。

るわけにはいかない。占領下にあって連合国側とのやり取りを経てであるが、近代日本は翌 1946 年 11 月 3 日、帝国憲法に代わる**日本国憲法**を選び取った(巻末資料 4)。一切の戦争を放棄し、国際社会において名誉ある地位を占められるよう努めることを誓い、(第 1 章で詳しく説かれた通りの意味で)地球時代の日本として新生する機会を掴んだ。

憲法・教育基本法体制の構築

この日本国憲法の精神に則り、1947 年 3 月 31 日、**(旧)教育基本法**が制定された(巻末資料 5)[34]。これ以降の戦後日本の教育のあり方を、近代日本の教育勅語体制に対し、(日本国)**憲法・教育基本法体制**と称することができる。重要な違いは何だろうか。どう変わったのだろうか。

教育を受けることは、前者においては臣民としての国民が天皇制国家に果たすべき**義務**であったが、後者においては国民の**権利**、基本的人権の一つであり(憲法第 26 条)、国家にはこの権利の実現を保障する責務がある。これはまさしく体制の転換(regime change)である。

法令ではない教育勅語については国会で改廃手続きをとる性格のものではないが、1948 年 6 月 19 日、日本国憲法のもとでの衆議院で「教育勅語等排除に関する決議」が、参議院では「教育勅語等の失効確認に関する決議」がなされた。

(旧)教育基本法は、前文と全 10 条および補則(第 11 条)という極めて簡潔な構成で、前文に主旨が力強く宣言されている。日本国憲法について、戦後の新しい日本を「世界の平和と人類の福祉に貢献する」、「民主的で文化的な国家として建設」する決意と捉え、その理想の実現こそが教育を行っていく基本という主旨である。

その教育の目的(第 1 条)は、「平和的な国家及び社会の形成者として」の国民の「人格の完成」とされているが、この一文を解すとどういうことだろうか。人格と

---

[34]　GHQ(連合国軍総司令部)や CI&E (民間情報教育局) との交渉、教育刷新委員会の結成など制定の経緯については第 1 章参照。前田多聞、安倍能成、田中耕太郎、高橋誠一郎と教育基本法が制定されるまでの歴代文部大臣たちは、いずれも敗戦による国民道徳の空白を懸念し、教育勅語の意義に拘ったという経緯がある。

(国家、社会の)形成者と国民が、統一的に捉えられている[35]。

　人格とは、人がなにものかに隷属させられるのでなく、人間としての尊厳(格)を認められて存在しているということであり、すべての国民は人格として尊重されなければならない。国民が尊重されるということは、国民は皆、一人閉塞して存在するのではなく、一人一人が国家と社会をつくっていく存在(形成者)ということであり[36]、国家と社会が平和的であるには、「真理と正義を愛し、個人の価値をたつとび、勤労と責任を重んじ、自主的精神に充ちた心身ともに健康な国民」となっていく必要がある。

　これが「人格の完成」に込められた含意であり、願いである。占領下でのこの語の政府訳(official translation)は、(the) full development of personality となっており、「人格の完成」とは、一人一人がかけがえのない個人として十二分に成長し発達していくことと捉えることができる。

　こうして学制以来の近代日本の、(1)人間形成の学校構想と、(2)体制統合の学校構想は、痛恨の反省を経て、平和的にして文化的な秩序の絶えざる形成、動的な秩序の構築として統合され、新生した。しかも、これは単に学校教育の理念ではなく、第2条(教育の方針)にあるように、国家および社会の「あらゆる機会に、あらゆる場所において実現されなければならない」教育の目的そのものである。

国民と国家の関係の転換

　(旧)教育基本法は、この目的を具体化するために、すべての国民に平等に保障される権利として「その能力に応ずる教育を受ける機会」を説き(第3条：**教育の機会均等**)、保護者としての国民は子どもに「九年の普通教育を受けさせる義務を負う」と定めている(第4条：**義務教育**)。義務教育の義務は、一人一人の権利を保障

---

[35]　教育刷新委員会の法案審議の過程では「人間性の開発」とする案が浮上したが、内閣法制局から法律に馴染む語として「人格の完成」が提案されたという経緯がある(民主教育研究所 2002)。教育刷新委員会については第1章参照。

[36]　単なる「一員」や「構成員」ではない。員と表現したのでは、一人一人がかけがえのない存在ではなく、代替可能な員数になる。

するために保護者が負うものである。国民には少なくとも 9 年の普通教育を受ける権利があり、この 9 年を含み能力に応じる教育の機会が保障される。ここで言う能力についても、固定的なものとしてではなく、一人一人異なる成長、発達の可能性として動的に理解することが肝要だろう。

では、国民には権利があり義務があるとして、国家および社会は教育の目的にどう振る舞うのだろうか。

教育行政の役割は、「教育の目的を遂行するに必要な諸条件の整備確立」を「不当な支配に服することなく、国民全体に対し直接に責任を負って」行うこととされている(第 10 条：教育行政)。国家には、国民の権利を実現する条件整備の責務がある。そして、教育の目的の実現に携わる学校は「公の性質」を有し、その学校の教員は「全体の奉仕者」であると述べられている[37]。それがたとえ政府であっても、一時の特定の勢力にのみ奉仕し、特定の政治権力の利害に左右されるような教育はあってはならないということである。ここには、戦争遂行という目的に総動員された戦前の国家と教育の関係への徹底した省察があり、国民の将来を平和的な文化に導いていこうとする強い覚悟が窺われる[38]。

新・教育基本法と今日の課題

このようにして新生した戦後日本、地球時代の日本の教育体制であるが、復興を遂げるにつれ、道徳性、学力が低下したとの批判から、国家権力による統制を強めようとする揺り戻しが生じてくる。早くも 1950 年代のはじめには、(2)体制統合の学校構想がせり出していた。さらに、高度成長期を経て経済大国へと邁進する過程では、経済界の人材育成要求が高まり、人々もまたこれに進学競争を加熱させて応

---

[37] 日本国憲法第 15 条に「公務員は、全体の奉仕者」とあるのと同様の意味で、教員も一部の利害にのみ奉仕する存在ではないということであるが、公務員は公僕と言われる通り、「奉仕」という語には隷属的な含意がある。「滅私奉公」の時代を経て、教育の目的を隷属とは対極的な「人格の完成」としながら、なお奉仕という語を用いることに疑問が残らないわけではないが、要は公(公共性)をどう捉え、構想していくかということにかかっている。
[38] 詳しくは、第 6 章 2 参照。

えるようになる。(1)人間形成の学校構想が底流を支えながらも、個人にとっての進路**選択**は、経済社会から見れば学校を通じた人材**選抜**であり、(3)効率的に振り分けるためという**人材配分の学校**構想(distribution としての学校)が前面に踊りはじめた。復興、成長は一人一人を形成者よりも財、資源と見なし、無辜の死者たちを後景に退かせ、死者との対話は乏しくなっていく。産業構造が変容していくなかで、さまざまな教育病理が指摘されるようになり、子どもたちの権利が健全に保障されているとは言い難い状況を迎えている。

　今世紀に入ると、新自由主義的な教育改革が押し進められ、2006 年末には、「戦後レジーム(regime)からの脱却」を唱える安倍政権のもとで、(旧)教育基本法に代わり新しい教育基本法が制定された(巻末資料5)。戦後レジームのもとで教育は死に瀕しているので、教育基本法を改正し教育再生を果していくというわけである。

　戦後レジームから脱却するということは、教育を受けることは国民の権利とした憲法・教育基本法体制(レジーム)を別の体制に変えるということである。まず、憲法に比べれば改正手続きのハードルが低い、教育基本法を変えることから着手したということだろう。

　新・教育基本法は、前文で「日本国憲法の精神にのっとり」制定すると宣言しているが、その日本国憲法の改正をも視野に入れているはずである。その体制転換の意図は、どのように示されているだろうか。

　それは各条文のいたる所に顔を覗かせているが、最も端的には教育行政についての規定にあらわれている。

　旧法では、教育は「国民全体に対し直接に責任を負って行われるべきもの」としていたが、この新法では「この法律及び他の法律の定めるところにより行われるべきもの」として、法による教育の支配を「不当な支配」から除外し、正当化している(第 16 条)。政治権力の抑制として、「法の支配」は確かに重要な原則であるが、旧法は自らが法でありながら、不当な法の可能性をも想定外としなかった。条件を付けず単に「不当な支配」を排さなければならないとすることと、「不当な支配」

にわざわざ除外項目を設けることの違いは、困難な議論を呼び起こすかもしれないが、権力が暴走した戦前の反省に立つなら、やはり大きいと考えるべきだろう。

さらに、旧法が教育行政の役割を教育の目的を実現する条件の整備に限定していたのに対し、新法は行政府(国と自治体)に教育振興基本計画の策定という積極的な権限を持たせている(第17条)。

こうして、教育を国家の統治機能として位置づける道筋がつけられた。政治権力は、法の体裁さえ整えれば、憚りなく教育を先導することができるようになる。

日本国憲法が国民主権を謳い、近代憲法として国民の権利を守るために権力を制限することを主旨とするのと同様に、(旧)教育基本法も政治権力に抑制的であったが、新法はこの構造を大きく変えた。

だが、まだ憲法・教育基本法体制は完全に別の体制に移行したわけではない。情勢がいかに険しくとも、国民主権を発揮して法や教育振興基本計画を監視し、不当なそれを斥け、つくり変えていくことは可能である。(旧)教育基本法が示した、「世界の平和と人類の福祉に貢献する」という地球時代の教育理念は少しも色褪せてはいない。この理念を活かし、未来世代に向け動的な秩序を構築していくのは、政治権力ではなく、私たち自身の務めである。

引用・参考文献

イタール,J.M.G.　1978　中野善達・松田清訳『新訳 アヴェロンの野生児 ヴィクトールの発達と教育』　福村出版

カント,I.　1971　勝田守一・伊勢田耀子訳『教育学講義他』　明治図書出版

桜井哲夫　1997　『不良少年』　筑摩書房(ちくま新書)

白水浩信　2018　「教育言説揺籃期の éducation なき教育論—ジャック・アミヨとプルタルコス『子どもの教育について』」　『思想』2018年2月号　岩波書店

シング,J.A.L.　1978　中野善達・清水知子訳『狼に育てられた子 カマラとアマラの

　　養育日記』　福村出版

フォイエルバッハ,A.v.　1991　西村克彦訳『カスパー・ハウザー』　福武書店(福
　　武文庫)

堀尾輝久　1971　『現代教育の思想と構造』　岩波書店

堀尾輝久　1991　『人権としての教育』　岩波書店(同時代ライブラリー)

民主教育研究所編　2002　『いま、読む「教育基本法の解説」』　民主教育研究所

ルソー,J.-J.　2007　今野一雄訳『エミール』(上・中・下：改版)　岩波書店(岩波
　　文庫)

第4章　地球時代の学力

1.「学力」の考え方

　「学力」ということばを聞いて、最初に何を思い浮かべるだろうか。筆者が担当する大学の「教育原理」の授業で、学力論を扱う前に簡単な事前アンケートをすると、テストや入試で点数を取るための「試験学力」を挙げる学生が多い。受験の経験が影響しているのだろう。

　しかし、授業で口頭の討論や紙上討論を行うと、「試験学力」は「本当の学力」ではないという意見も多く出てくる。では、「試験学力」とは異なる「本当の学力」とは何だろう。それを議論すると今度は意見が様々に分かれる。「仕事や生活の実用に役立つ知識」といった意見が比較的多いが、「学問や教養が大事だ」という声もあってまとまらない。

　実は、「学力」の定義は教育研究者の間でも一致をみていない。だから、「本当の学力」についての意見をすぐに一つにまとめる必要はない。でも、個々人の思いつきで良いわけでもない。本書を読んでいる人たちの多くは、教員免許の取得を目指しており、実際に教師になる人も少なくないだろう。子どもからすると、教師の独りよがりの学力観に基づく授業は大きな迷惑だ。下手をすると一生の問題にも関わるかもしれない。

　したがって、まず必要なのは、教師側が「学力」についての様々な考え方に触れ、その長所と短所を判断できるようになっておくことだ。そして、そうした判断ができるようになるためには、それぞれの学力観がどのような背景から出ており、それによってどのような性質を帯びた「学力」を育てるものになっているのかを知って

おく必要がある。

　そのために有効な方法の一つは歴史的に検討することであり、もう一つは構造的に検討することだ。ここではまず、歴史的に見てみよう。歴史というと「暗記物」のイメージがあるかもしれない。だが、問題を歴史的に振り返ることは、未来を予測する手がかりになる。また、現在と重なる課題がどのように検討されてきたのかを知り、過去の知恵と失敗から学ぶことができる。さらに、私たちが自分の意見だと思っているものも歴史的経緯の影響を受けて形成されていることを知れば、自分のものの見方や考え方を反省的に捉え、別な考え方の可能性に気づくこともできるようになる。

2．江戸から戦前までの「学力」

江戸時代の「学力」と「実力」

　これまでの研究によると、「学力」（がくりき）ということばは、江戸時代前期には使われていたらしい。日常生活や仕事における実際的能力を指す「実力」に対して、幕府公認の学問だった儒教関連の書など、漢籍の読み書きの能力をさしていた（坂元　1983）。「学力」は、支配層の学問と結びついており、実生活の体験や家業を通して学ぶ「実力」で生きていた庶民の知ではなかったのだ。

　だが、江戸時代も中期になると、商業の発達、農村の生産性を高めるための農学の普及や貨幣経済の浸透が状況を変えた。庶民の間にも**「読み書き算盤」**への要求が高まり、**寺子屋(手習い塾)**で学ぶようになった。寺子屋は、実生活や商売の実用となる読み書きと計算を学ぶ場であり、江戸時代中期から幕末にかけて著しく増加した。庶民の「実力」の中に、支配層の「学力」の一部が取り入れられ始めたのである。

明治初期の二つの「学力」

　幕藩体制から明治新政府へと権力が移行すると、政府は、急速に近代化を進めることで欧米列強に対抗しようとした。国家の基軸となる学問も儒学から洋学に転換

した。新たな官僚層には近代的な知識が求められ、「学力」は、近代国家のエリートとして立身出世するために試験で測られる能力を指すことばとなった。

　一方、欧米化に伴って流入した近代人権の考え方は、**自由民権運動**を介して農村にも浸透した。在野の知識人層が外来の知識を取り入れた教養の高さは、基本的人権の内容を含んだ**五日市憲法**が私擬憲法の一つとして起草されたことや、秩父事件のリーダーたちがフランスの法律書を読んでいたことからもうかがえる。当時の日本の外貨獲得を支えていた生糸の生産地が海外相場の影響を直接に受けて大きなダメージを受けたこと、庶民の生活に様々な矛盾をもたらす明治政府の政策に対する民撰議院設立運動が盛り上がったことなど、生活上の切実な要求が、近代学校制度が整備される以前に形成されていた上層庶民の「学力」と結びついたのだ。

国民皆兵のための「学力向上」

　明治初期の政策は、開明的な側面も持っていた。しかし、その後は、国家主義的色合いが強くなっていく。1889 年の**徴兵令**で国民皆兵の方針が強化され、1890 年に**教育勅語**(巻末資料3)が出されると、天皇と国に尽くす**臣民**を育てることが公教育の目的となる。そして、1894 年の日清戦争で、兵士として指揮命令を理解し、近代的な装備を扱うことができる知的能力の基礎として、「読み書き算」の「学力」の必要が認識された。そして徴兵検査の一環に「壮丁学力検査」が加えられた。

　これらの政策によって「学力」は、一部の階層のものではなく、兵士や労働力となる臣民が備えるべき基礎的知識を指すことばとして大衆化した。学校教育もその向上に力を入れ、国民の「学力」水準は急速に改善した。先の「検査」で「読み書き算」の「学力」に疑問があるとされた成年男子(20 歳)は、1899 年には 49.4%だったものが、1915 年には 11.7%、1930 年には 0.8%と大幅に減少した(斎藤　2012)[1]。

　「読み書き算」を中心とした「学力」の向上は、国民に様々な可能性をもたらす。例えば、奴隷制時代のアメリカでは、黒人奴隷が読み書きを学ぶことは禁じられ、そ

---

[1] これについては『陸軍省統計年報』も参照。

れに反すると死刑あるいは私刑で殺されることもあった。それにもかかわらず、多くの奴隷たちが命がけで読み書きを学んだ。このような「学力」をめぐる攻防が繰り広げられたのは、自由への要求と、読み書きの能力を通して獲得した知識、そして文字を使ったコミュニケーションによる広域の連帯が一つにまとまると、奴隷解放運動が大きなうねりとなる可能性があることに、支配層も奴隷たちも気づいていたからだった(Anderson 1988)。

　他方、「壮丁学力検査」の数字に表れたこの時期の日本における急激な「学力向上」は、国民皆兵という国家の要求と、変化の激しい時代に適応できる「学力」を身につけなければならないという国民の要求とが重なって実現した面がある。しかし、戦前の日本の支配層は、兵士や労働力として必要な範囲の「学力」を国民に与えつつ、それが国体への批判や民主主義的な要求に結びつかないよう注意を払った。

　その一つが、1903年の教科書国定制、1911年の南北朝正閏問題を経て確立された「**学問と教育の分離**」である(堀尾　1989)。初等・中等教育は、学問的な真理を伝える場ではなく、国が定める範囲に限定した実用的な「学力」の指導の場とされた。学問的な真理は、エリート層を養成する高等教育でのみ教えられた。その高等教育への道は、今日とは比較にならないほど狭かった。旧制高校、大学に進む際の前提となる旧制中学校の入学定員はわずかで、義務教育ではなかったため、家庭にかかる経済的負担も大きかった。時期による違いはあるが、中学校への進学率は数％、高等女学校や実業学校を入れた中等教育全体でも一割程度にとどまった。多くの子どもは、小学校(1941年からは国民学校初等科)6年卒業、または、高等小学校(同、国民学校高等科)2年を卒業すると働きに出るか、家業の手伝いに入った。

　もう一つが国家的なイデオロギーによる**教化(indoctrination)**であり、その中心となったのが「**修身**」である。そこでは、教育勅語の思想の具体化として、天皇を中心とした神話が歴史的事実として教えられ、日本の正統性とその一員としての各人の誇りが一体のものとして描かれた。人びとの要求は、神国日本が欧米に対抗できる強国となれば、正義(斯道)を世界(中外)に広められ、自分たちも経済的に豊かに

なれるというストーリーに誘導されていった。そのイデオロギー性に異論を唱えた人びとは、国体を危うくする者(第二次世界大戦期には「非国民」)として他の国民から分断、弾圧された。

子どものための「学力」の萌芽

こうした状況を基調としつつも、第一次世界大戦前後から**大正デモクラシー**と呼ばれる様々な民主主義的運動が興隆した。19世紀末以降、当時の欧米では画一的な教育内容を教育者主導で教え込む旧来の教育に対して、子どもの主体性を重視し、経験と活動を通した学習を中心に据える**新教育運動**が起こっていた。『民主主義と教育』や『経験と教育』などの著作で知られるアメリカのジョン・デューイや『児童の世紀』を書いたスウェーデンのエレン・ケイが代表的人物である。日本でもその影響を受けた**大正自由教育運動**が1920年代から展開された。また、子どもの実感を重視し、生活認識と結びついた「読み書き」を育てる**生活綴方教育**も、貧困に苦しむ東北地方などを中心に広がった。当時の学校教育において制度的に要求されていた「学力」が子どもの要求や生活現実と対応していないという事実に直面した教師たちは、子どもと共に生き方を考え、社会を主体的にとらえる「学力」を模索し、実践しようとしたのである。

しかし、1924年(大正14年)、修身の授業で国定教科書を用いなかったことを問題にした**川井訓導事件**が起こる。さらに1925年には**治安維持法**が制定され、思想や社会運動に限らず、教育に対する弾圧も強化された。軍国主義体制へと移行した昭和期には、人びとに科学的知識を伝えることや、子どもや生活者の視点に立つことを重視する教育運動は中断を余儀なくされ、その復活は戦後を待たなければならなかった[2]。

---

2 自身が戦前の教師であった三浦綾子の小説、『銃口』(小学館文庫)は、1940年に治安維持法による弾圧が行われた北海道生活綴方事件をモデルにしており、当時の状況がイメージできる。

3．戦後の学力観の変遷

　戦後の学力観の変遷は、学習指導要領改訂を軸にすると整理しやすい。学習指導要領改訂は、**教育課程論**の主要テーマでもあるが、ここでも学力論の変遷に触れつつ概観しておく。

民主主義社会建設をめざす「学力」－経験主義教育

　日本が戦争に負けると、教育勅語に基づく教育が軍国主義体制を支え、国民や子どもたちを戦争に動員する役割を果たしたとの反省が行われた。しかし、日本が、平和と民主主義を希求する社会に生まれ変わる上でも、やはり教育の役割は重要だとされた（「教育基本法」資料５）。この民主主義社会建設に適するとされたのが、大正自由教育運動も注目していた新教育の考え方である。その中でも特にアメリカの経験主義教育を手がかりとして 1947 年に「**学習指導要領　（試案）**」が発表された。

　「試案」ということばに託されていたのは、学習指導要領は、あくまでも一つの手がかりに過ぎないという思想であり、具体的な教育課程は、子どもの関心と条件に基づいて学校現場で作るものだという理念だった。こうした現場裁量は、近年、フィンランドの教育政策が重視したことでも改めて注目されている。

　小学校では、戦前の教育課程で中心的位置にあった修身、そして地理と歴史を廃止し、**社会科**を新設した。社会科は、1946 年 11 月 3 日に公布され、47 年 5 月 3 日から施行されることになっていた日本国憲法の国民主権の原則に基づき、子どもたちを主権者として育てるための中心的な教科として構想された。後に社会科は、「暗記物」などと言われ、断片的な知識を記憶するイメージが強くなってしまったが、本来は、地理や歴史といった各科目の知識を学ぶことが目的ではなく、経験的な探究を重視しつつ、社会そのものを学ぶ教科として設定された。

　また、家庭科が男女同権の思想に基づいて共修となり、小学校で**自由研究**が新設、中学校でも選択教科として置かれた。経験主義教育では、自発性と探究心を養う自由研究が重視されており、今日でも**フレネ教育**の自由研究と**自由作文**は国際的

に関心を持たれている。ただし、この時の学習指導要領の自由研究は、クラブ活動や学級活動等も含む広範囲なものだった。

　こうした現場裁量と子どもたちの自主性を尊重する教育の成否は、現場教師の力量に頼むところが大きかった。そのことを自覚した教師たちは、戦前・戦中の弾圧で中断していた教育研究運動を教育の各分野において復活させた。生活綴方教育も改めて重要性を認識され、無着成恭の『山びこ学校』に代表されるように、子どもたちが自分たちの生活と社会の矛盾を考えていく「学力」が育てられていった。全国規模のものを含む教師たちの教育研究サークルは現在にまで続いている。

　だが、民主主義社会の建設に向けた「学力」への転換は、必ずしも順調ではなかった。1951年には学習指導要領の第1次改訂と実施が行われた。この改訂では、経験主義教育の編成原理は維持されたが、小・中学校の「自由研究」は廃止された。戦前の教育を受けた教師には、「自由研究」を指導する力量が不足し、教科の補充学習などに充ててしまう実態があったことも理由だとされる。代わって、小学校では「教科外の活動」、中学校では「特別教育活動」が置かれた。高等学校の「社会科」の内部には、「日本史」「東洋史」「西洋史」が分けられた。

　また、子どもたちの「**学力低下**」がマスコミでも報道され、社会問題化した。近年では、後述するように、いわゆる「ゆとり世代」の人達の「学力低下」が問題視されたが、実は、戦後初期の教育を受けた、今は年配の人たちも「学力低下」を言われていたのである。しかし、「学力低下」を言う際には、その「学力」の中身をまず問う必要がある。一般のおとなは、単純に、新しい世代が自分の習った内容を学んでいなければ「学力低下」だと思う傾向がある。この時も、克服の対象だったはずの戦前の教育を基準にして「学力低下」が言われた面があった。また、戦争の影響で教師や教室が足りないなか、大人数での授業も行われていたが、そのような条件では、経験主義教育の積極面は発揮しにくかった。

　他方、経験主義教育が内在的に含む課題もあった。特に、体験活動が現象の表面的な理解に留まりがちなことに対する「**はいまわる経験主義**」批判や、体験と科学

的認識との関係をどう考えるかというテーマは、後述する 2017 年版学習指導要領の「**主体的・対話的で深い学び**」や**アクティブ・ラーニング**にもかかわる重要課題として残っている。その点では、当時の社会科や理科を中心とする**コア・カリキュラム**や**総合学習**の研究、川口プランや本郷プランなどの**地域教育計画**などの再検討から多くの手がかりが得られるだろう。

高度経済成長のための「学力」－系統主義教育

　1950 年前後を境に、日本の政治と経済は再び大きな転機を迎え、「学力」に対する社会的な要求にも変化が生じた。

　まず、政治的には、民主化と非軍事化を柱としていた戦後改革から、東西対立の深刻化の中で、労働運動の取り締まりやレッドパージ、再軍備の開始などに代表される「**逆コース**」へと転換した。特にその後の教育政策に大きな影響を与えたのが、1953 年の「**池田・ロバートソン会談**」である。この秘密会談において、後に総理大臣となる池田勇人は、アメリカの国務次官補であるウォルター・ロバートソンとの間で、有事の際には日本がアメリカ軍と協力できる空気を助長するために日本人に愛国心と自衛のための自発的精神を育てるとの合意を取り交わしてきた。

　経済的には、朝鮮戦争特需から工業が復興する見通しが得られると、経済界は、重化学工業の発展に対応する労働力を求めるようになる。この時期から高度経済成長期にかけての日本の工業は、欧米が開発した技術を大量生産のラインに乗せることを主にした後発国型のものであった。そのために財界が求めたのは、個性と創造力のある人材ではなく、与えられた課題を高い水準でこなす均質な労働力だった。

　民主主義社会の主権者形成を目指していた戦後新教育は、こうした「逆コース」の思想や、高度経済成長に向けた人材養成には適合的ではないと判断され、教育政策が転換することになった。1955 年には、学習指導要領の全面改訂に先行して小・中学校の「社会科編」が改訂され、道徳教育の重視と系統学習への転換が図られた。また、学習指導要領は、「試案」の扱いではなくなり、学校現場の裁量を尊重する

よりも統制を強める政策への転換が始まった。

さらに高度経済成長が進むと、科学技術の進歩に対応する教育課程への転換が必要だとされ、1958・60年改訂(実施:小学校=1961年度、中学校=62年度、高等学校=63年度から学年進行)から、学習指導要領を構成する教育課程の原理が、経験主義教育から**系統主義教育**へと全面的に転換した。子どもや学級の実態に即した授業づくりが求められる経験主義教育では原理的に難しかった中央統制も、系統主義教育への転換と共に進められた。官報への告示を理由に、政府はこの版の学習指導要領から法的拘束力を主張するようになったのである。

教育内容の現代化と「詰め込み」教育

さらに、1957年にソビエト連邦が人類初の人工衛星打ち上げに成功したことは、西側諸国に大きな衝撃を与えた(スプートニク・ショック)。科学技術で東側に後れを取ったと判断したアメリカは**J.ブルーナー**を中心としたウッズホール会議を組織し、高度な科学技術に対応する人材の養成に向けた**「教育内容の現代化」**を進めることになった。ブルーナーの「どの教科でも、知的性格をそのままたもって、発達のどの段階のどの子どもにも効果的に教えることができる」という仮説は、画期的な展望を示すものとして注目された(Bruner 1960)。

ブルーナーが提唱した**「発見学習」**は、教科の構造を子どもたちに発見させることを重視する学習方法であった。経験主義教育では無数の現象的な情報にかかわりながら学ぶことになるが、それに対し、教科の根底にある構造さえ基本的観念として発見させ、理解させれば、子どもは、それを応用して様々な未知の事象にも対処できるようになり、学習内容を効率化できるという理論である。今日、系統主義教育を**「詰め込み」**教育と同一視する議論が見られるが、少なくともブルーナーの発見学習は、雑多な知識の詰め込みとは異なる発想に立つものであった。

それにもかかわらず、「詰め込み」教育だという認識が広がった原因の一つは、ブルーナーの発言が、「大量の内容も効率的に教えられる」と都合良く解釈され、東側

陣営との競争に焦り、子どもの現実を考慮しない国家から、過度に高度で大量の内容を背負わされてしまったことである。日本で「教育内容の現代化」に対応したのは、1968〜70年版学習指導要領(実施:小学校=1971年度、中学校=72年度、高等学校=73年度から学年進行)だったが、教育内容が多すぎ、ブルーナーが系統学習の前提としていた「発見学習」を実施する余裕は事実上考慮されていなかった。

二つ目として、政策的に行われた「教育内容の現代化」に対しては、肝心の系統性が不十分であり、子どもが理解しにくい不合理な箇所が多いとの批判も強かった。これに対して、もともと数学教育の現代化を提唱していた遠山啓を代表とする**数学教育協議会(数教協)**を初め、日本の各教科の研究団体が独自の系統や教材の開発を進め、日本の教師たちの教育課程編成の力量は、この時期大きく高まった。

三つ目の原因は、ブルーナーの学力論自体にも狭さがあったことである。彼は、発見学習において動機づけを重視したが、それは知的好奇心、学習対象への興味を中心としていた。だが、子どもの関心は、生活現実や個別的経験とも関係している。それは、経験主義教育の優れた実践例や生活綴方教育にも示されていたが、当時のブルーナーは、経験主義教育の克服という意識が強く、これらを位置づけなかった。そのため、彼の予想とは逆に、系統主義は、学校での学習が得意な子どもの興味にはつながっても、それ以外の子どもには、学ぶ意味が見えにくかった。後に彼はこの欠陥を認め、論理や科学以外の文化や生活、個別的経験に関する認識をとらえる概念として、「ナラティブ(物語)的思考様式」に注目した(Bruner 1985)。

この課題に対し、日本の教師たちは、「地域に根ざす教育実践」で応えた。これは、系統主義の本質である構造の認識を、子どもたちが地域での探究活動と、学級での集団的な討論を通して深めていく実践である[3]。ナラティブの観点から言えば、地域の過去と現在のストーリー、国全体の経済発展のストーリー、そして自分自身のストーリーを重ねてとらえることを実践的に位置づけ、経験主義と系統主義の発展

---

[3]　代表的な実践例としては、(鈴木 1986)を参照。

的統合の可能性を実践的に示したものであった(田中 2014)[4]。

　四つ目の原因は、経済成長に対応して高校や大学が増設され、進学熱が高まることで、「**試験学力**」の獲得競争が激しくなった時期と、系統主義教育が実施された時期とが重なったことである。系統主義は、概念的で合理性が高いため、ペーパーテストとの親和性が経験主義教育よりも高い。そのうえ授業で発見学習の場面が省略されると、「学力」が教師や他の子どもとの対話や活動を通した探究や発見に支えられるという集団性の側面も失われる。そうなると、「試験学力」の詰め込みと同様、学習が教師の説明を聞いて個々人が知識を習得する作業になってしまう。

　こうして本来の利点が薄れた系統主義教育は、教育内容の理解に必要な時間も与えずに大量の情報を扱う「新幹線授業」と揶揄される授業を出現させた。その結果、多くの子どもが授業について行けなくなる「落ちこぼれ」問題が深刻化した。肝心の系統性に不備があり、学ぶ意味を理解する余裕もないまま進められる授業では、ものをよく考える子どもや、疑問を持つ子どもがついて行けなくなりがちだ。

　ところが、高校や大学が増設され、子どもが親よりも高い学歴を持つ可能性が広がる中で、教育に対する人びとの関心は進学に焦点化していき、「試験学力」に疑問を持たずに適応できる人間を有能だと見なすようになっていった。また、当時の政府や経済界では、すべての子どもの「学力」を充実させ、高等教育を保障するのはコストの無駄だという考えが強かった。そのため、進学格差は、少数のエリートと多数の庶民を分別する上でむしろ好都合とされていた面がある[5]。このように、むしろ知的センスのある子どもが授業についていけなくなる状態が作られていたという意味で、「落ちこぼれ」ではなく、「落ちこぼし」問題という表現もしばしば使われることになった。

---

[4]　ナラティブ論、ストーリーの概念について詳細は同書を参照。

[5]　このことをストレートに表明したのは、同一年齢層のうち 3%から 6%程度の「ハイタレント」の人材を発見し、そこに重点的に能力開発の投資を行うことが効率的な人材養成を可能にすると主張した経済審議会・人的能力部会の 「経済発展における人的能力開発の課題と対策」 (1963 年)である。

「個性」と「創造性」をめぐる混迷――「新学力観」、「生きる力」

　高度経済成長の結果、日本は先進国の一角を占めるようになった。すると、欧米諸国で開発された技術を応用して大量生産を行うという高度経済成長を支えた後発国型のモデルには限界が生じてくる。日本の企業も科学技術開発をめぐる国際競争に加わらざるを得なくなったのだ。そのため、経済界が人材に求める能力も、教えられた知識を習得することから、発明やアイデアにつながる個性や創造性へと転換し始めた。その課題への対処を教育に求めたのが1971年の中央教育審議会答申「今後における学校教育の総合的な拡充整備のための基本的施策について」である。昭和46年に出されたことから一般に「**四六答申**」と呼ばれる。

　しかし、四六答申の提起はすぐには政策化されなかった。その間に、1973年の第一次オイルショックが発生し、現実においても高度経済成長は終わりを迎えた。それによって高校や大学の増設も抑制に転じ、子どもたちは、限られた進学先を奪い合う「閉じられた競争」(久冨善之)に追い込まれた。このことは前述の68〜70年版学習指導要領による「新幹線授業」とあいまって教育問題をいっそう深刻化させた。先進国型の人材養成が求める個性や創造性を育てる上でもそれは阻害要因となった。そこで、教育内容の削減による負担の軽減を主な課題とした77・78年改訂(実施:小学校=1980年度、中学校=81年度、高等学校=82年度から学年進行)が行われた。一般には、後述の98・99年版が「**ゆとり教育**」の学習指導要領と見なされているが、「**ゆとりカリキュラム**」への転換が始まったのはこの改訂からである。

　四六答申が提起した先進国型の人材養成の課題が具体的に政策化されていったのは、1984年に設置された**臨時教育審議会**(臨教審)とその後の中央教育審議会を経てであった。それは、学習指導要領の改訂にも反映されていく。

　89年改訂(実施:小学校=1992年度、中学校=93年度、高等学校=94年度から学年進行)は、小学校低学年の理科・社会科を廃止して「**生活科**」を導入し、実施に合わせて「**新学力観**」を打ち出した。新学力観は、「知識・理解・技能」よりも「**関心・意欲・態度**」を優先し、教師の役割は、子どもの「指導」ではなく、「支援」だとした。

だが、学習の支援には、子どもが探究活動や他者との関係を通して認識を深化・発展させる過程に対する高度な指導性が必要となる。また、教育課程と教育内容を子どもの関心に応じて編成する現場裁量の拡大、学級定員の少人数化等を含む条件整備が欠かせない。ところが、新学力観は、こうした前提的準備を行わずに「関心・意欲・態度」の評価を強調したため、子どもは自分自身の関心や意欲を尊重されず、評価基準に合わせた態度が要求されることになった。そのことで学習意欲はかえって低下し、「学びからの逃走」(佐藤学)と呼ばれる現象が広がった。

　次の98・99年改訂(実施:小学校・中学校=2002年度、高等学校=2003年度から学年進行) は、こうした状況に対応し、さらに、変化の激しい社会を生き抜く力としての「**生きる力**」を育成することを目的として掲げた。教育課程としては「**総合的な学習の時間**」(「**総合**」)を導入し、また、学習内容の三割削減を掲げた。この学習指導要領で教育を受けた年代は、後に「**ゆとり世代**」と呼ばれることになる。

　「総合」には、前述した経験主義教育の部分的導入と言える面があり、その成果と反省から学んで展開した実践も見られた。しかし、体験と概念的理解とを接続し、相互的に進化させることが「総合」の要点であることを認識しないまま、「総合」と教科との違いを表面的に理解した現場も多かった。そうした実践では、経験が深化・発展せず、かつての「はいまわる経験主義」の問題を再現することになった。

　文部科学省もこの点は注意を促し、2003年の学習指導要領一部改訂で、「総合」について「各教科, 道徳及び特別活動で身に付けた知識や技能等を相互に関連付け, 学習や生活において生かし, それらが総合的に働くようにすること」および「学習状況に応じて教師が適切な指導を行うこと」という文言を加えた。しかし、PISA2003の結果が発表されて「学力低下」が問題になると、「総合」の時間を教科のドリル学習などに充ててよいという意味で解釈されてしまった。

「学力低下」問題からPISA対応へ

　98・99年改訂をめぐって、教育内容を89年版からさらに三割削減する方針が

中教審で議論されると、すでに「学力低下」が生じており、これ以上の内容削減は中止すべきだとの声が、特に数学や自然科学系の大学教員たちから上がった。他方、教育内容を削減しても「生きる力」や学習意欲が育つのであれば、その方が重要だとする立場からの反論も出され、両者の間で学力論争が生じた。結局、議論はかみ合わず、98・99年の学習指導要領改訂は当初の方針通りに実施された。

だが、2004年にPISA2003の結果が発表されると「PISAショック」が日本に広がった。**PISA**(Programme for International Student Assessment)とは、**OECD**が加盟国とそれ以外の参加国・地域も加えて2000年から3年ごとに実施している国際学力調査である。基本的には、科学、数学、読解力を日常生活や市民生活において活用する能力、すなわちPISA型の「リテラシー(literacy)」を15歳段階で計測する。リテラシーは、もともと読み書きの能力を指すことばだったが、OECDは、21世紀の人材に必要な能力として新たな定義を打ち出したのである。

そのPISA2003で日本の子どもの平均得点は、科学的リテラシーはフィンランドと同点1位だったものの、数学的リテラシーで6位、読解力で14位となった。マスコミは、この結果を「学力世界一陥落の衝撃」といった見出しで報道した。ここで言う「学力世界一」とは、**IEA(国際教育到達度評価学会)**が小・中学生の算数・数学と理科を対象に実施してきたもう一つの国際学力調査で、日本の子どもの平均得点が1960年代から80年代にかけて参加国中1位か2位を維持したことを指している。そこで形成された「学力世界一」との自負がPISAの結果で揺るがされたため、「ゆとり教育」が「学力低下」を招いたとの国民的批判が生じたのである。

実際には、日本の順位が高かった年代のIEA調査の参加国はPISAよりもかなり少なく、計測する「学力」の性質も異なるので単純な比較はできない。また、PISA2003の調査対象となった学年の子どもは、「学力低下」の元凶と目された98・99年版学習指導要領(2002年度から実施)ではなく、ほとんどの期間を89年版で学んだ年齢であることも見落とされていた。「学力低下」批判をめぐっては、おとな世代の情報リテラシーの疑わしさも露呈した面がある。

一方で、PISA型リテラシーは、従来の「学力」よりも「生きる力」に近いものと考えられた。そのため、PISAでの不振は、「生きる力」が育てば、従来の「学力」が低下しても構わないとしていた側の立場を揺るがすことになった。「学力」と「生きる力」が共に低下している可能性も否定できなくなったのである。

　文科省もそうした批判を無視できず、2007年から**「全国学力・学習状況調査」**の実施を始めた。この調査のA問題は、1995年以降 **TIMSS** と呼ばれるようになったIEA調査の類題、B問題はPISAの類題となっている。さらに、悉皆調査(全員が対象の調査)とし、都道府県ごとの平均点を発表したため、都道府県間の「学力競争」が勃発し、全国の学校現場が類題演習を行うようになった。

　そして、2008・9年の学習指導要領改訂(実施:小学校=2011年、中学校=2012年度、高等学校=2013年度から学年進行)では、約30年間続けた「ゆとり路線」を転換し、教科の内容と時間数を増やして「総合」の時間数を半減させた。こうした対策の成果か、PISA2012で日本の子どものOECD加盟国内での順位は、科学的リテラシーで1位、数学的リテラシーで2位、読解力で1位となった。

４．OECDの人材養成論は「学力」をどう変えるか
21世紀型人材養成と2017・18年改訂

　しかし、そもそもOECDがPISAを始めたのは、後で見るように21世紀の経済成長を担う人材を養成する観点からだった。テスト対策でPISAの得点を上げるだけでは、「学力低下」批判を抑える世論対策にはなっても、OECDが必要だとする能力を育てることにはならない。そのため、2007年の「学校教育法」改正では、「基礎的な知識及び技能」、「これらを活用して課題を解決するために必要な思考力、判断力、表現力」、「主体的に学習に取り組む態度」という**「学力の三要素」**を規定し、学習指導要領では、2017・18年改訂(実施:小学校=2020年度、中学校=2021年度、高等学校=2022年度から学年進行)で本格的な具体化を図った。

　その柱となるのが、中教審では**「アクティブ・ラーニング」**として議論され、

学習指導要領では「**主体的・対話的で深い学び**」という表現でまとめられた学習とその指導の方針である。それに対応して、教育課程編成でもカリキュラム・マネジメントを位置づけ、現場裁量の余地をある程度は広げることになった。また、学習指導要領以上に、大学入試のあり方が社会の学力観や学習観を規定してきたという批判を考慮し、文科省は、「高大接続改革」の下で、高校までで育成された学力の3要素を多面的・総合的に評価するよう大学入試改革を行うとしている。

OECD の能力論

2017・18年版学習指導要領が影響を受けている OECD の21世紀型人材養成論の問題意識の要点はおよそ三つに整理できる。

一つは、「**持続可能な開発(sustainable development)**」への転換である。これは、莫大な資源を消費し、環境を破壊する従来型の経済発展は、人類と地球環境の存続を危うくするとして、新しい開発のあり方を模索するものだ。そこでは、人類がこれまで経験したことがなく、予測もつかない課題の解決が求められるという。

二つ目は、「**知識基盤社会(knowledge based society)**」への転換である。これは、生産と技術革新、政治や文化などあらゆる領域の基盤として知識やアイデアの役割が重要になる社会である。そこでは、既存の知識を学ぶことよりも新たな知を生み出し続けることが重要になる。

三つめは、**IT(Information Technology)**および **AI(Artificial Intelligence)**の進化・発展への対応だ。IT 化が進むと情報がグローバル化し、瞬時に国境を越えて広がるため、利潤を生みだすためには知の更新速度を上げる必要がある。また、すでに始まっているが、AI によって職業の自動化が進み、今後、20年の間に総雇用者の40数%にあたる職業が消滅するという予測もある(Frey/Osborne 2013)。

これら三つに代表される課題を前に、これからの人材には、コンピュータやロボットが得意とする記憶や計算、定型的な仕事の能力ではなく、時間的な見通しや創造性、変化への対応能力、そして IT や AI を適切に利用する能力が求められると

いう。そうした能力の基礎になるものとして OECD が 2003 年に発表したのが、以下の「**キー・コンピテンシー**」である(ライチェン／サルガニク 2006)。

1.相互作用的に道具を用いる

    1A.言語、シンボル、テキストを相互作用的に用いる能力

    1B.知識や情報を相互作用的に用いる能力

    1C.技術を相互作用的に用いる能力

2.異質な集団で交流する

    2A.他人といい関係を作る能力

    2B.協力する、チームで働く能力

    2C.争いを処理し、解決する能力

3.自律的に活動する

    3A.大きな展望の中で活動する能力

    3B.人生計画や個人的プロジェクトを設計し実行する能力

    3C.自らの権利、利害、限界やニーズを表明する能力

PISA2000 から 2012 までで計測しようとしてきたリテラシーは、キー・コンピテンシーの中では、ほぼ 1A と 1B に対応する。ここで「相互作用的に用いる」とは、持っている知識や技術を一方的に適用するのではなく、状況との関係で応用したり、修正したりできるということだ。さらに、PISA2015 では、これまでのペーパーテスト調査からコンピュータ調査に移行し、他者と協力しながら問題解決をする能力である協同問題解決能力を計測した。さらに、PISA2018 では、文化的背景の異なる人たちと交流し、協力する「**グローバル・コンピテンス**」も調査対象となった。これらは、感情の処理や対人関係などの「**非認知的能力(non-cognitive ability)**」を含むキー・コンピテンシーのカテゴリー2 に対応する。このように OECD は、より広い範囲の能力を評価の対象にする方針を取っている。

また、OECD は、2030 年の社会で必要とされる 21 世紀型コンピテンシーを再定義して育成する Education2030 事業を進めている。その問題提起は広範に及ぶが、基本的には、知識、スキル、感情を一体的に捉えた上で実際の行動につなぐこと、さらに状況の中で自己がどのような能力を調達する必要があるのかを判断する「メタコンピテンシー(meta competencies)」が必要だとしている。

　今のところ学校教員の仕事は、自動化されにくい部分を含むため、消滅する心配の少ない職業と判定されている。しかし、OECD の未来予想が現実になれば、今の子どもたちが職業に就くころの状況は、今とは様変わりすることになる。では、学校教育は、子どもたちの成長をどう支援すべきなのか。OECD 自身がこれからは予測のつかない時代に入るとしている以上、OECD の未来予想を無批判に受け取るのではなく、教育関係者自身が考え続ける必要がある。

OECD の議論の疑問点

　こうした OECD の議論は、現在、日本を含む各国の教育政策に大きな影響を与えている。しかし、それは、あくまでも先進国を中心とした特定の国々による経済団体だ。組織の目的の範囲で教育について発言、施策を行っているのであって、世界の教育に対して全面的な責任を負う立場にはない。日本の教師は、そのことを認識し、OECD が求めるコンピテンシーをそのまま子どもたちに要求するのではなく、日本の子どもの現実に即した教育実践を行うことが大切だ。また、そこが日本の優れた教師たちが創造性を発揮し、生きがいを感じてきた点である。

　本章で見てきた日本の「学力」の変遷に照らしても、OECD の議論には、検討しなければならない課題が数多く残っている。今後の考察や発展的研究の参考のために論点を四つだけ述べておこう。

(1)キー・コンピテンシーが仕事で有効なのは理解できる。だが、それをすべての子ども・学習者が身につけるには、どうすればよいのか。特に非認知的能力の形成には家庭の教育や**文化資本**が認知的能力の場合以上に影響するので短期的に学べ

るものではない。OECD も教育方法は研究途上だとしているが、コンピュータに代替できないコンピテンシーを獲得できなかった人は、就ける職業自体が無くなるのであれば、「落ちこぼれ」問題は、かつての系統主義教育の場合以上に深刻になる。

(2)PISA という世界共通の調査で順位付けをするのは、文化的多様性の侵害につながるのではないか(巻末資料 13)。さらに非認知的能力の評価にも踏み込み、国際的な団体が人間性にかかわる領域まで評価するのは、人間の尊厳や人権の観点から適切なのか。そもそも複雑で文脈的な能力を、一般性のある基準で客観的かつ公平に評価することは可能なのか。

(3)文科省は、調べ学習や討論、発表などを重視したアクティブ・ラーニングを通して 21 世紀型コンピテンシーを育てるとしている。しかし、こうした非認知的能力の比重が高い学習は、形式的に行うと、家庭の文化資本に対応した学力格差につながりやすい。それを避けるためには、「総合的な学習の時間」の導入時には研究が不十分だった、戦後の経験主義教育の到達と課題、生活綴方教育の意味、経験主義と系統主義の発展的統合の可能性を実践的に示した「地域に根ざす教育実践」など、日本で積み上げられてきた教育実践の検討を行うのが有意義である。

　また、新しい能力の育成を掲げてはいても、学習指導要領の基本的な枠組みは、実は、高度経済成長期からあまり変わらず、系統主義の教育課程をベースにして内容を削減したり、経験的な要素を部分的に入れたりする改訂にとどまっている。また、一学級当たりの児童・生徒数の上限は、1960 年代に 45 人、80 年代に 40 人とはなっても、先進国では異例に多い状態で維持されている。条件面では多人数の児童・生徒に一斉授業で知識を伝達するという高度経済成長期以前の教育観を残したまま新しい能力の養成を掲げているので現場や教師に負担がかかっている。

(4)社会の主人公は私たち人間であり、どのような社会を作るかを決める権利も私たちにある。したがって、その権利を他の人々と協力しあって行使できる能力を子ども・学習者に育てることが、いかなるコンピテンシーを掲げるよりも大切だろう。

　ところが、キー・コンピテンシーでも、「設計し、実行する能力」が求められてい

るのは、「人生の計画や個人的プロジェクト」までであり(3B)、「大きな展望」は、わたしたちが決めるものとはされていない。あくまで私たちは、その中で活動する想定になっている(3C)。すなわち、私たちは、社会をどう作るかではなく、社会の変化に適応するためにコンピテンシーを身につけなければならないという論立てだ。

これは、ユネスコが学習権を「自分自身の世界を読みとり、歴史をつづる権利」、「人々を、なりゆきまかせの客体から、自らの歴史をつくる主体にかえていくもの」としているのとは大きな違いがある(「学習権宣言」資料8)。また、世界の持続可能性に問題意識があるなら、平和の問題こそ重視すべきはずだが、それも具体的に位置づいているとはいえない。

5．地球時代の「学力」に向けて
「学力」の構造

以上では、「学力」を主に歴史的に見てきたので、次にこれまで見てきた「学力」や「能力」の整理も兼ねて構造的な観点から見てみよう。次の図は、「学力」をめぐる論点を3領域と二つの次元に整理したものだ。

まず、「3領域」について説明する。私たちが日常生活の中で最もよく用いているのが「**経験知**」である。日常生活において私たちはいつもたくさんの経験をしている。経験は、何らかの空間的な場面の中で行われる。経験主義教育が重視したのがこの経験知であり、江戸時代の「実力」もこれにあたる。

「**物語知**」は、自分や社会を時間的見通しの中でとらえる知である。ミクロで言えば、自分の生育歴やこれからの人生の展望であり、マクロで言えば自分の住んでいる社会がかつてどのようにあり、今後どうなるのかという見通しだ。

「**分析知**」は、経験知や物語知を分析し、概念化することで得られる知である。科学を初めとした学問で得られた概念がその代表であり、学校の教科書にある概念的知識もこれにあたる。ただし、概念が分析の過程から切り離され、単に記憶されるだけのことばになると性質が変わり、「**要素知**」とでも言うべきものになる。

次に「二つの次元」について説明する。**「明示知」**とは、ことばや数字などによって意識されている知だ。そして**「暗黙知」**は、意識はされていないが、「明示知」を基盤として支えている知である。

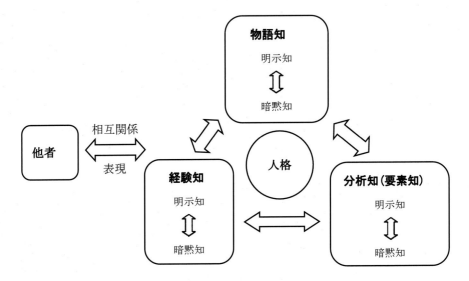

　ここで一つ実験をしてみよう。一人が「犬」という文字をチョークで黒板に書き、他の人は、思い浮かべたのはどのような犬（犬種、毛色、大きさなど）なのかを各自が口に出さずにメモに書いてみよう（誰かが特定の犬種を口走ったりすると、他の人の感知もそれに引きずられるので無言でメモに書きとめることが大切だ）。次にそれを交流してみると、それぞれの想定した犬の姿や、どこまで具体的な姿を思い浮かべたかなど、少なからぬ違いがあることがわかる。

　この実験では、「犬」という文字を見ただけの段階では、普通、具体的な犬までは思い浮かべない。漢字を見てその一般的意味に意識の焦点が当たっているからだ（焦点的感知）。しかし、そこを敢えてどのような犬を思い浮かべたかと問われることで、それまで暗黙知の位置にあった（従属的感知）、各自の犬との経験が明示知として浮上する。犬を飼っている人は自分の犬が思い浮かぶことが多いが、犬とあま

り触れ合った経験がない人は、具体的な姿を浮かべることすら簡単ではない。以上から、誰もが同じ内容で理解していると思われたことばの意味も、一歩踏み込むと異なる暗黙知で裏付けられていることが確認できる。

この図において重要なのは、各領域や次元以上にそれらが相互的に結んでいる矢印の部分だ。例えば矢印で示した領域間の関係が成立していないと、経験知は、分析的な検討や反省がされない主観、また、未来への展望を伴わない場当たり的なものにとどまる。他方、分析知や生活実感を伴う経験知から切り離された物語知は、戦前の教育のように非合理的で観念的なイデオロギーと化す危険がある。同じく孤立した分析知は、意味が実感できないまま覚えるしかない要素知に過ぎなくなる。

逆に、物語知や経験知と分析知とが連関すれば、物語知や経験知は概念的に根拠づけられたものになる。分析知も経験知や物語知に裏付けられて意味が納得できるものになる。また、個人の人生の物語知や社会的物語が経験知との対比で確認されることによって、物語知は、経験や生活実感に裏付けられ、地に足のついたものになる。経験知の側も、物語知と結びつくことで、時間的見通しの中で、経験したことの意味が見えてくる。

そして、これら三つの領域それぞれに暗黙知と明示知の次元がある。暗黙知は、明示知化されることで意識的反省が可能になり、明示知は暗黙知化されることで学習者に身体化され、定着する。さらに、他者に自分を表現したり、問題意識や異なるものの見方を交流したりすることによって、各領域や次元の間の関係が活性化したり、確実になったりする。

未来の物語を語る「学力」へ

以上の構造から各時代の「学力」を再検討すると、教育勅語体制下の「学力」は、政府が非合理的な物語知を国民に浸透させる一方、国民の側は、「学問と教育の分離」によって物語知のもつイデオロギーを的確に批判する分析知を持ち得なかった。

経験主義教育では、文字通り経験知が重視され、そこから科学的認識(分析知)に

つなぐことが目指された。しかし、経験知と分析知では知の形式が異なるため、科学的認識に至るには、経験知の単なる延長ではなく飛躍が必要だ。そうした知の形式の違いが十分に認識されていなかったため、分析知の獲得が弱くなった[6]。

　系統主義教育の時期は、高度経済成長の経済的繁栄の物語を多くの人が信じ、それに依拠して自分の人生や社会を考えていた。そのため、各人が自前の物語を構想する点が弱く、時代の物語に流された。また、経験知も軽視されるようになったので、物語知や経験知との結びつきが弱くなった分析知は、分析の過程から切り離されて要素知的になり、結果として「試験学力」に取り込まれていった。

　最後に、OECD の議論をこの枠組みから見るとどのようになるだろうか。まず、PISA は、従来の試験のように要素知のみを対象にするのではなく、分析知を経験知にどの程度適用できているかを計測しようとした調査である点で一歩踏み込んでいる。その点が、PISA が多くの日本の教育研究者たちに評価された理由だ。

　しかし、最も大きな問題は、前述のように、子ども・学習者がこれからの社会の主人公であるはずなのに、その主人公たちが現代の社会の物語を批判的に検討し、新しい社会を構想する存在として位置づけられていないことだ。OECD は、コンピテンシーとして多様な能力を子ども・若者に要求しているが、この図を手がかりに整理すると、未来の物語を予想し構成する主人公は、子ども・学習者ではなくOECD になっている。

　学習権宣言で述べられているように、私たちが歴史をつづる主体であるなら、そのための「学力」をこそ子どもたちに育てる必要があろう。そのために有効なのは、自分の物語知、経験知、分析知をそれぞれ充実させることと同時に、全く異なる環境や文化に生きる他者がこれらの３領域あるいはそれ以外の知をどのように持っているのかに関心を持ち、自分の知のとらえ直しを続けることだ。また、地球の様々な場にいる他者にとって世界がどのように見えているのかから学び、自分が所属する文化の慣習の型で固定化しやすい暗黙知と明示知の関係を解してみることだ。そ

---

[6]　経験から科学への飛躍を重視した実践については、鈴木(1986)他を参照。

うすれば、自分の暗黙知の中に、これまで明示知化していなかった新しい可能性、新しいものの見え方が発見されることにもなろう。先の実験で見たように暗黙知には多様な見方の可能性が含まれている。そのように柔軟な知のあり方を育てる「学力」は、OECD の予想をも乗り越える内容を地球時代にもたらすだろう。

引用・参考文献

斉藤泰雄　2012　「識字能力・識字率の歴史的推移－日本の経験」　広島大学教育開発国際協力研究センター『国際教育協力論集』第 15 巻第 1 号

坂元忠芳　1983　『子どもと学力』　新日本新書

鈴木正気　1986　『支えあう子どもたち—見えない世界に挑む社会科の授業』　新日本新書

田中昌弥　2014「自己と世界を再構成する「ストーリーの学力」」　教育科学研究会編『戦後日本の教育と教育学』所収　かもがわ出版

ブルーナー,J.　1986　鈴木祥蔵・佐藤三郎訳『教育の過程』　岩波書店　＝　1960　The Process of Education, Harvard University Press

ブルーナー,J.　1998　田中一彦訳『可能世界の心理』　みすず書房　＝　1988　Actual Minds, Possible Worlds, Harvard University Press

ライチェン，D.S.／サルガニク，L.H.（編著）　2006　立田慶裕監訳『キー・コンピテンシー　国際標準の学力を目指して』　明石書店

堀尾輝久　1989　『教育入門』　岩波書店(岩波新書)

Anderson, James D.　1988　*The Education of Blacks in the South 1860-1935*, The University of North Carolina Press.

Frey, Carl Benedikt / Osborne, Michael A.　2013　The Future of Employment: How Susceptible are Jobs to Computerisation?,　Oxford Martin School, University of Oxford

第5章　地球時代における
「文化の民主化」と教育文化政策

　本章では地球時代における文化の意味を、人権、平和、民主主義、多様性との関係からさぐる。まず、国連・ユネスコの文化と教育に関する動向をたどり、「文化の民主化」「平和の文化」の創造とは何かを明らかにし、そのことを通じて、教育文化政策の課題を考えてみたい。

1. 地球時代の文化と教育の動向－国連・ユネスコの活動目的－

　今日のわたしたちにとって、ユネスコは世界文化遺産との関係でよく知られている。しかしそれは、しばしば地域の新しい観光産業への期待という側面が注目され、ユネスコ本来の目的が十分理解されていない場合が多い。地球時代が、共生、連帯、平和によってかけがえのない地球を共に守り、つくりあげていこうという認識を共有する時代と捉えるとき、あらためてユネスコの目的を確認しておく必要があるだろう。

　ユネスコ（国際連合教育科学文化機関、United Nations Educational, Scientific and Cultural Organization=UNESCO）は、1946 年 11 月 4 日に設立された。

　1946 年に発効した**ユネスコ憲章**（巻末資料６参照）の前文には、「戦争は人の心の中で生れるものであるから、人の心の中に**平和**のとりでを築かなければならない」と記された。そして、政府の政治的及び経済的とりきめのみに基く平和は、世界の諸人民の一致した、しかも永続する平和ではなく、よって平和を人類の知的および精神的連帯の上に築かなければならない、としている。

　今日、平和をどのような方法でもたらすのかが世界的な議論となっているが、ユ

ネスコは知的・精神的連帯によって平和を築こうとしている。そしてユネスコは、現在、「諸国民の教育、科学、文化の協力と交流を通じた国際平和と人類の福祉の促進を目的とした国際連合の専門機関」として活動を進めている[1]。

２．ユネスコと日本とのかかわり－戦前、戦後の活動－

ユネスコに日本は 1951 年 7 月 2 日に加盟したが、ユネスコと日本のかかわりは、ユネスコの前身とされる**国際知的協力委員会**（International Committee on Intellectual Co-operation=ICIC）から存在する。国際知的協力委員会は国際連盟の諮問機関であるが、この委員会の構成員には H．ベルグソン、M.キュリー、A.アインシュタインらが含まれ、委員会事務を行っていたのは、国際連盟事務次長であった**新渡戸稲造**である（深山 2007：44-47）[2]。

その後、日本は第二次大戦で敗戦国となるが、連合国は文部大臣会議（CAME）において国際・教育文化機関の設立を目指した。1945 年には 44 カ国の代表と国際知的協力委員会、国際知的協力機関、国際教育局（IBE）、国際労働機関（ILO）などの関連機関によって設立が議論され、1946 年にユネスコが設立されることになった。

ユネスコは、戦後間もない日本に対して様々な支援を行った。例えば、日本にユネスコの出版物を配布して、日本と他国との情報交換を支援し、また、日本人専門家をユネスコの会議に招聘するなどしている。さらに 1950 年にはブリュッセルにおいて歴史教科書を主とする教科書の改善をテーマとした国際教育セミナーを開

---

[1]　文部科学省 HP

[2]　深山の研究は、国際連盟と教育とのかかわり、教育への取り組みの強化の過程を第 1 回国際連盟の総会から明らかにしている。1927 年に出された勧告により、国際連盟をいかに青少年に知らせるか、子ども・青年および教師の間にいかに国際教育の精神を発達させるかが示され、そこでは、そのための具体的な措置が提案されていることを明らかにしている。その提案にはゲームや写真、工芸品の展示、演劇、音楽会、学校間での交流、休暇期間について、政府および民間有志団体について、また、旅行上の便宜、運賃割引などが示されている。これらは、本章で考察する「文化の民主化」の方法とも重なっているといえる。

催した。ここでは、日本およびドイツも参加が許され、日本からは教育学者の**勝田守一**が参加した。

　勝田たちのグループはこのセミナーにおいて、建設的な世界精神は、他の国民や民族の抑圧によってつくられるナショナリズムではないこと、**平和の教育**について国際的理解の促進と並んで重要なのは**基本的人権の教育**であること、そのために、各国の委員会が人権宣言を注意深く分析し、一般原則を具体化することを勧告としてまとめた（勝田　1951:64-70）。

3．現在の日本のユネスコに関する組織－民間によるユネスコの活動－

　世界で最初に民間ユネスコ運動がはじまった国は日本であるといわれるが、そのはじまりは、1947年7月19日の仙台での**ユネスコ協力会**の発足に見ることができる。この年の11月には、東京の日比谷公会堂で第1回日本ユネスコ運動全国大会が開かれている。当時の大会ポスターを見ると、主催者として「仙台、大阪、京都、神戸ユネスコ協力会」とあり、全国に民間のユネスコ活動が広がっていることがわかる。講演には仁科芳雄や**湯川秀樹**、学生代表、労働代表、婦人代表とあり、ユネスコの活動は政治家や官僚ではなく研究者や市民といった幅広い層によって進められた[3]。

　1948年の5月1日には**日本ユネスコ協力会連盟**が結成された。そしてさらに、連盟は1951年8月14日に社団法人**日本ユネスコ協会連盟**に改組され、2011年4月1日には公益社団法人日本ユネスコ協会連盟となり、現在にいたっている[4]。協会連盟は、自らの活動をユネスコ憲章の精神に則り、世界平和と人類共通の福祉を実現するために、国際相互理解の促進と国内でのユネスコの精神の普及を行うことであるとしている。

---

[3] 「世界に開く日本の窓　ユネスコ(国際連合教育科学文化機構)運動全国大会」、1947年11月7日　大会ポスター。http://www.unesco.or.jp/sendai/abstract.html
[4] なお、この間、1974年にはアジア太平洋ユネスコ協会クラブ連盟設立総会が、そして1981年には世界ユネスコ協会クラブ・センター連盟設立総会が開催されている。

図 1 ユネスコ・NGO 等組織図　　　図 2　日本各地のユネスコ協会連盟

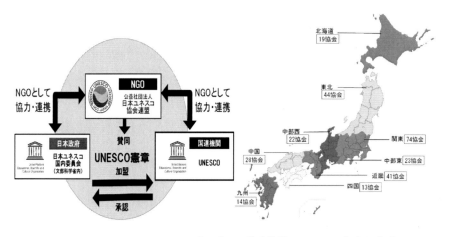

日本ユネスコ協会連盟 HP、2019 年より作成

　図 1 は協会連盟が作成した組織図である。図が示すように協会連盟は自らを、ユネスコや日本ユネスコ国内委員会(文部科学省内 1952 年発足)の下部組織ではなく、対等な立場で、財政を含めて独立した民間の組織(NGO)として位置づけていることがわかる[5]。協会連盟の運営は、会費、募金、企業などからの寄付金、事業収入、国、地方自治体補助金、各財団援助金などによってまかなわれている。図 2 は、現在のユネスコ協会数である。約 282 の団体が日本で活動を行っている。

　これらユネスコ協会は、それぞれ市民や子ども向けに活動を行っている。その活動には例えば、わたしの町の宝物絵画展、出前授業、世界の料理教室・アウトドアクッキング、能楽ワークショップ、平和の鐘の集い、民間ユネスコ運動の日、寺子屋授業、ユネスコ子ども科学フェスティバル、サマーキャンプ、街頭募金、世界遺

---

[5] 国はユネスコ国内委員会を組織し、また、地方公共団体では各都道府県レヴェルで教育委員会が活動について指導・助言や活動の指導者に対する研修会の開催などを行っている。http://www.unesco.or.jp/unesco/nfuaj/

産パネル展、日本語教室、歴史ウォーキングとシンポジウム、外国青年日本語主張発表会、ユネスコ音楽祭などがある。

　また、1956年7月には世界の民間ユネスコ協会、クラブ等の連合体として**世界ユネスコ協会クラブ連盟**が設立され、初代会長には日本ユネスコ協会連盟会長が選出されるなど、日本の民間によるユネスコの活動は積極的に世界の協会と連携をもち活動を広げている。これらは、ユネスコの前身である国際知的協力委員会のメンバーが研究者や民間の人々であったことと関係しているといえよう。

4．国連・ユネスコが示す子どもの現状－暴力にさらされる子どもたちー

　ユネスコが平和のとりでを築くことを目的にしていることはすでに述べた。しかしながら、現状は、子どもたちをはじめ世界の人々が安心して平和の中に生きるにはほど遠く、より厳しい状況にあると言えよう。それは国連・ユネスコに関連する様々な報告書や白書を見ても明らかである。以下、日本の子どもの現状について**国連子どもの権利委員会**の審査動向から見てみることにしよう。

　国連子どもの権利委員会は、**子どもの権利条約**（巻末資料8）を批准した各国の子どもの現状を審査している。子どもの権利条約は、1989年に国連において全会一致で採択された前文と条項(54条)からなる条約である。この条約は、子どもを従来の保護される存在、発達途上で未熟な存在として捉えるだけではなく、子どもが人格をもち**尊厳をもった存在**であると捉えて権利を示した点で、画期的な条約であるといわれている（第1章4　人権としての教育　も参照）。

　子どもの権利条約の条項の内容は、次の図で示すように大きく 4 つの領域でまとめることができる。（各条項の番号に対応する項目は次頁の表1を参照）

図 3　子どもの権利条約の 4 つの領域

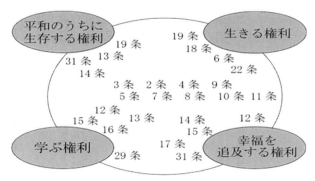

表 1　子どもの権利条約の内容（一部）

2 条	差別の禁止
3 条	子ども(児童)の最善の利益
4 条	立法・行政その他の措置
5 条	親その他の者への指導
6 条	生命への権剰、生存・発達の確保
7 条	名前・国籍の取得権
8 条	アイデンティティの保全
9 条	親からの分離禁止
10 条	家族再開出入国の自由
11 条	国外不法移送防止
12 条	意見表明権
13 条	表現・情報の自由
14 条	思想・良心・宗教の自由
15 条	結社・集会の自由
16 条	プライバシー・通信・名誉の保護
17 条	マスメディアへのアクセス
18 条	親の第一次的養育責任と国の援助
19 条	虐待・放任・搾取からの保護
29 条	教育の目的
31 条	休息、余暇、遊び、文化的・芸術的生活への参加

これらを見ると、子どもの権利条約に示されている子どもの権利は、子どもに好き勝手やわがままを許す権利ではなく、人間としての当然の権利であることがわかる。子どもが人格をもち、一人ひとりが尊厳をもった存在であるという子ども観は、例えば、**意見表明権、表現・情報の自由、思想・良心・宗教の自由、結社・集会の自由**、プライバシー・通信・名誉の保護にあらわれている。また、体罰、子どもへの暴力に関する条項である第19条そして第6条の生存権もこれにかかわってくる。これらの権利を子どもが行使できるように国・地域、教育現場にいる人々、親たち、市民社会は協力しつつ実効性のある方法を見出していくことが求められている。

　この条約の第43条では子どもの権利委員会を設置することが示され、第44条には子どもの権利条約を批准した国は条約が効力を生じる時から2年以内に、その後は5年ごとに権利の実現のためにとった措置やもたらされた進歩について、現状を報告する義務があると定めている。そして報告した内容は先の第43条で示された委員会で審査され、最終的に政府に対して**最終所見**が出される。このような手続きを繰り返すことで、国も市民社会も子どもの権利保障を常に実態に即したものとして進めていくことができる。

日本における子どもの権利の状況

　子どもの権利条約が効力を発するには、締結国は条約に署名し、それぞれの国会で批准・承認することが必要である。日本は1994年3月に国会で全会一致で可決・承認し、批准した。これは、世界で158番目であった。

表2　子どもの権利に関する年譜

年	事　項
1789	フランス人権宣言
1924	国連ジュネーブ宣言
1948	国連世界人権宣言
1951	児童憲章
1959	国連子どもの権利宣言

1966	国連国際人権規約
1979	国連国際児童年
1985	ユネスコ学習権宣言
1989	国連子どもの権利条約
1990	国連子どもサミット
1994	日本政府子どもの権利条約批准
1996	日本政府第1回子どもの権利報告書提出
1996	NGO報告書提出『豊かな国日本社会における子ども期の喪失』
1998	国連子どもの権利委員会日本政府審査会
1998	国連による最終所見と日本政府への勧告
・	
・	現在に至る

筆者作成

　文部省（現文部科学省）はこの条約の発効に先立って、1994年に「『児童の権利に関する条約』について」（通知、平成6年5月20日文初高第一四九号　文部事務次官）という**文部次官通知**を全国の都道府県教育委員会や知事をはじめとする関係機関に送付した。その内容は次のようなものである。

　このたび、「児童の権利に関する条約（以下「本条約」という）が……以下中略……
　本条約は、世界の多くの児童が、今日なお貧困、飢餓などの困難な状況に置かれていることにかんがみ、世界的な視野から児童の人権の尊重、保護の促進を目ざしたものであります。
　本条約は、基本的人権の尊重を基本理念に掲げる日本国憲法、教育基本法（昭和二二年三月三一日法律第二五号）ならびにわが国が締約国となっている「経済的、社会的及び文化的権利に関する国際規約（昭和五四年八月四日条約第六号及び「市民的及び政治的権利に関する国際規約（昭和五四年八月四日条約第七号）」と軌を一にするものであります。したがって、本条約の発効により、教育関係について特に法令等の改正の必要はないところではありますが、もとより、児童の人権に十分配慮し、一人ひとりを大切にした教育が行なわれなければならないことは極めて重要なことであり、本条約の発効を契機として、更に一層、教育の充実がはかられていくことが肝要であります。
（以下略す。引用者）

「『児童の権利に関する条約』について（通知）」（平成6年5月20日　文初高第149号　文部事務次官）

　この通知では、はじめにこの条約が公布され、効力を生じることになった旨を述べた後に条約の説明を行っている。その説明では「今日なお、貧困・飢餓などの困難な状況に置かれていることにかんがみ」、「人権の尊重、保護の促進を目指したも

の」とあり、貧困・飢餓の子どもたちのための条約であることが強調されている。条約が効力を発する時期の日本は、今日とは異なり経済的には豊かであるとされた時代であった。そのような状況にあって、文部省（当時）はこの子どもの権利条約を主に難民などの第三世界の貧困・飢餓の子どもたちを念頭においた条約であると捉えた。そして、日本の子どもたちの子どもの権利は、基本的には保障されているものとした。

　確かに、この条約は戦争や貧困の中で生きる権利さえ奪われている子どもたちを守ることを重要な課題としている。しかし、この条約はそのような一部の困難な状況にある子どもたちだけではなく、世界のすべての子どもを対象としたものである。それは条約の条項を一つひとつを見れば明らかである。

　日本政府は以上のような条約の捉え方をふまえて、1996 年に第 1 回の政府報告書を提出した。それに対して、同年の 1996 年に**市民・NGO** も『**豊かな国、日本社会における子ども期の喪失**』というタイトルでもう一つのレポートを提出した。

　このレポートにおいて、市民・NGO は、豊かな国であっても子どもたちは競争および暴力にさらされていること、子どもらしい子ども期を過ごせていない現状があることを報告した。さらに、教育課程に問題があることや意見を表明する権利などが十分保障されていないことを、国内法令や教育現場の状況から明らかにした。

　以下、まず 1996 年に出された第 1 回の市民・NGO によるもう一つのレポートの概要について、教育課程を中心に明らかにし、その後、暴力、体罰を中心に、第 1 回目から第 3 回目に国連子どもの権利委員会側から日本政府に出された最終所見を見てみよう。

教育課程行政に関する問題提起と提案

　1996 年の第 1 回目の報告書で市民・NGO は、文部省（現文科省）が**学習指導要領**を**法的拘束力**を有するものとして一方的に位置づけ、学習指導要領によって中央集権的に教育内容を統制している状況を報告した。

　そして、文部省は学習指導要領を**“大綱的基準”**と表現しており、教師の専門的職能的自由を大幅に許容しているように見えるが、現実の教師たちには、子どもの要求に基づいて授業を構成する余地がほとんど残されていないとした。

　また、学校は競争主義的状況にあり、子どもの権利条約の第 29 条に掲げられた教育目的、特に学習を通じてその人格を全面的に発達させる権利を侵害していることを明らかにした。そして、競争主義的性格を支えている学習指導要領による教育の中央集権的コントロールは、子どもの**学習権**の保障に不可欠な、教師の**教育の自由**を侵害していると報告した。

　これらをふまえて市民・NGO は、学習指導要領は競争の基準となり、大量の落ちこぼれを生み出しているとした。そして、学習指導要領の法的拘束力を見直し、また、これを子どもの発達に見合ったミニマムスタンダードに改めることなどを提案した（子どもの権利条約市民・NGO 報告書をつくる会 1997）。

社会科と道徳教育に対する問題提起と提案

　さらに、社会科および道徳教育について市民・NGO は、教育基本法には「個人の尊厳を重んじ」「民主的」（前文）「個人の価値を尊び」（第 1 条：教育の目的）と規定されているにもかかわらず、学習指導要領では「個人の尊厳」「人権」「自由」「権利」「民主主義」（ないしは「民主的」）という用語が出てくるのは僅かであることを報告した。

　例えば、小学校の社会科に関しては第 6 学年に「国民の権利」が 1 小項目に出るのみで、「内容の取り扱い」では「天皇についての理解と敬愛の念を深める」ことが、国民としての権利よりも優先的に位置づけられているとした。

また、中学校社会科では公民分野で扱うべき内容の小項目として「人間の尊重と日本国憲法」「民主主義」「国民の権利・義務」が出てくるが、個々人の「人間の尊厳」や「自由」の位置づけがないこと、そして、基本的人権や民主主義を「日本国及び日本国民統合の象徴としての天皇」「多数決の原理」「社会の秩序」に収斂させる傾向があることを問題とした。

　一方、道徳については、学習指導要領において、小学校6年間にわたり取り扱うべき内容の全54項目中2項目（中学校3年間の学習指導要領では全22項目中1項目）に「自由」「自他の権利」がふれられているだけであるとした。そしてそれに対して、「規則」「社会のきまり」「社会の秩序や規律」「責任」「社会に奉仕」「国を愛する」などに関する項目が9項目（中学校では6項目）、「先生や学校の人々への敬愛」「礼儀」などに関する項目が10項目（中学校では6項目）も占めていることを報告した。これらから、現状の教育が個人の尊厳・人権・自由・平等よりも社会・国の秩序・規律や発展を、上位者に対する下位者の「礼儀」「感謝」「敬愛」を優先するものになっていることを示した（子どもの権利条約市民・NGO報告書をつくる会　1997）。

　以上のような市民・NGOによる報告書は、国連子どもの権利委員会（1998年5月27日、28日に開催された第18会期、第465回ないし第467回会議）において政府の提出した報告書と共に審議された。そして、子どもの権利委員会は最終所見で、極度に競争的な教育制度が発達のゆがみをもたらしていること、余暇・遊びなどが欠如していることに対する懸念を示し、また、教育課程に人権教育を体系的に導入することが不十分であるとした。

　その後、国およびNGOは5年ごとに報告書を作成し、国連子どもの権利委員会の審査を受け、最終報告書が委員会から出されている（DCI:2014）。以下ではさらに、子どもをとりまく暴力に焦点をあてて、第1回から第3回までの子どもの権利委員会の最終所見を見てみることにしよう。

子どもと暴力、体罰

子どもの権利条約第19条では、あらゆる形態の暴力から子どもを保護する必要があるとしている[6]。しかし、それにもかかわらず日本の子どもたちは暴力にさらされている。これを、子どもの権利委員会は日本政府に対してこれまで何度も問題にしてきた。

まず、子どもの権利委員会の第1回目の最終所見では、日本政府に対して子どもの虐待に関する調査の不十分さ、早期発見等の措置の不十分さを指摘し、学校において暴力、体罰、いじめが頻発していることへの懸念を示している。とりわけ、子どもの権利条約第3条、第19条、第28条-2項に照らし、これらの状況を改善するように日本政府に求めている(国連子どもの権利委員会最終所見 1998 年CRC/151Add.1)。

第2回の最終所見においても体罰が懸念されており、法律で禁止されているにもかかわらず、学校、施設および家庭で広く体罰が用いられていることを問題にしている。さらに子どもへの虐待、遺棄、子どもの自殺率の高さ、性的搾取を改善するように求めている(国連子どもの権利委員会最終所見 2004CRC/1c/SR.942 -943)。

第3回では児童虐待防止法を改正したことについては評価しつつも、体罰、自殺などに関してさらに努力するように要求している。ここでは、貧困の下に生活している子どもの状況に懸念を示しつつ、学校における暴力およびいじめのデータが欠如していることを指摘している。そして、依然として前回同様に体罰の禁止が実効的に行なわれていないことと、体罰に関する東京高等裁判所によるあいまいな判決

---

6 「締約国は、児童が父母、法定保護者または児童を監護する他の者による監護を受けている間において、あらゆる形態の身体的若しくは精神的な暴力、障害若しくは虐待、放置若しくは怠慢な扱い、不当な取扱いまたは搾取(性的虐待を含む)からその児童を保護するためのすべての適当な立法上、行政上、社会上及び教育上の措置をとる」(19 条)とされている。

に対しても懸念を示し、日本政府の姿勢を問題にしている（国連子どもの権利委員会最終所見 2010 年　CRC/c/SR.1509、1511）[7]。

　子どもの権利委員会は、子どもの権利条約の条項を解釈する手だてとして「**一般的意見**」を出している。各国には、この「一般的意見」を手がかりに具体的な権利の保障を進めていくことが求められている。第 19 条はあらゆる形態の身体的・精神的暴力、虐待から子どもが保護されるための措置を取らなければならないと定めているが、これに関わって、2006 年に「一般的意見」8 号が、2011 年には 13 号が出されている。前者では、委員会は、体罰はどんな場合にも品位を傷つけるものであるとしている。また、体罰以外の形態をとるその他の罰、たとえば、子どもをけなし、辱め、侮辱し、身代わりに仕立て上げ、脅迫し、こわがらせ、または笑いものにするような罰も品位を傷つけるものとしている[8]。日本の現状を見ると、けなす、こわがらせるなどの暴力の容認が様々な文化、スポーツにかかわる教育の場において見られ、これらを早急に改善する必要があるといえよう。

　また、子どもの権利委員会の「一般的意見」13 号（2011 年）の「あらゆる形態の暴力からの自由に対する子どもの権利」では、非暴力的な紛争解決を脅かすような慣行に効果的に終止符を打つための措置が、大規模に強化および拡大されなければならないとしている。

---

[7] 2019 年 2 月 1 日　国連子どもの権利委員会は『日本政府第 4・5 回統合報告書に関する最終所見』CRC/C/JPN/CO4-5 を採択した。これについては子どもの権利条約市民・NGO の会「通信」別冊『子どもの権利委員会　日本政府第 4・5 回統合報告審査最終所見：翻訳と解説』2019.3 を参照されたい。

[8]　子どもの権利委員会「一般的意見」8 号　体罰その他の残虐なまた品位を傷つける形態の罰から保護される子どもの権利（とくに第 19 条、第 28 条 2 項および第 37 条）　2006 年　パラグラフ 10

5．暴力をなくすために－対話のための「文化の民主化」「平和の文化」の創造－

暴力には、親や大人たちから受ける暴力、教師から受ける暴力、子ども同士が行ういじめなど、様々なものがある。

子どもが行う暴力をなくす方法の一つとして、文科省は、**ゼロトレランス**という考え方を推進しようとしている。ゼロトレランスとは、文科省によれば学校の規律に関する違反行為に対してペナルティーの適用を基準化し、厳格にこれを適用することで学校の規律を維持しようとするものである。しかしながら、国連子どもの権利委員会は次のように述べている。「子どもの暴力に対して国が高圧的な、またはゼロトレランスの政策で臨むことは、それが暴力に対してさらなる暴力で対応することになり、きわめて破壊的な影響をもたらす」（「子どもの権利委員会一般的意見13号」）。このように、国連子どもの権利委員会はゼロトレランスの考え方には否定的である。力での解決は真の解決にはならないからであり、また、ゼロトレランスによって、子どもたちが、物事を解決するには力を用いるしかないことを学んでしまう危険性があるからである。

子どもの権利委員会は、暴力はいかなるものも正当化できないこと、子どもを権利を有する個人として尊重する考え方に立つよう求めている。そして、そのためには子どもの意見に耳を傾ける、子どもの参加を中心に考えていく必要があるとしている。

子どもの意見を聞く、子どもの参加を中心にするためには、子どもに力ではない別の方法で自己を表現させる術を身につけさせる必要がある。そこではまさに、文化が大きな役割を担うことになる。

そして教育の場は、様々な文化の出会いの場、創造の場、そして対話と交流の場の役割を担うことになる。

＝コラム＝ ポーランドの提案とコルチャックの思想

　この子どもの権利条約は、もともと子どもの権利宣言であったものが条約化されたもので、この条約化を提案した国はポーランドである。

　ポーランドは、第一次・第二次という二つの世界大戦において多くの自国の子どもたちが犠牲となった国であり、また、ポーランド自身がナチスドイツに加担して反ユダヤ主義という立場で、多くのユダヤ系の子どもたちをゲットーに送ったという歴史を持っている。このような歴史に対する反省、そして、この子どもたちとともにガス室で殺された**ヤヌシュ・コルチャック**の残した思想と実践を継承し、実現したいという理由から条約化を提案したのであった。

　コルチャック先生については、映画「コルチャック先生」がアンジェイ・ワイダ監督によって作られ、授業の教材とする学校現場もある。この他、この当時のポーランドを舞台にした「戦場のピアニスト」や「シンドラーのリスト」など、さらには、日本のシンドラーと呼ばれた杉原を描いた「杉原千畝」など、多くの映画で当時の戦争と人間が描かれている。

ポーランド　アウシュビッツ、ビルケナウ
2015 年　筆者撮影

　現在もポーランドのアウシュビッツ、ビルケナウには世界中から多くの人々が訪れ、過去と向き合おうとしている。悲惨なことがあった事実を知ることだけではなく、なぜそのような大量虐殺を許すことになったのか、そこに至る過程で、これを止めるために一人ひとりができることはなかったのかを考える必要がある。人道に対する警告の場にしようと各国語で書かれたプレートに花輪が添えられている。（写真右）

「文化の民主化」と「平和の文化」の創造

　力による解決は、一時的には効果があっても根本的な解決にはならない。ユネスコはユネスコ憲章において、そして、その後 70 年以上にわたり**文化的権利、文明間の対話**、「**平和の文化**」、「**文化の民主化**」、**文化的多様性**といった言葉を提起しながら、力によらない解決の方法の模索と実践の歴史をつみ重ねてきた。以下、これらの概念を辿ることによって文化と教育を通して、暴力をなくそうとする地球時代の歩みを見ていくことにしよう。

　まず、文化、平和、教育にかかわる国連・ユネスコの主要な動向について見てみたい（巻末資料 19）。

　人権全般に関するもの、暴力・平和に関するもの、文化に関するもの、子ども・教育に関するものである。人権全般については、1945 年**世界人権宣言**、1966 年**国際人権規約**、そしてすでに見てきた子どもの権利条約、女性や障がい者に対する権利や条約が採択されてきた。

　暴力・平和に関しては、**暴力に関するセビリア声明**（巻末資料 11 参照）などが、80 年代後半から 90 年代にかけて、「平和の文化」と共にあらわれてきている。

　文化については、人間にとっての基本的な権利として 1945 年世界人権宣言が出されて以降、文化的権利が確認され、その後、その権利を保障するための勧告や宣言、条約が出され、「平和の文化」の創造の提起と重なっていく。そして、文化的権利の保障や「平和の文化」の創造のために必要な学びとは何かを探究する動きが、**学習権宣言**や **21 世紀国際委員会**の『**学習－秘められた宝**』などによって示されていく。さらに、**持続可能な開発のための教育（ESD=Education for Sustainable Development）**という提起もあらわれて具体的な方法の模索が進められている。以上が基本的な流れである。以下、特に文化に焦点をあてて具体的に見ていくことにしよう。

文化による対話の創造と「文化の民主化」

　ユネスコは 1948 年の世界人権宣言および 66 年の国際人権規約において、すべての人々に文化的権利が存在することを示した。この宣言では、文化的権利をすべての人々が文化的生活に参加し、文化に接近し、その恩恵にあずかることであると説明している。この時点では文化的権利は、主として一般の人々が専門家（芸術家）がつくった文化を享受することを想定しており、一般の人々の自らの創造への参加は十分に強調されたものではなかった。

　しかし、76 年に出された「民衆の文化的生活への参加および寄与を促進する勧告」においては、文化的権利は専門家だけではなく、**民衆**がより主人公になる方向へと向かった。すなわち、それまでのように民衆が偉大な文化に接近することだけではなく、民衆自身が、創造をふくめて文化に参加することがより強調されるようになった。さらにここでは、文化的権利は、民衆が参加を通して人々の間に**対話**や**交流（エシャンジュ＝échange ）**をつくり出すことであると考えられた。その後 80年代には、この参加や交流は、文化的独自性、文化的多様性に基礎づけられた**自発的、創造的**なものであることがより目指されるようになった。以上のように文化的権利の概念は深められていった。

　ユネスコは、これと同時に文化的権利の保障を具体化するために、「**文化の民主化**」という概念を用いはじめるようになる。『人権としての文化的権利に関する専門家会議』(1970)の報告書では、文化活動は、社会的、経済的、地域的な問題を考慮し、様々な階層の人々が参加できるようにすることが必要であり、そのために、文化活動にかかわる文化施設の料金や時間設定、祭の開催など具体的な方法を検討することが「文化の民主化」の検討課題であると述べている。すなわち、すべての人々が文化に接近し、参加できるように文化施設の入場料金を低額にしたり、利用がしやすい時間設定をすることなどが「文化の民主化」であると考えられた。

　先の 76 年の勧告ではより具体的な民主化の手法が示され、民主化の場として学校以外の様々な場を用いることや、情報機器の利用を含む教育方法などの提案が事

例として示された。

　さらに 82 年の世界文化政策会議では、「文化の民主化」においてより創造的な視点を強調しようと、新たに「**文化的民主主義**」という用語も用いられるようになった。そして、文化という概念もより広く捉えられ、様々な国、人々の文化的独自性、文化的多様性を認めることの必要性が強調されるようになった。

　また国家の文化へのかかわり方については、いかなる場合でも文化活動をコントロールすべきではないとした。国の役割は専門家（芸術家）、文化団体、NGO の自発的なイニシアチブと諸活動を保護し、振興することであるとされた。ユネスコが以上のような「文化の民主化」、「文化の民主主義」を進めようとしたのは、それによって**社会的な結合**そして**市民社会**の活力を高めようとしていたからである。

　このような「文化の民主化」が提起される背景には、当時の世界情勢をふまえた課題認識が存在していたといえる。1982 年当時は、国と国との経済的不均衡の拡大や紛争などの国際的な緊張が見られた。このような状況においてユネスコは、国際共同体として、諸民族の融合と人間相互の理解に貢献すべきであるという課題認識を持つようになった。そして、ユネスコは世界文化会議で見られるように、これまでの**人間の開発**のあり方、すなわち、生産・利益・消費を目標とする**経済的開発**ではない**新しい開発モデル**を導きだそうとした。すなわち、文化的独自性、文化的多様性を認識しつつ、平等、正義、自由、連帯の諸原則を基礎とした新しい国際的な文化の秩序を目標とする開発モデルの模索である。そして、そのモデルを文化と教育の領域から見出そうとしたのであった。

「暴力に関するセビリア声明」と「平和の文化」の創造

　ユネスコは上述したように人間の権利としての文化的権利を確認し、文化的権利の概念を深めつつ、その具体的な方法として「文化の民主化」を提起したが、それと並行させてユネスコは「平和の文化」という概念を示し、その創造を積極的に進めようとした。この「平和の文化」という概念が登場する前史には「暴力に関するセビリ

ア声明」(1986年)がある。これは、人間は本能的に暴力による解決しかできない存在である、という考え方を否定したものであった(第1章参照)。

1999年に出された**「平和の文化に関する宣言」**の第1条では、「平和の文化」とは価値観、態度、行動の伝統や様式、あるいは生き方の一連のものであるとした。これは、先に見てきた「文化の民主化」において捉えられた文化の概念と重なるものである。さらにこの第1条では、教育や対話そして協力を通して、生命を尊重し、暴力を終わらせ、非暴力を促進し、実践すること、社会と国家のあらゆるレベルにおいて、自由、正義、民主主義、寛容、連帯、協力、多元主義、文化的多様性、対話そして相互理解という原則を守ることが示されている。また、「平和の文化」は、平和に貢献する国内的そして国際的環境によって励まされることと述べている。

ここでは教育や対話を通して非暴力を実践すること、その実践において社会、国のあらゆるレベルに多元主義、文化的多様性の原則を貫くことが求められている。

そして、第2条では、「平和の文化は、諸個人、グループ、国民の中で、平和の促進に貢献していく価値観、態度、行動様式と生き方を通じて、より十分に発達し続けていくのである」とし、「平和の文化」の担い手は一部の芸術家やエリートではなく、諸個人、グループ、国民であるとしている。ここで示された、教育、対話、連帯、文化的多様性、そして担い手は、これまでユネスコが76年の勧告や世界文化会議を通して明らかにしてきた文化的権利と重なっている[9]。さらにいえば、これは、後のユネスコの持続可能な開発のための教育(ESD)の活動につながるものである。

「文化の民主化」および「平和の文化」の創造における教育の役割

国連・ユネスコは「文化の民主化」を進めて、人々の中に「平和の文化」をつくり出すためには教育が必要であることを指摘してきた。それでは、どのような教育あるいは学びが必要なのであろうか。以下、1985年に出されたユネスコの**学習権宣言**

---

[9] なお、ユネスコは2001年に文化的多様性に関する世界宣言を出したと同時に「文明間の対話国際年」をこの年に設定している。

（巻末資料 9 参照）を手がかりに「文化の民主化」、「平和の文化」の創造を進めるための教育の役割を考えてみよう。

1985 年に学習権宣言が出された。この宣言において学習権とは、単に読み書きの権利ではなく、問い続け、深く考える権利、想像し、創造する権利であり、自分自身で世界を読み取り、歴史をつづる権利、個人的・集団的力量を発揮させる権利であるとされた。

また、この宣言の中では、学習権は未来のためにとっておかれる文化的贅沢品ではないとしている。人間の生活にとって不可欠な手段であること、世界の人々が食料の生産やその他の基本的な人間の欲求が満たされたいとするならば、世界の人々は上記の意味での学習権をもたなければならないと記している。

学習権とは単に経済的発展の手段や知識を得ることにとどまらず、**自分自身がものを考え、歴史をつくる主体**となることであると捉えられている。したがって、既存の社会システムに適応するための手段や知識のみを学ぶのではなく、社会をつくる担い手、歴史をつくる担い手になることを学ぶことが学習であるといえよう。「文化の民主化」、「平和の文化」の創造のための教育も、単に文化に接近し、参加する機会を与えるだけではない。上記の意味での学習権を一人ひとりが行使できるような、教育内容、教育方法、教材を改革しながら進めていかなければならない。

ユネスコの『学習：秘められた宝』 －学習の４本柱－

さらに、学習についてユネスコは 1996 年にいわゆる「**学習の４本柱**」を示し、21世紀に求められる学びとは何かを提起した。ここでの学びの特徴は地球時代に生きる一人ひとりが他者と共に学びそれを生かし、民主的な市民社会をつくりあげていくことを目指している点にあるといえよう。以下、この 4 本柱について見ていきたい。

ユネスコは 21 世紀教育国際委員会(The International Commission on Education on for the Twenty-first,委員長：**ジャック・ドロール**)を組織し、1996

年には 21 世紀にむけた学習に関する考察の報告書『学習：秘められた宝』(Learning: The Treasure Within　1996 年 4 月)をまとめた。その第一部(展望)では「社会的結合から民主的な参加」という項目が設けられた。ここでは、共に生きようとする意志を構成する共通の価値のために、社会的に結びつくことを目指すこと、そして一人ひとりに、人生を通じて社会の営みに積極的に参加する術を教えなければならないとし、**市民形成**としての実践が必要であるとしている。

　つづく第二部「学習の諸原則」では、学習の 4 本柱を示している。すなわち、1,「知ることを学ぶ」、2,「為すことを学ぶ」、3,「共に生きることを学ぶ」そしてこの 3 つから必然的に導きだされる 4 番目の柱として 4,「人間として生きることを学ぶ」である[10]。学びとは、単に知識や資格、あるいは経済的な可能性の向上などの達成手段ではなく、共に生きること、個々人が人間として生きることを目指すことである (21 世紀教育国際委員会　1996:38, 66-67)。

　したがって、「文化の民主化」を進め、「平和の文化」の創造を行うための学び・教育に求められるものは、単なる知識の蓄積や一部の才能のあるエリートのためではなく、すべての人々が知ることを学び、それをもとに実践することを学び、共に生きること、人間として生きることにつながる学び・教育をつくり出すことである。

　ユネスコは、「平和の文化の宣言」と同時にその行動計画を提出した。そして 2000 年には**「国際平和文化年」**を、そして 2001 年から 2010 年は**「平和の文化の創造の 10 年」**を定め、教育の役割を一層追求するようになっていった。そこでは、「平和の文化」が多様性、独自性を求めるものであること、**対話**が必要であることを強調している。

　一方、「文化の民主化」の探究も、76 年の勧告以降、教育の役割を明確化しようとする動きが見られ、様々な学びの場をつくること、人々の経済的負担を軽減する

---

[10] なお、現在、持続可能な開発のための教育の理念と共に、「自分自身と社会を変革するために学ぶ」ということが 5 つ目の柱として議論されている（後述の ESD に関する事項を参照されたい）。なおこれらと、市民形成との関わりについては、丸山秀樹「国際イニシアチブと学力観が描く市民像」（北村友人編『岩波講座　教育　変革への展望 7　グローバル時代の市民形成』　岩波書店、2016）参照。

ことなどに加え、活動の根底として、文化の多様性、独自性を意識することが強調
されるようになった。今日、対話の多様性については国、民族、年代、性など様々
な視点からの検討が進められている。

＝コラム＝　生物多様性と文化的多様性

「文化の民主化」「平和の文化」の創造は、グローバリゼーションに対抗する原理と
しての文化的多様性の主張とともに提起されてきたといわれる。2001 年には**文化の
多様性に関する宣言**、2005 年には文化的表現の多様性の保護および促進に関する
条約が採択された。

文化的多様性宣言は、そのもとに**生物多様性条約**(1992 年)があった。生物多様性
条約は「生物の多様性を包括的に保全し、生物資源の持続可能な利用を行うための
国際的な枠組みを設ける必要性」から出されたものであり、それは、文化的多様性
に関する宣言の第一条に見ることができる。

「文化的多様性に関する宣言」

　第1条　－　文化の多様性：人類共通の遺産

　　文化は時間・空間を越えて多様な形を取るものであるが、その多様性は
人類を構成している集団や社会のそれぞれの特性が、多様な独特の形をと
っていることに表れている。生物における種の多様性が、自然にとって不
可欠であるのと同様に、文化の多様性は、その交流・革新・創造性の源と
して、人類にとって不可欠なものである。こうした観点から、文化の多様
性は人類共通の遺産であり、現在および未来の世代のために、その意義が
認識され、明確にされなければならない。

　また、重要なのはこの文化的多様性宣言は「文明間の対話国際年」にあわせて
2001 年に出されたことである。これを同時に提出した背景には文化の多様性こ
そが対話の基礎であり、「多様なるものが対話を通して自分も他者も豊かにな
る、そして他者が存在することで自分も存在するという自己認識もひろがって
くる」という哲学があった(堀尾 2010:135)。

6．持続可能な社会の形成と教育文化政策の課題

　第 1 章で地球時代を四つの時期に区分し、現在すなわち地球時代の第四期は、人権や平和、環境、共生を共通の願いとして国際秩序も多元化が進み、地球が一つであるという思いがいっそう強まってきている段階であることを指摘した。その思いは、今日ではより具体的な課題を共有し、実践の発展と改革を行う持続可能な開発・発展のための教育（ESD）の動きと重なりながら展開されようとしている。

　1992 年の**国連環境開発会議**において、人類の共通の目標として持続可能な発展（Sustainable Development）が提唱された。1994 年 3 月には日本において、環境NGO が共同で、第 1 回サスティナブル・ソサイエティ全国集会を開催した。ここでは、持続可能な社会は、次の五つの人類の課題を総合的に実現する社会と考えられた。

　1)平和を維持する。特に核戦争を防止する。2)環境と資源を保全・再生し、地球は人間を含む多様な生態系の環境として維持改善する。3)絶対的貧困を克服して、社会経済的な不公正を除去する。4)民主主義を国際・国内的に確立する。5)基本的人権と思想・表現の自由を達成し、多様な文化の共生を進める。

　これらは、国際文化フォーラムの持続可能な社会のための 10 原則とも重なるものである（宮本 2014:735-736）。また、これらはこれまで見てきた「平和の文化の宣言」および「平和の文化の国際 10 年」で示された原則とも重なっている。

　2005 年に持続可能な開発のための教育（ESD） 10 年が開始され、2014 年が 10年のための最終年となった。愛知で行われた「ESD に関するユネスコ世界会議」では、その総括とグローバル・アクションプログラムの策定がなされた。また、この策定に先立って教育分野、とくに公民館、CLC（Community Learning Centre：アジアを中心に設置されている学習センターの意）の分野の研究者、実践家は、岡山で国際会議を開催した。この会議では、10 年間の社会教育を中心とする活動の成果と今後の課題が検討された。会議では、何度もユネスコの「学習の 4 本柱」が確認され、さらに、**「変革することを学ぶ」**ことの必要性も提起された。

持続可能な社会を実現するために、特に文化と教育および**教育文化政策**の関連では、先の第1回サスティナブル・ソサエティ全国集会での五つの課題でいえば、5)基本的人権と思想・表現の自由を達成し、多様な文化の共生を進める点が注目される。

　文化は**表現の自由**によって生み出される。この表現の自由は、一方で個々人の**自己実現**であると同時に、**自己統治**、すなわち一人ひとりが多様な表現をすること、自由に話し討論することによって自らを治めるという意味で、民主主義を実現する基盤でもある。「文化の民主化」が文化の多様性を基本原則とするのもここからくる。

　第1章で文化と**公共空間**について述べた。戦前の日本では公の空間を国旗や国歌、祭祀や儀礼で演出し、国家によって強い公共をつくろうとした。それに対して、戦後は憲法第21条の表現の自由によって、公共空間をつくり出す体制を維持してきたといわれるように、地球時代においては、表現とは、公共空間をつくり出すために不可欠なものであるといえよう[11]。この公共空間をつくる主体は市民一人ひとりであり、そこにおいて子どもおよび若者たちの表現、意見の表明は重要な意味をもつ。これは、1989年の子どもの権利条約において、第12条の意見表明権や第13条の表現・情報の自由、第15条の結社・集会の自由が示されていることを見れば明らかである。そしてこの権利の行使、公共空間をつくり出すために、知ることを学ぶこと、表現の仕方を学ぶこと、さらには表現する場の保障が、教育においては求められてくる。それは、70年代以降今日までの、「文化の民主化」と「平和の文化」の創造の課題そのものである。

　次項では、知ること、表現の仕方を学ぶこと、表現の場の保障、さらには先に示した学びの4本柱および「変革することを学ぶ」という点に着目しながら、現在の教育文化政策の課題を見ていくことにしよう。

---

[11]　public(公)は official(官)とは異なる。前者は開かれた、みんなのものという意味をもっている。教育の公共性は、学問や文化を介して子どもたちに対し真理の前にその精神を自由に開いていくものといえる（堀尾 2006:60-61）。

教育文化政策の課題　−地域、コミュニティから考える−

　2014年に岡山で開かれたESD国際会議では、「地域に根ざした学びと持続可能な人づくり」という視点から、公民館、CLC(コミュニティーラーニングセンター)のこれまでの成果と今後の役割を議論した。この会議ではフォーマル・エデュケーションにとどまらないノンフォーマルな学びの場の役割と課題を見出すために様々な実践が報告された。

　ここで採択された成果文書「岡山コミットメント(約束)2014　−コミュニティーに根ざした学びをとおしてESDを推進するために、『国連ESDの10年』を超えて」(2014)では、1, 環境保全、すなわち、祖先の知恵、歴史、過去の環境破壊の例をもとにした市民の学びの支援、2, 防災・減災、3, 収入向上・社会的起業・地域活性化、4, 文化的多様性・対話・世代間交流、5, リテラシー、6, エンパワーメント、7, 政策決定、管理、能力開発の観点から、これまでの実績について報告がなされた。

　このうち、「文化の民主化」、「平和の文化」の創造、すなわち教育文化政策としての学びを考える上で特に注目したいのは、4の文化的多様性・対話・世代間交流である。成果文書では、公民館、CLCがあらゆる人に世代、活動領域、異文化をつなぐ学びを提供することを通して、コミュニティーが力を獲得する後押しをしてきたこと、そしてジェンダーや年齢、民族性、宗教、言語の多様性を尊重しつつ、コミュニティーが公共の価値をもつものとして文化を発見、持続、創造することを支援してきたことが示された。また、地域の土地に根ざした知恵や資源を集め相互の学びに利用してきたことも報告された。

　教育文化政策が単なる文化政策ではなく、教育文化政策であるのは、学びをつくること、そして、その学びのプロセスから一人ひとりが表現の自由における自己統治の側面を発揮させ、**民主主義を問いつづける主体**を育てることを目指すからである。それは一部の芸術家によってつくられるものではなく、作品の創造、鑑賞、

評価などの様々なプロセスに市民が民主的にかかわることによって進められる[12]。そのプロセスの中で地域の課題を発見し、文化と生活の多様性を尊重する持続可能なコミュニティーの創出を志向するような、学びをつくり出すことが求められるといえよう。

　多様な交流を通した文化活動において学びをつくり出すためには、まずは多様な場が地域のなかに見出される必要がある。次章では様々な場における実践について、具体的な事例をあげながらその方法を見ていくことにしよう。

　＝コラム＝　**文化的多様性と対話**

　ユネスコは平和の文化の創造においても、文化の民主化においても ESD においても文化的多様性と対話の必要性を強調している。この対話とはいかなるものなのか。

　文化的多様性が対話の基礎であるとき、文化の普遍性と個別性の問題の検討が必要となる。これらについては、ユネスコの活動の初期の段階からすでにその根幹となるものは見出されており、初期から現在に至る中でより実効性のある課題の提起へと深められてきたといえる。

　日本においても普遍性は、1947 年制定の教育基本法の立法過程においても議論されていた。この教育基本法には前文第二項において、「普遍的にしてしかも個性ゆたかな文化の創造をめざす教育」とある。田中二郎の『教育基本法の解説』の中では、単に国家に有用な国民としてではなく、広く国家、国際社会をふくむ社会の形成者としてふさわしい条件を具えた国民の育成が必要であり、こうした教育こそが、世界的であるとともに、しかも真の日本国民を育成することになるのであり、また普遍的であるとともに、しかも個性豊かな日本文化を創造することになるであろうと述べている（堀尾 2010:96-97）。

　ユネスコにおいて、文明間の対話プロジェクトを進め、対話年を提起した服部英二は、「普遍的」（ユニバーサル）という考えには上下関係が存在し、オクシデンタルな発想であるとする。それは、同して和せずであるとする。それに対して、通低："transversal"とは、異なるものを異なるままに互いに補い助けあうというイメージであり、異なるものを一つにしない、「和して同せず」であるとしている（堀尾 2010:135-137）。

---

[12]　これに関して、例えば沖縄県宜野湾市にある佐喜眞美術館の建設、そしてそこに展示された「沖縄戦の図」について書かれた佐喜眞道夫『アートで平和をつくる-沖縄・佐喜眞美術館の奇跡-』（2014 岩波書店）を参照されたい。「沖縄戦の図」は丸木位里・俊により沖縄戦を体験した人々の証言をもとに描かれた絵である。

引用・参考文献

勝田守一 1951 『平和教育』刀江書院

子どもの権利条約市民・NGO 報告書をつくる会編 1997 『豊かな国日本社会における子ども期の喪失』

子どもの権利を守る国連 NGO・DCI 日本支部編 1999 『子ども期の回復』花伝社

子どもの権利・教育・文化　全国センター 2010 『ポケット版　子どもの権利ノート』10 改訂

子どもの権利委員会一般意見　13 号　2011 年「あらゆる形態の暴力からの自由に対する子どもの権利」（Ⅰ）

深山正光 2007 『国際教育の研究』新協出版社

堀尾輝久 2002 『いま、教育基本法を読む』岩波書店

堀尾輝久 2006 『教育に強制はなじまない』大月書店

堀尾輝久 2010 『人間と教育』かもがわ出版

水崎富美 2012 「フランスの文化の民主化における音楽教育の展開」東京大学大学院博士論文

水崎富美・杉浦正幸・堀尾輝久 2013 『文化的権利の発展と「文化の民主化」概念の変遷にみる社会的結合及び市民形成の探究-1948 年以降のユネスコの動向を中心として-』科学研究費基盤研究 C 研究報告書

宮本憲一　2014 『戦後日本公害史』 岩波書店

文部科学省　平成 18 年『生徒指導メールマガジン』第 16 号

ユネスコ 「21 世紀教育国際委員会」(International omission on Education for the Twenty-first Century) 1996 『学習：秘められた宝』(Learning: The Treasure Within)

第6章　地球時代における市民形成

　地球時代における市民形成はいかなる展開を見せているのか。本章1では、学校教育以外の様々な場での文化による市民形成の実際を明らかにする。そして、それらをふまえて地域から出発する市民自治における学問・文化の意味と市民形成の関係について考える。

1．学校教育以外の様々な場での市民形成

　市民形成について考える場合、一般には、学校においていかなる市民性を育てようとするかということが多く議論される。しかしながら、学校教育以外の様々な場所においても市民形成は実践されてきた。それらの実践は、各国において、内容もアプローチも異なっている。また、その担い手も市民(団体)、企業など多様である。以下、地域に密着した学校教育以外の市民形成について、フランスと日本の事例を紹介しよう。

(1)自発的に市民により形成された結社(文化団体)における市民形成
−フランスの「青年と文化の家」の事例−

　フランスでは1901年の**アソシアシオン法**に基づく市民による自発的な結社(文化団体)が、学校以外の場で様々な文化活動を展開してきた。例えば、「**青年と文化の家**(Maison des Junesse et Culture：**MJC**)」やパリ市の「**アニマシオンセンター**」とよばれる施設は地域に密着した学習の場をつくりあげている。

　これらの施設では様々な講座が設けられており、市民は、6月末を一つの区切りにして1年ごとに文化団体と契約して文化活動をしている。講座、活動内容は各

地域の実情にあわせて様々であるが、一般的には音楽、美術、演劇、各種スポーツ、生活に関するもの、コンピュータ、料理などが開設されていることが多い。受講料は安く、地域に住むすべての人々が、それぞれの経済状況に応じて負担がないように設定されている。

　これらの施設はすべての市民を対象としている。子どもたちは主として夕方、もしくは、学校のない水曜日などに学んでいる。「青年と文化の家」やアニマシオンセンターは、一部の才能のあるプロを養成するものではなく、また、趣味として単に知識や技術を学ぶことを目的としていない。すべての人々が文化に接近し、参加し、創造するという「文化の民主化」（前章を参照）を進め、多様な人々の**交流（エシャンジュ＝échange)** をつくり出すことによって、市民の形成や社会的結合を行うことを狙いとしている。

　例えば、パリ市郊外のコルベイユ・エッソンヌ市において様々な文化活動を行っている「青年と文化の家」では、受講者は音楽の知識や技術を学ぶことができるが、さらにより広く社会につながることができるように、様々な音響機械などの扱い方の指導、著作権や契約を含む法令関係のアドバイス、そして発表の場を広げるための方法の相談などを行っている。また、この「青年と文化の家」では、多様な国々にルーツをもつ人々や様々な階層、ジェンダー、年齢の人々などの交流をもたらすために、各国の料理などをつくり、共に食することによって人々をつなぐ企画なども手がけている（写真2）。

写真1　青年と文化の家　音楽室　　　写真2　伝統料理の会の看板
　　　　　　　　　　　　　　　　　　　　　　筆者撮影　2012年　6月

施設の運営については、若者を含む市民が総会に出席できるようにしており、市民の参加が期待されている[1]。子ども・市民は、地域の中で他者とかかわり、自己を表現する力、意見を表明する力、そして人々とつながる力を市民として身につけていく。

　フランスではこの他、文化団体ユルバンといった団体が特定の文化に特化した活動を通して、様々な階層や国籍の人々の学びと交流をつくり出そうとしているものもある。これらもその運営は市民が自発的に結成した**結社(アソシアシオン)**によって実施されており、市民自身が社会の形成者であるという意識が強いことがわかる。

(2)フェスティバルにおける地域での文化創造と市民形成

　さらに、学校以外の市民形成の場は、フェスティバルのような場においても見られる。例えば、フランスでは、音楽の日（フェットドラミュジーク）が設けられている。これは、ジャック・ラングが文化大臣であった時期に作られた、6月の夏至の日にフランス全土で行われる音楽フェスティバルである。この祭では、道路や美術館などの文化施設、レストラン、区役所の広場など様々な場で音楽が無料で行われる。演奏者は、普段、音楽活動をおこなっている子どもたちや大人などである。活動は基本的には市民の自発性に任されており、市民によるアソシアシオン（結社）など、様々な団体も参加している。先に示したアニマシオンセンターで音楽を学んでいる子どもたちもこの祭に参加している。また、演奏者以外の市民にとっても交流、対話の場になっている。市民らはこの祭において自らの地域の音楽文化にはどのようなものがあり、どのような人々が関わっているかを知り、新たな音楽創造と享受のためのエシャンジュ（交流）、対話の場となっているといえる。

　具体的な事例を一つあげるならば、2018年のパリのアラブ研究所において開催されたフェットドラミュジークのコンサートがある。ここでは、普段、地元の交響

---

[1] MJC （Maison des Junesse et Culture）Fernand –Léger　SAISON 2011-2012 参照。

楽団とともに音楽を学ぶデモス・プロジェクト（DEMOS プロジェクト[2]）に参加している子どもたちが、他国から来た子どもたちと共にステージを作った。デモス・プロジェクトに参加している子どもたちが、他国の音楽を演奏し、それにあわせて子どもたちが歌い、ダンスを踊る。また、演奏の合間にはフランス語を母語としない子どもたちが、困難な地域からフランスに来てどのようにフランス語を学び、日々何を考え、感じて生活を送っているかを言葉で表現する。これらのコンサートを通して、市民たちは、他国の子どもたちが自分たちと同じ感覚を持つ、尊厳を持った一人の人間であることを理解し、多様な価値を体験し、共に生きていこうとする感覚を養う場となっているように見える。以上のように様々な仕方で文化的多様性、「マイノリティーを念頭に置いた人権教育や異文化間教育」[3]を意識した市民形成が多様な場で進められていると言えよう。

(3) 企業による地域の文化創造と市民形成

−北海道放送　HBC ジュニアオーケストラの活動−

　学校以外の市民形成の活動は、フランスでは様々な市民の自発性に基づく文化団体による活動によって進められている。一方、日本では、企業による文化活動も市民形成を積極的に担っており、その歴史も長い。企業の社会貢献を促進するための、特に文化支援に特化した中間支援機関として、企業メセナ協議会が設立されたのが1990 年であるが、それ以前から社会貢献活動を意識した企業がいくつか存在してきた。例えば、HBC 北海道放送は、早くから地域に密着した地道な文化活動を行ってきた。同社は、1951 年の開局以来、地域の文化創造と向上を目指し、今日においても、他の企業が様々な文化事業から撤退していく状況にあってもその役割を

---

[2] これは、文化の民主化政策を実施しているパリのシテ・ド・ラ・ミュージックパリ交響楽団によって進められたプロジェクトである。環境や経済的事情で音楽にアクセスできない子どもたちにその機会を作ったものである。

[3] 近藤孝弘「政治教育を通した市民の育成」（北村友人編『岩波講座　教育　変革への展望7　グローバル時代の市民形成』　岩波書店、2016）参照

継続的に果たそうとしている。以下、HBC 北海道放送の文化活動について、子ど
もを中心に見てみることにしよう。

　HBC 北海道放送は、1951 年に道内の最初の民放として誕生した放送局である。
1950 年代には、文化事業の促進を目的に音楽、演劇、娯楽等に関して、当時、中
央の水準を享受することができなかった道民に対して、その機会を創り出そうと
様々な計画を実施し、地元の文化団体の活動を刺激する活動を行ってきた(北海道
放送創立 50 周年記念事業事務局　2002:88-90)

　中でも子どもに関する事業の代表的なものとしては、HBC ジュニアオーケスト
ラおよび HBC 少年少女合唱団の事業があり、今日まで半世紀を越えて音楽する市
民を形成している。HBC ジュニアオーケストラの設立時に出された「ジュニアオー
ケストラ設立にかんする意見書(案)」(1964)では、札幌市民交響楽団が 1961 年に
編成され、道内で演奏会、音楽教室などを行い音楽文化の向上に貢献しているが、
それらはあくまで受け身のものであり、少年少女のオーケストラをつくることで自
ら行動的に音楽を楽しむ可能性が生まれるのではないか、と述べている。

　本書の第 5 章で、世界人権宣言(1948)において文化的権利は、芸術家(専門家)
によって創造されたすぐれた作品の恩恵にあずかること、すなわち享受できること
に重きがおかれていたことを示した。そしてその後、1970 年代になって、「民衆の
文化的生活への参加に関する勧告」(1976)に見るように、民衆自身が、文化への参
加や創造を行うという、市民の自発性に基づくという視点がより強く打ち出される
ようになったことを述べた。しかしながら、この HBC の設立に関する意見書(案)
を見ると、日本ではすでに 1964 年の時期に、文化への参加および創造という意味
での文化的権利を行使できる市民を育てようとする動きが本格的にあらわれてい
たといえよう。

　この HBC 北海道放送局は、練習場、楽器の保管場所の提供、指導者への依頼、
合宿の実施などを行い、様々な表現や発表の場を札幌市はもとより、道内、道外、
そして国外につくり出している。

特徴的なのは、ジュニアオーケストラの創設においては、指揮者を地元の高校の物理の教師であった斎藤信和氏に依頼した点である。そして、その後、1996 年以降は北海道大学の阿部博光氏が引き継ぎ指揮者として指導にあたっている。その他に指導には、地元の札幌交響楽団の演奏家、大学、高校の教員などもかかわっている。地域の人々とともに文化創造活動が展開されている。また、50 年間の活動の過程で、HBC と協力しつつ父母らが自主的に父母の会を結成し、地域の人々への音楽の普及および新たな団員の発掘などについて積極的に活動したことも見逃すことはできない。父母らは、自らも地域に根ざした音楽市民として活躍するようになったのである。地域の区民センターでの演奏会を開始したのも、父母会の活動がきっかけであった。今日では HBC ジュニアオーケストラは区民センターや地域での行事、札幌交響楽団の本拠地であるキタラホールでの演奏会、道内の学校施設、福祉施設などでの演奏や交流を行なっている。HBC 北海道放送は、以上の活動を支え、地域において音楽する市民を育て、未来の地域の音楽文化を育てる聴衆、音楽市民を育成しようとしている[4]。

写真 3　HBC ジュニアオーケストラ　「さわやかコンサート」札幌市南区民センター　　筆者撮影　2015 年 6 月

---

[4] 子どもたちは高校卒業とともに卒団するが、その後、世界的に活躍する演奏家になる者、地域で親となりアマチュアの演奏家として活動する者など様々である。卒団生の子どもがジュニアオーケストラの団員となり、かつての団員が父母として支えるというケースも多く見られる。また、HBC ジュニアオーケストラは 2014 年に 50 周年を迎え、2015 年には北海道文化賞を受賞し、地域および世界にむけての音楽貢献が高く評価されている。

先のフランスの「青年と文化の家」と、ここで示した HBC ジュニアオーケストラ事業に共通するのは、**アマチュア活動**を基本としていることである。ここでのアマチュア活動は日常的に文化に親しみ、より高い音楽表現を磨くとともに、文化活動を通して様々な人々と共生しようとする感性と知恵を出し合い、磨き合う活動である。そうして育てられた市民は、地域の市民文化を育てる主体となっている。そして、これら一人ひとりの市民の文化活動が**市民自治**と**市民による公共性**の創出の模索へとつながっているといえよう。

(4) 地球時代における市民自治と市民形成の課題
-地域・ナショナル・グローバルの基盤-

　本書の第 1 章 3 では、地球時代をグローバリゼーションへの対抗原理として考える場合には、様々な諸課題を地域、ナショナル、リージョン、そして地球世界（グローバル）のそれぞれの視点から重層的に捉える必要性があることを指摘した。そしてその原点が生活拠点の空間としての地域、住民自治であることを述べた。

　このことを文化・学問・教育の問題としてひきとるならば、子どもを含む市民が文化や学問の創造に参加し、共に学ぶことが**住民自治**、**市民自治**にいかにかかわり、市民の形成・主体の形成につながるのか、さらには文化や学問の探究と自治が、地域にとどまらず、国、世界にいかにつながるのかということになる。それを明らかにするために、以下、1960 年代前半におきた静岡県のいわゆる三島・沼津型の住民運動を見てみることにしよう。この三島・沼津の 1963 年にはじまる公害をめぐる市民による運動は、戦後日本において、**地方自治**の権利を行使し、初めて国の経済政策に転換をもたらした画期的な事例であるとされる。そしてこの運動はまた、わが国の「**市民の誕生**」でもあったと言われている。

　そして、この運動の最大の特徴は、学問・文化を生活の場に即しながら追究する「**学習会**」の積み重ねによって進められた点であるとされている。市民（住民）は、当初は直面している課題を十分に認識しえなかったが、次第に地域に生きる一人ひと

りとして、地域の課題を自らのことと捉え、知ろうとし、学ぼうとし、科学、学問を探究する市民へと変わっていった。その結果、一人ひとりが意見を表明するための行動をつくり出し、運動を全国に広げ、国の環境政策を大きく動き出させることになった。

三島・沼津の活動と市民の意見表明への道

　1963 年に静岡県は三島市、沼津市、清水町 2 市 1 町に、国から指定された東駿河湾地区の石油コンビナート建設計画を発表した。農民は当初、町の工業化により地価が上がると内心は喜んだ部分もあったとされる。しかし、その一方で、公害に関する不安も存在していた。そのために市民（住民）たちは、地元の教師、医師、科学者らとともに、すでに石油化学コンビナートを誘致した四日市などを見学し、資料を集め、学習会を開いた。

　市民は、学習会を重ねることを通して、この計画が地域に多大な公害をもたらすのではないかという問いへと進んでいった。そしてさらに市民は、この計画が地域住民に利益がなく、悪影響を及ぼすものであり、誘致を阻止すべきであることを集会やデモで表明する活動へと広げていった。はじめは数人であったものが調査や学習会を通じて広がり、デモは拡大していった。

　ついに 1964 年 3 月に三島市長は、町内会長連合会・婦人連盟共催の反対市民大会に出席し、この建設計画を拒否する声明を発表した。このように市民らは学びと集会、デモを通して市・町長・議会の反対、さらには、静岡県の反対を勝ち取っていった。市民運動が初めて環境保全のために政府、企業の経済政策を阻止するものになったのである（宮本 2015:3-7）。

市民による学びと参加
−資料収集、報告書作成、学習会、宣伝、連帯が目指したもの−

　市民が活動し、意見表明にいたる道に、力を与え、支えたのは市民らが開催した

学習会であった。それではこの学習会とはどのようなものであったのだろうか。次に見てみることにしよう。

資料の収集

　まず、学習会に欠かせないものが資料の収集と情報化であった。三島、沼津では、地元にある**国立遺伝学研究所**の進言に基づき、コンビナート建設の問題を科学的に立証するための調査団を結成した。地元の科学者が、日本で初めて環境アセスメントを実施したのである。調査団は遺伝学研究所の部長を代表者とし、研究所から公衆衛生と植物の専門家2名、地元の高校教師4名（石油化学、気象、水利）らが資料提供を行うという形で組織された。調査団は、四日市に調査に赴き、資料を集めてスライド化した。

　このほか、医師や研究者らは、研究調査機関や行政当局および公害のある現地に保存されている資料を運び込んだ。また三島、沼津以外の研究者たちの知識や資料も学習会に持ち込まれた。調査団は調査に行くと必ず報告書を作成した。そして報告書の作成にあたっては、難しい言葉は避け、広く住民の誰もが読むことができるように、表現をやさしくするようにしたという。

学習会

　学習会の問題の提起者は地元民もあれば外部からの研究者の場合もあった。参加者は地域に住む人々、農民、漁民（魚市場や小売り業、仲買人、水産加工業者ら様々な人々を含む）であった。学習会は多様であり隣組や職場、婦人会や**PTA**でももたれ、公民館や洋裁学校の教室など様々な場所で開催された。自分たちの慣れ親しんでいる生活の場での学習会は、質問しやすく、発言しやすいものであったといえよう。

　参加者一人ひとりが学習会の内容、問題を理解し、質問できたのは、学習会に持ち込む前に、調査内容、報告書、資料等を事前に住民にわかるまで掘り下げていたからである。学習会においても不要な専門用語をさけ、必要な用語や知識は日常用語で納得いくまで話すという進め方をした。誰もが反対運動の先達になりうるとい

う自覚を持つことを重視し、質問や意見を多く引き出すというものであった。

　教師であり、調査団の一人であった西岡昭夫は、「学習会を意識伝授の場ではなくて、知識を生み出して力に変える場にしなくてはならない。参加者の一人ひとりが、自己の存在価値を大衆の中で知ることこそ、学習をおこなう最大の目的である」と述べている（西岡 1973：251）。知識は参加者全員が理解できるものであり、ごまかしを見抜く正確さを持たなければならず、日常的な経験に即して具体化されることによって浸透する。学習会においては農民そして漁民らは、地域の、現場の実際を知らない学習会の講師に対しては、講師にかわって聴衆に答え、共同学習が生まれていたという（三島市：HP）[5]。すなわち、学習会では**専門知**と**市民知**がともに地域に生きる一人ひとりの人間の尊厳を守る知として探究されていったということができよう。

　学習会を聞かない人より利口になったという自信が生まれることによって、会場の話や雰囲気は隣近所に急速に伝えられた。そして、300回以上の学習会を通して、農民、漁民、魚市場等の関係者、労働者、そして民間団体、文化会議をはじめとする文化団体、弁護士、医師、薬剤師、歯科医師、市議会議員有志ら、多様な人々との連携が広がっていった。

市民自らの調査

　さらに、調査は、市民（住民）自らも行った。地元の工業高校の教師たちは、生徒たちを指導し、自分たちで調査し、データを集め、分析、発表するという活動をはじめた。例えば、鯉のぼりによる気流調査や牛乳びんによる海流調査が行われた。これは、政府調査団による一点調査に比べ、土地を知り尽くしたものたちによる一面調査ともいえるものであり、生徒たちの方法は政府調査団よりも科学的な説得力をもつデータを導き出していた（三島市 2018：HP、宮本 1979：80-81）。

---

[5] この反対運動を報道したのが地元の『三島新報』であった。他の大手の新聞が報道しない状況にあって、住民の動向、知事・市民をはじめ議員たちの言動を紹介し、地区全戸へ無料配布をする。それによって住民らは自らを再確認し、新しい情報を得たとされる。静岡県三島市役所ホームページ「石油コンビナート反対闘争」, 2015

これについて教師は、「測定法の簡易性もさることながら身近の経験や材料を科学に転化していくところに運動する住民のみが知る喜びがある。いずれの場合にも激しい運動の中で考案され、実行されて成果を上げている。運動の中から科学が育つという感が深い」(西岡 1973:242)と述べている。地域の運動の中から科学という文化・学問の探究が進められ、国の組織した科学者の調査を超える真理の探究がなされていった様子がわかる。

　また、別の普通科高校の郷土研究部は、農協・会社などから集めた資料を検討して報告書を作成し、あるいは、石油コンビナートなどを既設している地域の高校の生徒会へのアンケートや地元の声を収集した社会調査を進めた。生徒が作成した報告書「沼津・三島地区、石油化学コンビナート進出計画をめぐって」は、当時大学のなかった沼津市にとって、最も問題に直接迫った社会科学研究報告書であり、地域の問題を科学的にえぐり出す役割を果たすものであった。高校生たちは、大人も及ばない着実な学習とその成果を市民に伝えようとした。そしてそれらは、**文化祭**で報告された(三島市 2018:HP、宮本 1979:80-81)。

　誘致を進めようとする企業、県は、日本の最高水準の権威ある人々によって組織される大掛かりな政府調査団を莫大な資金を投入して東京から派遣し、環境に影響はないということを示そうとした。これら誘致を進めようとする側は、真実を見極めようとして結成した地元の調査団側に対して、地元の調査団メンバーは遺伝学者や農学博士そして工業高校の理科の先生程度であり、彼らがどうして正しく判断ができようか、といった揶揄するような発言まで行った。

　しかしながら、市民にはすでに政府調査団の示す中身にあるごまかしを見抜く「住民の科学」が育っていた。市民たちは、学習会や調査を通して肩書きではなく、どこに科学の真理があるかを見抜く力を蓄えていたのである。参加者だれもが自分で見聞きした事実や経験を話し、自分なりに意見を述べるという学習会においてその力が養われていたのである(三島市 2018:HP)。

　このようにして市民らは、地方自治の権利を行使し、ついには日本における市民

運動が、初めて政府の経済成長政策にストップをかけることとなった。これをきっかけに、全国的に公害反対の市民運動が広がっていった。政府と財界は三島・沼津の敗北に大きな衝撃を受け、市民による運動は国を動かし、1967年に世界で最初の公害対策基本法を制定するに至った。その後、70年には国内外で公害反対の世論が広がり、公害防止条例が制定されるなど、もはや国も企業も公害防止なくして経済成長を考えることはできなくなっていった。1970年には公害国会が開かれ、**環境関連14法**を制定し、71年には**環境庁**が設置されていく。このように地域から地球時代の内実をつくり出す動きがおこり、国を動かしていったのである。

　戦後の日本の環境は経済成長の犠牲となっていた。しかし、市民の生活拠点である地域という場から、一人の英雄、指導的リーダーによってではなく、市民一人ひとりが学び、学習会を開き、デモを行い、意見を表明することで国、県を変えていったのである。公害先進国とされた日本において、日本の環境政策を創造したのはこのような下からの市民（住民）の力であった。

　今日、生活を拠点とする地域が侵されようとしている。三島・沼津の公害問題にかかわった宮本憲一は、今後の日本の公害史は、これら市民による公害克服の伝統にならい、市民（住民）が自ら勇気を持ち人権を主張し、駆使しうるかどうかにかかっているという。また、それを研究者をはじめ有識者がどのように総合的に評価し、理論化するかにかかっていると述べている（宮本　2015:4-7）。これは公害問題に限らず、様々な地球時代が直面している課題に関しても同様のことがいえよう。

　その後、大都市圏や農村では、また違った市民による運動の形態も生まれているが、三島・沼津型に見るような、学習会、自主調査、自己学習、自力宣伝、その上でのアンケート調査と要求を固めていくといった形で進めていき、また、特定のすぐれた個人に依存せず、組織の民主主義が維持されているところほどその活動は持続されている。そしてそれは、公害などの個別の反対から、町づくりや文化の問題へと発展している。

　宮本は沼津の教訓を示しつつ今後の課題について、三島・沼津においては、高校

生、大学生などが多く集まり委員会をつくり裏方になって動いていったが、今日に
おいては、若い青年とともに、市民の運動は市民文化をつくる運動へと進んでいか
ねばならない、と述べている（宮本 1979:293-294）。

　地域から地球時代の内実をつくり出していくには、若い世代の持続的な活動と次
の世代への継承、そして、先に述べた、研究者や有識者が活動を総合的に評価し、
理論化していくことが必要である。この研究者や有識者の**学術的成果**を真の意味で
権威あるものとし、**学問の自由**と独立を**支えていく**のはまさに、**市民一人ひとり**
である。

基本的人権＝学問・文化の主体としての市民と専門家

　第 1 章で述べたように人間にとって人間であることが最高の肩書きであった。
この人間は、人間としての権利（人権）をもち、その人権の中の中核をなしているの
が知的な権利であった。学ぶ権利をもち、教育を求める権利を持っているのは、我々
が人間であるからであった。

　だからこそ、すべての人々には学問の自由が保障されている。憲法第23条には、
学問の自由はこれを保障するとある（巻末資料 4 参照）。これは、大学や一部の専
門家における研究と教授の自由だけではなく、国民一人ひとりの個としての知る権
利から導かれる学問の自由であり、真理、真実を学ぶ権利、問い続ける権利、探究
する権利の自由である[6]。

　学問・文化は、過去の人類の一人ひとりの探究の積み重ねであり、我々はまさに
それを歴史の中で受け取っている。したがって、学問・文化は共有のものであり、
過去からの学問・文化を引き継ぎ、未来へと手渡していく責任が我々にはある。学
問や文化は**基本的人権**としての一人ひとりのものであると同時に、この意味で共同
のもの、公共のものである（堀尾 2006:58）。

---

[6] 学問の自由(23 条)は、基本的人権であり、精神的自由権としては、思想・良心の自由(19
　条)、信教の自由(20 条)にならんで、21 条には「集会、結社及び言論、出版その他一切の表
　現の自由は、これを保障する」と示されている。

ここから考えるならば、政治における学術や学問に基づく知見に対する軽視は、国民、そしてすべての人々の基本的人権を否定するものである。人間の権利の中核が知る権利であり、精神の権利であり、それは**国民主権**と深く結びついているのである。

　また、この国民主権そして国民の**学習権**からみれば、研究者や教師の学問の自由と**教育の自由**は、国民や子どもの付託に応える職責の自覚と重なっている。三島・沼津に見られたように、教師や研究者が学習会のための情報を収集し、説明を繰り返し行ったその活動は、彼らが一人の市民であると同時に、国民や子どもの付託に応じる職責の自覚から導かれたものであるといえる。そして市民は、教師、研究者らに支えられ、また逆に支えながら、自己の知る権利、学ぶ権利を自覚し、学習会を通して学び、意見の表明へとつなげていったといえよう。

　市民一人ひとりが知る権利、教育を求める権利を認識し、市民と専門家が学問・文化を日常の文脈の中で問題として掴みとり、探究を続けることは一人ひとりの人間の尊厳を守る知の探究であり、人間として放棄することはできない権利である。

　地球時代に求められる「共生」、すなわち、自然とも人間（過去、現在、未来の人間を含む）とも共に生きる知恵を見いだしていこうとする共通の基盤がこのような意味での学問であり文化の探究である。

　今日、様々な複雑な社会、環境、国際情勢を含めた困難な状況がある。これについて、三島・沼津の市民が学問・文化を基盤とした学習を通して嘘を見抜いたように、地域から問題を見抜く力を一つひとつ身につけていくことが必要だろう。

　そして、その見抜かれた問題に謙虚に向き合おうとする政治や行政を機能させること、それもまた一人ひとりの市民に委ねられている。

＝コラム＝　子どもの権利条約を活かす市民自治

　地域から作り出す市民自治は様々なアプローチで進めることができる。例えば前章で取り上げた子どもの権利条約を活かすことを入り口とすることもできる。地域の人々が子どもの権利条約の理念や条項を学び、それに照らして自分たちの地域の子どもの権利の保障がなされているかを吟味する。そして、課題を発見し、学校を支援し、行政に働きかけ改善する市民自治のアプローチである。

　子どもの権利条約を批准した国は、子どもの権利条約が守られているかについて、5年に1度、ジュネーブにある国連子どもの権利委員会（CRC）に報告する義務がある。この報告書は政府から出されるが、これとは別に、子どもおよび市民、NGO など（市民社会側）が作ったもう一つの報告書も CRC へと提出をすることになっている。

　市民たちは、政府による報告書提出と並行して子どもの現状、課題を基礎報告書としてそれぞれの立場で作成する。それら等を基に、市民社会側の様々な統一報告書がまとめられ CRC に提出される。CRC はこれらの報告書などを参考にして、本審査で日本政府へ行う質問事項を作成する。そして CRC は、日本政府に対して審査を行い、最終所見を日本政府に勧告する。それに対し、政府は改善していく義務がある。

　地域の市民は、基礎報告書を作るだけでは終わらない。作成に関わった教師や専門家、学校関係の職員らの代表はジュネーブの審査に行き、政府と CRC の審査のやりとりなどを傍聴する。そして、その状況を地域の市民に報告する。

　例えば、2019 年の第4・5回の CRC の審査後、調布市では市の文化センターで市民主催の報告および学習会を設けた。ここでは、基礎報告書作成に関わった元学校職員と教育の専門家による CRC の審査の状況報告がなされた。それを聞いた市民らは、さらに、自分たちの地域の現状に即して、子育てや教育、地域の子どもの環境など、疑問を持っていること、課題と思っていることを発言する。ここでは、この学習会の壇上にいる報告者が質問者に対して回答するという形式ではなく、市民も専門家も、実践者も共に相互に対話し、会場全体で地域の問題を共有する。そして、課題解決に向けて今後どのように学校を励まし、地域を支援し、行政への働きかけを進めていくかのヒント得るというものであった。

　子どもの権利条約をはじめ、日本は様々な条約を批准している。これらの条約を十分活かすか否かは市民の自治にかかっている。市民それぞれが、地域における生活の一つ一つの文脈の中で現状を吟味し、課題を発見し、行動し、働きかけることが必要である。そのためには、地域に住む父母、保護者専門家や元教師、学校職員、保育士、栄養士ら実践家らと共に条約を学ぶことが求められ、それによって市民自治を作り出すことが可能であるといえよう。

（写真4　調布市における市民、NGO、専門家、実践家たちによる報告および学習会
2019 年5月　調布教育・文化センターにて　筆者撮影）

２．地域と教育委員会

戦後教育改革と教育委員会制度

　戦後の日本の教育は、「**社会科**」、「**PTA**」、「**新教育**」をはじめとして、アメリカの大きな影響を受けて出発したが、中でもまさに画期的だったのが、**教育委員会制度**の導入である。戦前の日本では、「大日本帝国憲法」(1889)のもとで、帝国議会ができたにもかかわらず、教育に関することは天皇の命令として制定されることになり(勅令主義)、文部省の方針に従って知事や市町村長が地方の教育行政を担っていた。教育の目的は 1890 年に発布された「教育勅語」(巻末資料３参照)におけるさまざまな「徳目」として提示され、その中心にあったのが、天皇のために命を捧げるという思想だった。1945 年８月の敗戦にいたるまで、**上意下達の教育制度**のもとで軍国主義の教育が進められたのである。

　「二度とその過ちを繰り返さない」ことが戦後の教育改革の原点であり、教育行政においてその核となったのが教育委員会制度である。1947 年制定の日本国憲法と教育基本法に基づいて 1948 年７月 15 日に**教育委員会法**が制定・公布され、10 月１日実施の第一回教育委員選挙を経て、11 月１日には委員の公選による教育委員会が発足した。この**公選制教育委員会制度**の原点は、教育行政の「**民主化**」、「**地方分権化**」と「**一般行政からの独立**」(**自主性確保**)である。教育委員会法第一章「総則」第一条では、立法の目的を次のように述べていた。

　　　　第一条　この法律は、教育が不当な支配に服することなく、国民全体に対
　　　　し直接に責任を負って行われるべきであるという自覚のもとに、公正な民
　　　　意により、地方の実情に即した教育行政を行うために、教育委員会を設け、
　　　　教育本来の目的を達成することを目的とする。

　文部省が発行した『教育委員会のしおり－教育委員会とは』(1948)では、「教育委員会制度の一番根本の大事なことは、この委員の選挙なのです」として、委員を選ぶだけでなく解職請求もできること、それを通して「**教育は国民のもの**」という権利と責任を国民は行使しなければならないと説明されている。さらに、教育が「未

来に備えるもの」で「真理を目指して人間を育成する営み」であるところに「教育の特殊な使命」があるからこそ、現実的な政治活動と区別されなければならず、「**不当な支配**」を排除する必要があると述べていたことに注目しておきたい（三上 2014）。

　しかし、戦後教育改革の「見直し」を掲げた自民党政権は、1956 年に「**地方教育行政の組織及び運営に関する**法律」[7]（以下、「地方教育行政法」と略記）を制定して教育委員の公選制を廃止し、首長が議会の同意を得て教育委員を任命するという制度にした。第一章「総則」第一条に示された立法趣旨は、教育委員会法が 1947 年教育基本法の趣旨の「自覚」の上に「公正な民意により、地方の実情に即した教育行政を行う」ことを目的とし、「教育本来の目的を達成する」ために教育委員会を設置するとしていたことと対照的に、形式的・事務的な規程となっている（三上 2013）。

　　第一条　この法律は、教育委員会の設置、学校その他の教育機関の職員の
　　　　　　身分取扱その他地方公共団体における教育行政の組織及び運営の基本を定
　　　　　　めることを目的とする。

　2006 年教育基本法の成立を受けて追加された第一条の二では「基本理念」を以下のように述べている。

　　第一条の二　地方公共団体における教育行政は、教育基本法（平成十八年
　　　　　　法律第百二十号）の趣旨にのっとり、教育の機会均等、教育水準の維持向
　　　　　　上及び地域の実情に応じた教育の振興が図られるよう、国との適切な役割
　　　　　　分担及び相互の協力の下、公正かつ適正に行われなければならない。

　これをさらに大きく改定したのが、2014 年の「**地方教育行政の組織及び運営に関する法律の一部を改正する法律**」[8]（以下、「改正法」と略記」である。ここでは前述の第一章第一条の二のあとに二条を加えており、実はこの追加が大きな改編を示していた。第一条の三では地方公共団体の長が「教育、学術、文化の振興に関する総合的施策の大綱を策定する」とされ、第一条の四では地方公共団体の長が「総合教

---

[7] 1956 年 6 月 30 日公布。同年 10 月 1 日施行。
[8] 2014 年 6 月 20 日公布。2015 年 4 月 1 日施行。

育会議」を設置招集すると定められたのである。

　さらに第二章では、教育委員から互選されていた教育委員長と、教育委員を兼務する教育長を一本化して、首長の任命による新「教育長」を置くこととした。

教育委員会と教育委員

　任命制の教育委員会は、首長（都道府県知事や市町村長）が議会の同意を得て教育委員を任命する。地方教育行政法においてはその数は5〜6人だったが、改正法では教育委員を兼務していた教育長の分を一人減ずることとされた。

　教育委員会は教育委員の合議によって教育行政の基本方針や施策を決定し、それを執行する行政委員会であり、教育委員の仕事の中心は合議の議決機関としての「教育委員の会議」への出席である。教育委員会はこの「会議」を指す場合と、教育長が統括する「事務局」を指す場合と、その総体を指す場合があり、その多義性が混乱をもたらす面もあることは否めない。

　引越しの際に転校の手続きをしに行くのは役所の中にある「教育委員会」で、それは**教育委員会事務局**である。教育委員は非常勤である一方、教育長と教育委員会事務局職員は常勤で、教育行政の実務を担っている。「いじめ」などの事件で責任が問われるのは教育委員と事務局の双方であるが、2011年の大津市における中学2年生のいじめ自殺事件[9]では、教育委員に情報が共有されていなかったことが明らかになり、責任の所在が問われたとともに、事務局主導の教育行政の問題点が浮き彫りになった。

　教育委員会（会議）では、教育長の報告を受け、議案を審議・決定し、市民や保護者からの要望書について議論し、陳情については採択・不採択を決定する。教育についての方針や施策全般に権限を持ち、人事案件等も審議するが、教育予算についてはその原案の編成・送付権がなく、首長が「教育委員会の意見をきかなければな

9　翌2012年にはこの事件が契機となって「いじめ防止対策推進法」が成立した。また、この事件は「地方教育行政法」の改正の議論にもつながった。

らない」とされているのみである。この点は、教育委員会が一般行政と独立して、管轄地域も行政区分とは異なることが多いアメリカの教育委員会制度と決定的に異なる点である。1956年の地方教育行政法で、教育委員の公選制とともに、教育委員会が首長に対して有していた教育予算の原案送付権が失われたが、このことが「教育行政の独立」という観点からは、教育委員会制度の大きな制約になってきたと言える。

　教育委員会の会議の場を離れて教育委員が子ども、保護者や市民と接するのは、卒業式や入学式で告辞を読み、成人式に出席し、各種の学校行事(展覧会、運動会、学芸会、音楽会、中学校の合唱コンクール等)に招かれるなどの機会だろう。教育委員の連合組織の研修会などもあり、市町村の教育委員は都道府県の教育委員会主催の教育施策説明会に出席するなど結構忙しいが、教育委員とは何をする人なのかということは、一般にはあまり知られていないのが実情ではないだろうか。

教育委員と教科書採択

　教育委員の重要な仕事のひとつとして、**教科用図書(教科書)の採択**がある。これは改正法においても教育委員会の権限として確保されたものである。教科ごとに組織される「**調査研究委員会**」で検討し、その委員長を務めた校長や副校長および教育委員会の指導主事等で構成する「審議会」の報告書をもとに議論をするのが通例だが、あくまでも「教育委員の見識と責任において採択する」とされているので、教育委員にとっては多大な時間と労力を傾ける仕事となる。しかし、たとえ、その科目や教科書についての見識を持っていたとしても、実際に教室で授業をしていない者が決めることには限界があると言わざるを得ない。

　特別支援学級で使用する教科書の採択は毎年行われている。4年に一回行われる通常学級の教科書採択との違いは、よりきめ細かく子どもの状況に対応するために、

検定教科書だけでなく「**9条本**」[10]と言われる市販の一般図書も教科書として使用できることである。これは実際に教えている教師が目の前の子どもに即して選ぶしかなく、市販本を含めた膨大な本の中から、それを使う個々の子どもを知らない教育委員が判断するのは不可能であることは容易に理解されるだろう。そして、翻って通常学級の場合でも、それは同様なのではないだろうか。

「現場がその責任において、十分議論した上で順位をつけて推薦する」ものを承認するのが、教育委員の任務としては妥当なものであると思われる。そして、さらに言うならば、教育委員会の役割は、現場の民主主義を保証するあり方を配慮すること、具体的には、教師が教科書を読んで集団的に検討する時間が十分保証されるように事務局に求めることや、調査研究委員の選出の公平性、審議会の報告書や議事録のあり方等を問題にすることであろう。

教育委員会制度の「形骸化」と「地方教育行政法」改正の問題

1980年代半ばに中曽根内閣が設置した**臨時教育審議会（臨教審）**では、その第二次答申（1986）で、「教育委員会は、制度として形骸化していたり、活力を失ってしまっているところが少なくない」ことを指摘し、「この制度を真に再生し、活性化させるための国民的合意の確立が必要である」と述べていた。今次の改正においても、教育委員会の「形骸化」が問題として議論されていたが、それならば「活性化」が課題となるはずなのに、「改正法」は教育行政における首長の権限を拡大し、教育委員会の権限を抑制するものとなり、「活性化」の趣旨に逆行するものとなった。

「改正法」は地方教育行政の責任体制の明確化を求め、首長と教育長により大きな権限を持たせている。具体的には、首長が招集する**「総合教育会議」**で**「教育の大綱」**を策定し、首長が直接任免する教育長を教育委員会の代表者と位置づけている。

「大綱」の策定と変更には「総合教育会議」で教育委員会と協議を行うこととなっ

---

10 この9条とは学校教育法附則第9条のこと。高等学校、中等教育学校の後期課程及び特別支援学校並びに特別支援学級において、学校教育法第34条第1項に規定する教科用図書以外の教科用図書を使用することができることを定めたもの。

ており、首長と教育委員会は対等とされているが、首長が会議を招集し、協議題を設定するとなれば、やはり首長が優位となるだろう。教科書採択や教育課程の編成、教職員の人事などは教育委員会の権限だが、その「方針」を「総合教育会議」で協議することは可能であり、その協議を介して首長が教育内容行政にこれまで以上に関与してくることも当然予想される。教育委員会も「総合教育会議」の開催を要求し、また、協議題に「合意しない」ということが可能とされてはいるが、それがどの程度実効性を持つものとなるかは不明である。何より、議会の同意を必要とするとは言え、首長が教育委員と教育長を任命し、その構成を左右する権限を持つことの問題が大きいことは、教科書採択の事例などを見れば明らかであろう。

　この改正の目的のひとつに「政治的中立性、継続性・安定性の確保」が挙げられていたが、戦後の教育改革の原点に照らして特徴的なのは、**「自主性」（自立性）**という点が抜け落ちていることである。「一般行政からの独立」も首長の権限強化によって崩され、「中央統制からの自立」も「地方に対する国の関与の見直し」という文言で、国の関与の強化が目指されている。**「政治的中立性」**は、基本的には誰が中立を判定するのかという問題があり、論争的な話題の排除をもたらしかねない。憲法 9 条を語ることが「偏向」と言われる事態も生み出していることは周知の通りである。

教育委員会制度の「活性化」のために

　従来の教育委員会は、事務局が提起する案件の追認機関になるという「形骸化」と常に隣り合わせだった。それぞれの教育委員がどんなに熱心にとりくんでもそのような可能性があったのであり、それは、「教育委員が決議したことを執行するのが教育委員会事務局である」という本来の趣旨が生かされる体制になっていなかったことに根本の問題があったと言える。いわゆる、事務局主導、あるいは教育長中心主義という事態である。2014 年「改正法」で、教育委員会の権限はさらに縮小されてしまったが、それでも、民主党や日本維新の会などが「教育委員会不要論」を展開した中で教育委員会存置が決まったことは、教育委員会制度が日本の教育行政に

おいて根付いてきていたことの証左でもあろう。

　2013年3月～6月にかけて実施された「今後の教育委員会制度の在り方に関する全国市町村長・市区町村長アンケート調査」[11]においては、「(a)現行の教育委員会制度を変更する必要はない」との選択肢に首長の33.9%、教育長の47.2%が賛成し、「(d)現行の教育委員会制度を廃止して、その事務を市町村長が行う」との選択肢に賛成したのは首長の10.5%、教育長の2.2%のみだったのである。

　教育委員会が、ある意味では「不甲斐ない」状況にあったことは確かだが、選挙での信任を根拠とする「首長主導の教育行政」にはさらに大きな問題があると言える。首長選挙での争点は教育だけではない。選挙結果を根拠とすることは、「民意の反映」というより、有権者が選択していないことまでも首長への「白紙委任」を強制する結果となる怖れがあり、そもそも、「民意」という名前の「ある時点での多数決」が、その後の最低でも4年間にわたる教育についての判断を担保するものとはならない。

　2014年の「改正法」において、首長の権限を大きくして教育委員会の権限を抑える「改革」が強行されたが、市民の立場からそれに対置すべきは、教師や子どもたちの顔が見えて、その状況を把握できる位置にいる教育委員会が合議で決定し執行するという、教育委員会の本来の役割とその可能性ではないだろうか。つまり、課題となっているのは市民の立場からの教育委員会の「活性化」であり、市民にとって本当に必要な教育委員会にしていくことである。

　「改正法」において公開することが定められている総合教育会議（第一条の三－6）や教育委員会の会議（第十四条－6）の傍聴に行くことや、「公表するよう努めなければならない」（第一条の三－7）とされている議事録の公表を求め、閲覧することなど、総合教育会議がどのようなものとして機能していくかを左右するものとして、市民の力は大きい。その意味では、教育委員会がその本来の役割を今まで以上にはたせるようにすることが、市民の具体的な目標となる。

---

[11] 村上裕介氏（東京大学）による調査。「中央教育審議会第30回教育制度分科会」資料より。回答：首長672通、教育長702通。民主教育研究所編『子どもと学校、地域のための教育委員会制度とは』（民主教育研究所、2014年）所収。

そして、教育委員がその役割を果たすためには、限られた情報に基づいて感想や意見を述べるにとどまらず、議論の前提となる知識と理解と熟慮の機会が不可欠だが、これは教育委員の個人的な努力にまかせるのではなく、事務局のサポートが必要である。そのためには、事務局は、議案が承認されること以上に、質の高い議論をもとに結論が出されることが重要であるとの認識を持たなければならないだろう。それを保障する行政的な仕組みももっと重視されるべきである。学校訪問などはどの教育委員会でも行っていると思われるが、例えば、学校区ごとの市民・保護者と教育委員の懇談会の開催や、教育条件にかかわる教職員組合との交渉に教育委員も出席すること、組合と懇談会を持つことなども考えられる。

　教育委員が責任を持って議論をするためにも、現場の教師や保護者、市民の役割がとても大きい。教育委員会の傍聴を続け、要望書や陳情書を出す市民がいるからこそ、教育委員はその責任を自覚することができる。子どもたちの学びを保障する学校をどうつくっていくかという地域の大人の共同があってこそ、それは可能であり、それに教育委員も支えられるのである。

子どもが育ち、大人が育つ地域の再生を

　戦後の教育改革の原点を振り返るならば、教育は中央統制から守られ、地方政治の直接の圧力からも自由に、子どもの成長発達のために組織されるべきものとして出発した。子どもの「教育を受ける権利」を実現することが基本で、国家のために子どもを育てるのではない。安倍（前）内閣が掲げた教育「再生」は、国家を国民の上におく復古的な国家主義と、競争と自己責任という新自由主義の両面をもっているが、そこに欠落しているのは**「子どもが中心」**という発想である。

　ここで述べたことは、実は「子ども」に限定されるものではない。教育行政は「学校教育」と「社会教育」に大別されており、教育委員会はその両者を統括しているが、さらに、社会教育法では社会教育委員が規定され、公民館には公民館運営審議会等が設置されている。社会教育は、大人の自己教育であるとともに、大人がともに学

ぶことを通して、地域をつくる活動でもある。

　戦後、アメリカから移入されたPTAは、社会教育団体であり、戦後は「民主主義の学校」と呼ばれたこともここで想起しておきたい。民主主義の教育は、何よりも、民主主義の実践である。民主主義について学ぶだけでなく、日常の生活において「**民主主義を実践すること**」が、次世代の民主主義の土台をつくるものとなる。

　第1章において、「自治の精神を担う住民が、地域の住民としての主体性をもって、自分たちの地域をつくるという思いを共有して横につながっていくこと」の必要性が述べられているが、そのつながりのひとつの核は「子どもを育てる」ことではないだろうか。それは、「自分の子どもを育てる」ということではなく、「地域の子どもを育てる」ということであり、「子どもが育つ場所として地域をとらえ、地域をつくる」ということである。教育委員会はまさにそれにとりくんでいる機関のひとつと言えよう。

　教育委員会制度のひとつの核として「**レイマン・コントロール**」（**素人支配**）ということが言われる。教育を必ずしも職業としない人が市民としての良識を持って教育行政に携わるという思想である。それは、つまり、市民の誰でも教育委員になる可能性があり、その資格を持っているということである。そして、さらに言えば、これまで述べてきたように、教育行政に携わるのは教育委員だけではない。市民の自治の力がすなわち地域の教育力とも言えるほど、市民の力が大きいのである。

　子どもが育つ地域をつくるということは、子どもの発達環境を整えるということであり、子どもにとっての安全で安心な場を、大人たちが基本的信頼関係を形成しながらつくるということである。その営みにおいて、それがより公正なグローバルエコノミーのシステムの創出につながるか、より多くの人が民主的・自立的に社会の決定に参加できるか、お互いを独自の人格として尊重し共同する**平和の文化**の形成につながるかという観点を持つことによって、地域で子どもを育てることは"Think Globally and Act Locally"の具体的実践となるだろう。子どもの権利条約の実現という観点もその指標として重要である。

そもそも、グローバルエコノミーでなぜ世界の子ども達が競争しなければならないのか。素朴な問いかもしれないが、子どもに学力をつければ国家の競争力が増してみんなが幸せになるというストーリーを疑ってみる必要がある。競争が生むのは勝敗と序列化であり、その効用は効率的(安上がり)な資源配分と一元的な統制であることは、新自由主義の動向を見れば明らかである。少なくとも、学力の向上と学びの豊かさは同じではないという認識は、子どもの育ちを真剣に考える大人であれば共有できるのではないか。

子どもを育てることは、自分の育ち直しでもあり、地域のつくり直しでもある。

引用・参考文献

飯島伸子、西岡昭夫 1973 「公害防止運動」岩波講座『現代都市政策6』岩波書店
奥平康弘 1970 『表現の自由とは何か』中公新書
静岡県三島市役所 2015 ホームページ「石油コンビナート反対闘争」
藤岡貞彦 1974 「現代人権の民衆的自覚」『月刊社会教育』国土社
藤岡貞彦 1985 「地域課題学習の教育的意義」国民教育研究所 『地域開発と教育の理論』所収 大明堂
北海道放送創立50周年記念事業事務局 2002 『スピーカーが風になり、ブラウン管が光になる時 北海道とともに50年 HBC』北海道放送株式会社
HBCジュニアオーケストラ40年誌編纂委員会 2006 『HBCジュニアオーケストラ40年のあゆみ』 HBCジュニアオーケストラ事務局
HBCジュニアオーケストラ 2015 「HBCジュニアオーケストラ創立50周年記念特別演奏会」プログラム
HBCジュニアオーケストラ 2015 ホームページ
星野重雄 1967「三島・沼津市民の勝利」武谷三男編『安全性の考え方』岩波書店
堀尾輝久 2006 『教育に強制はなじまない』 大月書店
堀尾輝久 2012 「文化的多様性と平和の文化−地球時代における−」『教育文化政策研究』教育文化政策研究会
水崎富美 2012 「フランスの文化の民主化における音楽教育の展開」東京大学大学院博士論文
水崎富美・杉浦正幸・堀尾輝久 2013 『文化的権利の発展と「文化の民主化」概念

の変遷にみる社会的結合及び市民形成の探究-1948 年以降のユネスコの動向を中心として-』科学研究費基盤研究 C 研究報告書

水崎富美　2014 『教育文化政策研究』所収「日本の文化的権利の保障と市民の形成―北海道放送　HBC ジュニアオーケストラ活動における持続性の構築―」教育文化政策研究会

水崎富美 2018 『教育文化政策研究』所収「学校と地域の連携における「文化の大衆化」-フランス・コンセルヴァトワールのマネジメントを事例として-」

溝田豊治 1971 「コンビナート反対闘争以後-三島-」松下圭一編『現代に生きる 6 市民参加』 東洋経済新聞社

宮原誠一 1966 『青年期の教育』 岩波新書

宮本憲一 1964 『恐るべき公害』岩波新書

宮本憲一 1979 『沼津住民運動の歩み』日本放送出版会

宮本憲一 2014 『戦後日本公害史論』 岩波書店

宮本憲一 2015 「維持可能な社会(Sustainable Society)は可能か―戦後公害史の教訓から」(総合人間学会第 10 回シンポジウム　配布資料) 6 月 7 日

星野重雄 1967 「三島・沼津市民の勝利」武谷三男編『安全性の考え方』岩波書店

三上昭彦 2013 『教育委員会制度論―歴史的動態と〈再生〉の展望」』 エイデル研究所

三上昭彦編　2014 『いま、読む「教育委員会法の解説」』民主教育研究所

第7章　　地球時代の教育課題

　現代の世界では、およそどの国もそれぞれの学校教育の制度を整えているから、教育というとそれぞれの国という単位で考えることになる。その内容は基本的に、それぞれの国とその内部での歴史的に規定された文化内容である。そのような制度と文化のなかで教育を受け、国民として、地域の住民として、市民として、そしてそのようなものとしての個人となることが期待されている。つまり、基本的には、国を前提として、その国の空間的・地理的制約のなかで、過去から現在へと続く歴史という時間的制約のなかで学校教育は行なわれている。

　もちろん、学校教育は、さまざまな問題を含むとはいえ、歴史的に大きな達成であることはいうまでもない。現在の世界を見回してみれば、基礎的な教育すら受けることのできない子どもも数多くいることに気づかされる。国連をはじめとする国際機関が、こうした状況を改善するためにさまざまな計画を実施ししてきたが、それの実現の見通しは必ずしも明るくない。

　地球時代の教育課題として、こうした問題を看過できないことはいうまでもない。だが、制度化された教育よりももっと基底にある素朴な思想から考えてみよう。どのようなかたちで行われるにせよ、ある社会のある世代がその次の世代を育成し、それを通して当該社会を再生産し、存続させるという営為である。この営為がどの程度、そしてどのように実現されるかに応じて、「教育」と呼ばれるものが登場する。そこには、次世代に対して適切な配慮を行うことがその社会の存続に不可欠であるという集団的経験と義務感のようなものがある。次世代はもちろん、さらにその先に続くはずの世代＝未来世代にまで何らかの適切な配慮を行うべきだという

思想は世界の多くの文化で伝承されている。

しかし、こうした思想が学問的な検討対象になるのが地球時代である。とくに地球規模での環境問題が切実なものとして認識され始めた 1970 年代以降である。地球環境の保護・維持が人類の存続に不可欠だという認識が広まったからであろう[1]。

20 世紀後半には、地球環境の悪化は現在の人類に大きな影響をもたらすだけではなく、将来の人類の生存の可能性を奪うかもしれないという危機感が強く感じられるようになった。それを防ぎ、未来世代が良好な地球環境を享受するために、現在世代は温暖化ガスの排出を抑制したり、再生不可能な資源を十分に残したり、放射性廃棄物を適切に管理したりするという未来世代への配慮を、たとえ犠牲や負担をともなうにしても、行う義務ないし責務があるのではないか。しかし、この犠牲や負担はどの程度であり、どのように負担すべきなのだろうか。もしそうだとしても、そもそもそうした負担を負うべき正当な理由はあるのだろうか。というのは、こうした犠牲や負担は、それを負う人々の自由を制限することになるのだから、なんらかの理由や根拠とそれに対する公共的な承認と合意の調達とが不可欠だからである。未来世代への配慮や責任を言うのは簡単だが、十分な理由を示して合意をうるのは容易ではない。

こうした議論を「**未来世代配慮論**」と呼ぼう。それが学問的な検討対象になるというのは、犠牲や負担を担う理由や根拠を見出し正当化する議論が展開されたということを意味する。未来世代配慮論は教育への実践的手引きではない。しかし、教育が人間の存在を前提し、それを世代的に継続してゆく営為であるとすれば、未来世代配慮論は教育の前提条件を保障するための議論であると考えられる。その意味で、地球時代の教育課題の一環である。

未来世代配慮論にはさまざまな正当化の仕方がある。以下では、未来世代への責

---

[1] 第 1 章 2 を参照。特に 1972 年の国連人間環境会議で採択された「ストックホルム宣言」、1987 年に「持続可能性」(sustainability)という概念を提出した国連環境と開発に関する世界委員会の「ブルントラント報告」、1992 年の地球サミットで採択された「リオ宣言」を想起しておこう。

任論を中心に検討する。まず「未来世代」と「責任」という概念を整理し、さらにそれに対して指摘されている難点を確認する。つぎに未来世代の権利という主張もまた困難を含むことをみる。そして未来世代への責任を正当化する三つの議論をやや詳しく検討する。最後に、地球時代の教育課題として、未来世代への責任を果すための人間の能力を検討してみよう。

1.「未来世代」への「責任」

「未来世代への責任」を検討する準備として、「未来世代」と「責任」について確認しておく。

未来世代

現在世代とは、現時点でこの地球上に生存している人々の総体であるとするならば、それに対して未来世代とは、現在まだ生まれていないが、これから生まれてくるかもしれない（あるいは生まれてこないかもしれない）人々である。この場合、未来世代には、自分の子供や孫を含む直近の後継世代も、そうではない遠い世代も含まれる。しかし、未来世代配慮論の文脈では、未来世代とは「現在世代とは生活時間の重なりのない世代、遠い未来の人々」である。

こうした未来世代はいわば指示対象のない存在である。未来世代の時間的範囲、空間的範囲、人数規模などを現在において確定することができないからである。むしろ、その範囲や規模そのものは先行する世代の選択や行為に依存する。選択や行為によっては未来世代が存在しないことも、滅亡することもありうる。また、仮に存在するとしても、未来世代と現在世代とは時間的に隔たっているから、その間には取り決めや契約というような相互的な関係は存在しない。

現在世代とある程度は生活時間が重なる未来世代、つまり次世代あるいは直近の後継世代に対しては、配慮義務はかなりの点で正当化できる。どの世代においても、その世代内の時間内に生まれてくる新しい人々をその世代の一員として配慮の対

象にすればよいからである。このプロセスが未来においても繰り返されるならば、どの世代も十分に配慮を受けることができよう。この場合には遠い未来世代への配慮をことさら取り上げる必要もない。世代内問題として扱えるからである。

　近代の教育思想の背後には、歴史とは単なる繰り返しではなく進歩するという意識、「進歩の観念」あるいは「進歩史観」があると指摘される。人間の行動の基準を過去にではなく未来に置くという考えである。そのなかで人間の理性もまた限りなく開かれていき、究極的には勝利するという歴史観も生まれてくる。理性が限りなく開かれるのであれば、新しい世代は古い世代を乗り越える可能性とその権利をもつことになろう[2]。

　ここでは、大人の意識において、現前する子どもが将来の社会の成員であるということと、その子どもが現実の子どもを越える「未来世代」の代表であるということが区別しがたく結びついている。子どもの将来性、つまり可能性としての将来と、未来に向けた歴史の展開とが重なるからである。現実の子どもにはさまざまな美点と同時に欠点があるにしても、時間の展開とともに、美点はより優れた方向へと進み、欠点は改善されてゆくだろう。子どもとはつねに未来を孕んだ発達の可能態なのであり、そのようなものとしての子どもが有限な個人としての現在の大人を超えて存在する。教育の世界では、同時代にともに生きる現実の子どもが、同時に未来世代の代表とみなされる。

　世代間ギャップなども同じ世代のなかでの年齢層の間での違いである。そうした断絶や対立があっても、そこには愛によるつながりや、文化伝達というかたちでの後継世代の育成という未来世代への配慮はなりたつ。それに対して、未来世代配慮論は対極的というべき見方に立っている。未来世代とは、直近の後継世代ではなく遠い未来世代であるが、それにもかかわらず現在世代によって危機にさらされている。だからこそ、配慮が必要なのである。この違いの認識が重要である。

2　第1章4参照。

責任

　「責任」は当たり前のように用いられているが、きわめて分かりにくい概念でもある。多義的というよりも、さまざまな要素がひとつに凝縮されているからである。ここでは、責任をその概念と構造との二つの面で分析しておこう。

［責任の概念］

　責任の概念は、**役割責任、原因責任、負担責任、能力責任**に区別できる。

　役割責任は、ある役割とそれに付随する責務をはたすことである。社会的な制度や組織における職務や地位に付随する責任から、子どもの養育に対する両親の責任という自然な役割に至るかなり広い範囲を含んでいる。一定の社会的組織に固有の義務を果たすことや、それを果たすために必要な事を行うことなどである。しかし、一般的に「義務」が課された命令や指令をほぼそのまま遂行することを求められるのに対して、「責任」は命令や指令を課題として捉え、自らの裁量のもとに遂行することが認められている。「自由には責任がともなう」とよく言われるが、むしろ逆に「責任は自由に裏づけられている」と言うべきである[3]。

　原因責任は、ある事柄に対してその原因とであるということである。たいていの場合、原因責任は価値的に否定的であり、「〜のせい」という非難の意味合いをおびている。そして、非難には負担責任が結びつけられる。

　負担責任は通常、法律的責任と道徳的責任に分けられる。前者はさらに「刑罰を負わねばならない」という刑事責任と、「賠償の責めを負わねばねばならない」という民事責任に区分される。後者は、当該行為あるいはその結果に対して当該人物が道徳的非難に値する、つまり道徳的（道義的）非難や償いをしなければならないということである。

　能力責任は、理解力・推理力・行動制御力というような人間の心理的能力である。法的には、こうした能力の一般的所有は負担義務の条件とまでならないが、法制度が有効に機能することの条件となっている。こうした能力の欠如は法的には非難可

---

[3] 第1章4で論じられている教師の「教育実践の自由」とその根拠として責任と権限は、この課題責任に密接に関連している。

能であるが、道徳的には必ずしもそうではない。

　われわれは通常、責任を役割責任、あるいは原因責任と負担責任の意味で用いて
いる。役割・原因・負担・能力が結びついた一体的なものとして、われわれは「責
任」という言葉を誰かに向けている。

［責任の構造］

　責任の構造とは、責任に関わる項の関係の仕方である。ここでは責任主体、責任
対象、責任審級、責任根拠、責任負担、責任規範を関係項としよう。責任主体とは
責任を問われる、あるいは引き受ける主体、責任対象とは責任主体がそれに対して
影響を及ぼし、また応答すべき人や事態などである。責任根拠とは前記の課題責任
や原因責任であって、前者では義務や約束など、後者では価値毀損行為や規範違反
行為がそれにあたる。この責任根拠は誰かに帰属させられて、帰属させられた者は
責任主体として一定の負担責任が課される。この判定は**価値、法規範、道徳規範**
などの責任規範にもとづいて決定される。責任根拠およびその帰属者にどんな責任
負担が課されるかを決定し、責任主体が応答する場が責任審級である(下図参照)。

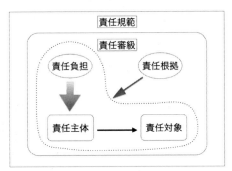

図：責任の構造

　本章に即していえば、責任主体は現在世代、責任対象は未来世代や地球環境、責
任根拠は未来世代への**配慮義務**、その配慮義務の内容が責任負担である。そして責
任規範は既存の規範や価値であり、責任審級は現在世代みずからであると考えてい

い。だが、それぞれの関係項はどのようなものか、それらの間にどのような関連を見出すかによって議論は少なからず異なってくる。責任主体である現在世代や責任対象である未来世代はどのようなものか。いったい誰が判断するのか。判断のもとになる規範や価値はどのようなものか。未来世代への責任を考えることは、現在世代や未来世代の正体の明確化や規範や価値への問い直しを含んでいる。

2．未来世代配慮論の難点

　未来世代への配慮は言うのは容易だが、根拠を見出すのは困難だと指摘した。それは「未来世代」に特有の「**相互性の不在**」「**範囲の不確定性**」「**存在の依存性**」という難点が指摘されるからである。

［相互性の不在］

　相互性には相互利益と不偏性の意味がある。人々はお互いの利益の増進になる限りにおいて、一定の制約を受け入れてでも、社会的共同に参加することに同意する。公正性や立場の交換可能性を意味する。社会的共同の構成員が、もし自分が相手の立場に立っても同意できるようなかたちで、各人を公正に偏りなく扱うことを求める。これは前者の前提条件にもなっている。通常の倫理はこの両方の相互性を基盤にしている。しかし、未来世代と現在世代の間にはこの相互性がない。

［範囲の不確定性］

　未来世代の時間的範囲、空間的範囲は不確定である。まず、未来とは時間的にどの程度先かという問題がある。世代は、語られている時点ですでに死亡している過去世代、生存している現在世代、まだ誕生していない未来世代に三分されるが、その境界線は時間の経過とともに移動してゆく。またその中に含まれているさまざまな年齢層の境界線も同様である。空間的には、たとえば地方、国、地域、地球全体という区分ができる。これらの組み合わせによって世代の範囲は多様に考えられる。さらに、大多数の未来世代についてその属性（人口数・価値観・生活様式・政治秩序・技術水準など）や選好を知ることができない。そうであれば、一定の時間空間

的範囲を想定し、最もありそうな属性や選好を仮定せざるをえない。たとえば、地球全体の人々の生存に関わる最も基本的な一定の必要(ニーズ)とその資源へのアクセスは、ヒトの仕組みが根本的に変わらない限り、おなじであると想定できる。だが、いずれにしても、未来世代の範囲を完全に確定することは困難である。

[存在の依存性]

　未来世代の決定的な特徴は、その世代が生み出されない限り存在することがないということである。未来世代の存在は先行する世代に完全に依存している。したがって、未来世代を配慮すると言っても、それが存在しなければ意味はない。存在させることが先行する。そうだとすれば、未来世代への責任は、未来世代を存在させることそのものと、存在させた未来世代への配慮という二つのレベルがあることになる。さらにこの点については「**非同一性問題**」(Non-Identity Problem)とよばれる奇妙な問題が指摘されている。未来世代のあり方を配慮して、現在の人々が何らかの行為をしたとすると、その行為の効果によって未来は異なったものになるはずである。しかし、そうすると、その行為の恩恵を受ける未来世代は、実は最初に考慮した未来世代とは同一ではない (あるいはそれは存在しない) のではないかという問題である。われわれの行為によって未来は変化するが、構成員は変化しないものとして未来世代をとらえているのではないかというのである。

　未来世代配慮を正当化する場合にはこうした難点を考慮しなければならない。

３．未来世代の権利論とその困難

　未来世代配慮論の代表的な例は「未来世代の権利論」である[4]。これを例にしてどのような困難があるかを見てみよう。

　それは、未来世代は良好な地球環境への権利など、さまざまな権利を現在持っており、現在世代はそれに対応する義務を負っているとする議論である。現在世代では、権利には義務が対応している。この権利と義務との対応を世代間関係に適用し

---

[4] 権利論以外に、責任論、契約論、報恩論、功利論などがあるが、ここでは責任論以外は扱うことができない。

たものである。権利には「切り札」的性格があるから、未来世代に権利を認めれば、現在世代の義務の拘束力はより強力になり、その対象の保護も強く主張できるからである。

　しかし、権利論の伝統的見解によれば、未来世代はそもそも存在していないのだから、現在世代とは相互関係には立たないし、未来世代は主張も請求もできないのだから、権利主体にはなりえない。それに対して、**未来世代の権利の代理請求説**(ファインバーグ：1990)と「**地球的権利**」(planetary right)説(ブラウン＝ワイス：1992)が提案された。前者は次のように考える。なるほど未来世代は利益を持たず、あるいはそれを請求できないのだから権利主体ではありえないが、未来世代はほぼ確実に生身の人間であることが分かっているのだから、彼らの請求権が弱まるわけではない。したがって、未来世代は現在のわれわれと同じように利益をもつことになる存在であり、それに対応する請求権を考えることは不可能ではない。現時点で存在しないから自分では要求できないが、代理による要求の可能性は認められるとする。後者は、各世代が前世代よりも悪くない状態で地球および同等な多様性を有する自然的・文化的資源基盤を受け継ぎ、遺産の利用と恩恵に対して衡平にアクセスすることができるという権利である。この地球的権利は個人が所有するものではない。むしろそれは世代的権利というべきものであって、世代という集団レベルだけで有用であるとする。

　ただ、両者も先に指摘した難点を十分解決しているとはいえない。代理請求説には、非同一性の難点が立ちはだかる。現在世代の行為によって権利請求者の同一性そのものが変更されることになり、権利請求主体それ自身を同定できないからである。地球的権利説は存在の依存性の問題の回避を狙っているが、世代の範囲に曖昧さが残る。さらに、ことさら未来世代を権利主体として認めなくとも、現在世代に未来世代の配慮の規範的な義務を課するだけで同じ効果が得られるのならば、未来世代の権利論を云々するのは冗長な議論だという論証コストの難点も指摘される。

　未来世代の権利論は思ったよりも脆弱なのである。だからといって、未来世代へ

の配慮の必要性や現在世代の義務が全面的に否定されるわけではない。むしろ、そうした義務が規範的に要請されるという議論を、権利論によらず別の仕方で正当化する必要がある。

4．未来世代への責任論

世代間公正論

　1997 年のユネスコ総会で採択された「現在の世代の未来世代への責任に関する宣言」)(UNESCO: 1997)(以下、「宣言」)は「未来世代」を名称に含めたおそらく最初の国際的規範文書である[5]。

　「宣言」はその前文において、新しい公正な地球規模での協力関係と世代間の連帯の確立、および人類永続のための世代間連帯の促進の必要性を主張し、未来世代の運命は今日の決定や行動に負っており、現代の諸問題は、現在と未来の双方の世代の利益のうちに解決されねばならないという原則を確認する。さらに本文では、環境の保護、文化的要素の維持、平和の追求の三つの領域に関して現在世代が未来世代に対して責任を負うことを謳っている[6]。しかし、ユネスコは「宣言」の目的は「来るべき未来世代のための権利を保障すること」と広報した。そうだとすれば、なぜ「未来世代の権利宣言」ではないのだろうか。

　「宣言」の最初のアイディアはジャック＝イヴ・クストー(Jacques-Yves Cousteau, 1910-1997)が 1979 年に起草した「未来世代の権利憲章」(Cousteau:1979)(以下、「憲章」)である。「憲章」は、「地球的権利」に類似して、地球を**信託財産(トラスト)**とみなし、これを受け継ぎ引き渡していく権利として未来世代の権利を提唱した。当初はユネスコもこの方向で宣言を出す方向だった。しかし、検討を進めるなかで、先に指摘したような難点に対応する必要に迫られ、「未来世代の権利」を積極的に用いることを避け、「未来世代の利益と必要」(interest

---

[5]　第 1 章 2 節参照。
[6]　「宣言」および次の「憲章」の条文は、巻末資料 15 および堀尾・河内(1998, 533-537)を参照。

and needs of future generations)を用いるようになった。「利益と必要」が権利の内実なのだから、それを保護することが「未来世代の権利を保障する」ことになるという論理である。

「宣言」において、現在世代の責任は「**世代間公正**」という考えかたで正当化されている。「公正の理念」とは、他者から与えられた基礎的利益にもとづいて生存しうる者は、他者にもその利益を与えることを求められるということである。どの世代も「地球を限られた時間だけ受け継いでいる」のであるから、地球を「合理的に利用することに注意をはらい」、「生命が損なわれないこと」、「地球の生命に被害を与えないことを保証すべきである」。「現在の世代は、未来世代に対して、人間の活動によりいかなる時にも不可逆的な被害を受けることのない地球を不断に引き継ぐ責任をもつ」(第4条)。この引き継ぎは一方的なものであり、未来世代の権利を前提しないのである。

「宣言」の目的は「人類の持続および永続性」である。そのために未来世代の必要と利益およびその対象、すなわち傷つけられていない地球環境を含む生存条件を一方的に引き継いでゆくことが未来世代への責任なのである。「宣言」は、相互性や権利論によらずに、この一方的な引き継ぎを世代間公正論によって正当化しようとしている。

責任主体は現在世代を含むすべての世代の人間であるが、そうした人間は地球環境を不可逆的に傷つける能力を有している。それに対して、責任対象は傷つけられていない地球環境と、それを生存条件とする未来世代(を含む生命)である。だが、どの世代も「地球を限られた時間だけ受け継いでいる」にすぎないのだから、地球に不可逆的な被害を与えない「不断の責任」、および「現在世代および未来世代の必要と利益を十全に保護する」という責任根拠にもとづいて、まさにそのように一方的に引き継いでいく責任負担が現在世代に課される。その背後には、永続すべきものとしての人類と毀損されてはならない地球環境という価値に関する責任規範がある。責任審級は現代世代の人々であるが、ユネスコが「宣言」として採択し、

「各国、国際連合、他の政府間および非政府組織、個人および公私の諸団体」の履行を求めている。

未来倫理

　先に、教育は人類の存続を前提としていると指摘した。だが、この議論を徹底すると、そもそも人類は存続すべきかどうかという問いに到達する。1979 年に『責任という原理』で「未来倫理」という考えを提唱したハンス・ヨナス(Hans Jonas, 1903-1996)の根本にはこの問いがある[7]。

　ヨナスは、もともと倫理的に中立であった技術が現代では人間の行為の本質を変えてしまうほどの力を持ってしまったという点から出発する。ホモ・サピエンスとしての人間にとって技術は副次的なものに過ぎず、正義の実現、徳の完成という道徳的使命とは無関係だった。しかし、人間がホモ・ファーベル（工作人）として活動するようになると、技術は自然への強力な技術的介入として活動を始め、自然を傷つける可能性を持つまでになった。そして現在の人間は科学・技術を発達させ、自然や人間を不可逆的に変化させる可能性さえを開いてしまった。たとえば核エネルギーの解放、自然環境の改変、遺伝子工学による人間改造の可能性などである。それに対する倫理的歯止めが必要ではないのか。「解放されたプロメテウスは再び鎖につながれることを自ら求めている」（ヨナス: 2000,19）。

　ヨナスは、責任は力の因果性に結びついており、責任対象は力の及ぶ範囲にあって、力に委ねられていたり、力に脅かされていたりしているという。いままで人間の行為が因果的結果を及ぼす範囲は小さかったから、従来の倫理は「いま」と「ここ」に現前する近接的なものだった。だが、科学技術の進歩は人類に遠い未来世代の生存にも深刻な影響を与えるだけの力を付与した。こうした事態によって、行為が同時代に及ぼす直接的な結果だけを前提にして、行為者とその相手との相互性を基礎とする「現前の倫理」は有効性を失ってしまった。だから、その行為の影響力

---

[7]　『責任という原理』はさまざまな論点を含んだ浩瀚な書物である。ここで扱うのは、その論点の一部の限定的な解釈である。

が及ぶ遠い未来や個人の生活近傍を超えた地球環境全体に対して責任を負う「未来倫理」が必要になる。

　この未来倫理が関わるのは人類の存続である。ヨナスは人間の存在に関する「人類をあらしめよ」（ヨナス：2000, 76)を第一命法とし、さらに行為の定言命法を掲げる。「汝の行為のもたらすさまざまな結果が、地球上で真に人間的の名に値する生命が永続することと調和するように行為せよ」（ヨナス：2000, 22)。未来倫理では、この命法の妥当性が問われなくてはならない。

　まず、「なされた結果の因果的帰責」と「なされるべきことについての責任」が区別される。前者は行為の結果に対して事後的に償いを果たすことであり、過去志向的である。後者はこれからなされるべきことについての責任であり、未来志向的である。それぞれ、原因責任と負担責任、および役割責任に対応すると考えてよい。だが、ヨナスは「責任」を「義務」とほぼ同義に用いる。「人間の実在を未来にも保証すべし」という無条件命令に示された義務は「責任という概念に集約される」（ヨナス：2000, iv)。

　ところで、現在世代が手に入れた科学技術の力は、未来の人類そのものを危機に陥れるほどに大きい。それゆえ、現在世代はその力の射程に比例する責任の範囲を持つ倫理を要求されている。倫理とは行為する力を規制するためのものだから、規制されるべき力の大きさに応じて倫理の必要は高まるはずである。力とそれを規制する義務とは相関している。

　このような力をもつ者は、それ自身の外にありながら、その力の影響の範囲内にあるものから要求されている。この要求してくるものが責任対象である。私の力に依存したり、脅かされたりしているが、「私に一定の要求を掲げてくる〈事柄〉」（ヨナス：2000, 12)、「私に依存するものが私に命じるものであり、原因となる力を持つ強いものが義務を負うものになる」（ヨナス：2000, 165)。人間はその力に依存する責任対象の要求を感受し、そうであることで責任主体になる。

　ヨナスは責任の原型を嬰児に対する親の責任に見出す。嬰児は食事や保護を求め

るという無力なかたちで親の眼前に存在し、保護を求める。それ対して親は子ども
の訴えを感じ取り、見返りを求めずに自発的に養育の義務を負う。親は子を生んだ
という自然的事実だけに基づいて、その養育に対して無条件の責任を負う。責任と
は自立した成人同士の相互関係ではなく、生殖という自然的事実に由来する自立し
ていない後継者との関係が原型だというのである。

　ただ、これは親が子どもという存在の創始者であるという事実に基づく「創始者
であることに由来する義務」である。それとは別に、「創始者であることへの義務」
がある。現在世代には、創始者として未来世代の在り方を配慮する義務と、未来世
代を存在させる義務がある。

　存在させる義務は自明のことだから、それを仮定して未来世代の在り方への配慮
義務を考察すれば十分だとする主張もある。ヨナスは、この議論は実践的には十分
かもしれないが、理論としては不十分であると言う。「現在世代が未来世代の創始
者になることを選択するならば、その生存条件を配慮せよ」というのは仮言命法で
ある。これは形式論理では、「未来世代の生存条件を配慮しなくてよいならば、現
在世代が未来世代の創始者になることを選択しなくともよい」と同値である。だが、
この前提は現在世代のエゴイズムではなかろうか。未来世代の人類は存続しなくて
よいといえるだろうか。むしろ命題の前提が真っ先に満たされねばならない。だか
ら、「人類をあらしめよ」という定言命法が創始者への義務の根拠として採用され
ねばならない。

　われわれが依拠すべきは、未来の人々の願望ではなく、彼らの当為や義務である。
この義務とは、真に人間らしく存在するという義務であり、また、この義務を果た
し、自ら引き受ける能力が彼らに備わるように配慮することである。言い換えれば、
現在世代は未来において人類があることへの義務を持ち、さらに、現在世代が負っ
ている義務と同じ義務を未来世代もその未来世代に対して負えるようにすること
である。これが「創始者であることへの義務」である。この根本義務から具体的な
個別的義務が導出される。われわれが責任を持たねばならないのは、未来の人間に

対してではなく、時間や空間に制約されない人間性の理念そのもの、「人類」に対してである。この存在論理念が、具体的な姿をとってこの世界に現前することをわれわれに要求する(ヨナス: 2000, 76)。

「なぜ人類が存在しなければならないか」という問い対して、ヨナスは独自の生命の存在論によって回答する。進化過程のなかで人間を含むすべての生物は自分の存在を維持しようとする。各生物の存在そのものが価値を持つので、それ自身を維持する。この図式は生物の生存だけではなく、進化の中で獲得したそれ固有の存在様式あるいは形態にも当てはまる。生物は自らの生存を、その固有性を含めて維持しようとする。進化の過程の中で到達した存在そのものは独自の価値を持つ。だから、われわれはわれわれの存在を維持するべきであり、そして生殖を通して次世代を生み出し、あるいはまた文化や文明をさらなる世代に継承すべきである。この「べき」が「できる」のは、人間にはその固有能力、つまり責任能力があるからである。「人間のみが責任を持つということ、人間のこの特徴は、同時に他のあらゆる可能な責任主体に対して責任を持たなければならないことを意味する。責任を取るというこの能力が、それを実現させるための十分条件である」(ヨナス: 2000, 185)。

ヨナスの思想の核心には、存在＝価値＝当為の存在論があり、そのうえに「責任」概念は成立している。責任主体としての人間は行為能力をもち、責任への感受性を含めた責任能力を備えている。そのような人間の生は自然の生に不可分に結びつけられており、人間は自然の一部である。責任対象は自然とその一部として理解された人間である。人間の保存は自然の保存であり、逆も成りたつ。人間自身が生存していくためには、自然に対する責任を放棄できない。第一命法は、個々の現実の社会や社会形態よりも人間性の理念に関係している。人類の絶滅を避けること、最悪の場合でも責任能力の可能性が人間の生命の継続を通して持続することだからである。そうすると責任審級は、自然(地球)の未来と人間の未来であり、それを前にして、現在世代は自然(地球)の未来と人間の未来の理念という責任根拠に照らして、尊厳にふさわしく生きる人類とそれを庇護する地球の理念を保護するという責任

負担を引き受けなければならない。それは、人間は自然の一部であり、人間の保存は自然の保存でもあるという責任根拠にもとづいている。しかしこの判定は人間と自然を二元論的に分離して、自然を価値のない単なる物体とみなす近代的な自然観・価値観からは出てこない。むしろ、そのような近代的な価値観とそれに基づく責任規範の変更を要求しているのである。

また、ヨナスの責任原理では世代間の相互性は不要である。さらに、人間性の理念の保存という議論は、未来世代の集合の具体的範囲を確定しなくともよいという点で同一性問題を一応は回避している。さらに、力の相関者としての責任という議論は、力の範囲が責任の範囲を確定すると考えるならば、未来世代の範囲は現在世代が有する力によって画定されていると理解できる。

討議倫理

ヨナスの構想は徹底したものだが、やはり難点が指摘される。第一に、第一定言命法の根拠づけについてである。ヨナスは人間の理念の保証という根本義務の正当化を存在＝価値＝当為の存在論に求めた。これは、人間からの自然の自立性と自然の価値的中立性という近代的世界理解の転換を意味している。しかし、論理的に見れば、自然の存在(～である)から生存の当為(～べき)を導出する「自然主義的誤謬」を侵している、あるいは、責任を担う能力そのものをあらかじめ人間の存在のなかに含ませるという循環論法を使っていると批判される。第二に、相互性の軽視である。未来世代への配慮は現在世代の自由を制約し制限するのだから、制限への合意をわれわれの社会のなかでどう調達するかが重要なはずである。だがヨナスの議論にはそれがない。自然的世界とその一部としての人間の生存を守るためならば、民主制を停止して、独裁制のような政治体制も－決して善いとはいえないが－やむをえないとする可能性が排除されない[8]。

---

8 こうした「エコ・ファシズム」をヨナスは認めるわけではないが、その理論にもとづいた思考実験を行なうと、この可能性が否定できないということである。

この点をはっきりと指摘したのは討議倫理の立場の人々である[9]。実は彼らはヨナスの責任原理に大きく影響されている。今日の人類はその科学的・技術的成功によって自然に対して極めて大きな力を獲得し、核戦争・環境問題・テロによって、その生存を自ら脅かすにいたっている。それに対して、「集団的行為の結果と派生的結果に対する人類の責任を地球的規模で組織する」という地球規模でのマクロ倫理が必要になる。しかし上の二点は認められない。だから、未来責任の根拠づけが変換されねばならない。

　変換の軸となるのは、責任主体であり責任対象でもある人間をその言語能力において捉えることである。「その集団的行為の結果(と派生的結果)に対する人類の責任を地球的規模で組織する」からすれば、責任主体は「人間ないし人類」であり、人間に責任が生じる理由は拡大された行為の可能性である。人間はその科学的・技術的な力という行為能力によって、地球の未来を脅かしているのだから責任がある。そして「人類の責任を地球的規模で組織する」ことができるのは、人類が言語による相互行為ができるからである。したがって、責任主体としての人類は行為能力とならんで、自らの行為を言語によって調整するという能力を有している。しかも、それは他者とともにコミュニケーション共同体のなかで論議(対話や討議)をすることによってなされる。

　討議倫理学によれば、論議のなかには、すべての人間的要求を正当化しようという要求も含まれている。論議する人は誰でも、合理的な根拠によって正当化されるような、コミュニケーション共同体のすべての構成員のすべてのありうべき要求を暗黙のうちに承認し、同時に、他者に対する自分のすべての要求を根拠によって正当化するよう義務づけられている。さらに、コミュニケーション共同体のすべての構成員は、すべての潜在的構成員のすべての潜在的要求を考慮するよう義務づけら

---

[9] 討議倫理の代表的な提唱者は、ユルゲン・ハーバーマス(Jürgen Habermas, 1929-)とカール=オットー・アーペル(Karl-Otto Apel, 1922-2017)である。両者には共通点もあるが、「責任」をテーマにするのはアーペルとその影響を受けた討議倫理学者たちである。本節では後者をとりあげる。

れている。さらに、これは合意による民主主義的意思形成の倫理的基礎を与えている(cf. アーペル: 1986, 294-5)。

　論義においては、すべての潜在的構成員を含む「理想的なコミュニケーション共同体」が反事実的に前提されている。現実のコミュニケーション的共同体を考慮しないのではない。「すべての営為において、第一に、現実のコミュニケーション共同体としての人類の生存を確保し、第二に、現実のコミュニケーション共同体において理想的なコミュニケーション共同体を実現することが、重要である」(アーペル:1986, 301)。

　このようなコミュニケーション共同体の構成員としての人間が「地球という尺度でみた集団的行為の結果(と派生的結果)に対して責任を負う」のである。自然そのものとその一部としての人間というよりも、人間の行為と不作為の結果である。もちろんそれは一義的には決定できない。だからこそ、責任対象ははじめから明らかなのではなく、討議に媒介されることによってようやく露わになってくる。

　討議倫理は、人間にはそれぞれに課される特殊な課題に対する責任よりも前に、この課題が分有されることへの責任があるとする。コミュニケーション共同体のすべての成員が、生活世界におけるすべての言語能力にかかわる問題の露出と発見、また討議することそのもの、さらには討議の成功と問題の解決に対して責任がある。だから、これはいかなる個人的責任にも先行し、コミュニケーション共同体のすべての可能な構成員に同等の「根源的な共同責任」である(cf. アーペル:2013, 157-160)。

　ヨナスの未来倫理では、責任は他者に対する力の非対称性を前提しており、その限りで、相互行為する人間のもつ普遍化可能な相互性を基礎とはしない。この力の非対称性は、責任を個人に帰するための制約条件である。それに対して討議倫理によれば、その責任はコミュニケーション共同体のすべてによって割り当てられ、討議によって実践される共同責任に依拠すべきである。責任は理性的存在としてのすべての人間の普遍化可能な相互性の原理にもとづくのである。

コミュニケーション共同体のすべての構成員としての人間は責任主体であると同時に責任対象でもあるが、責任を問うことも言語によってなされ、責任に関する問題は討議に付されなければならない。とすれば、責任審級もまたコミュニケーション共同体のすべての構成員としての人間ということになる。

　共同責任は「すべての言語に関係しうる問題」を（集団的）行為の一般的な（言語的）組織によって「同定し、また解決すること」と理解される。ここに登場する行為能力と言語能力のある主体は、人類ないし地球の未来を保証し、あるいは脅かさないという目標に義務づけられている。

　討議倫理では人間の行為能力についての評価はヨナスとは大きく異なる。ヨナスは未来倫理を科学技術の力の蓄積的な進歩に対する維持・保護・防止の倫理としていた。それに対して、討議倫理は進歩の確保が必要であるとする。技術的進歩によって特徴づけられている現在にとって、維持の原理だけにもとづく倫理はうまくはたらかない。自然に対する人間の介入は進行するのだから、地球の未来は技術的進歩なしには保障されない。保護と進歩は対立するのではなく、相互に条件づけあっている。人間の自然そのものと人類史のなかで技術的かつ社会文化的に改変された環境世界は、技術的・社会的進歩の統制的理念なしには保障されないからである。

　たしかにユートピア的進歩思想は両義性をもつ。しかし理想的コミュニケーション関係の反事実的先取りは、生存と人間の尊厳の保護という命法と進歩という社会解放的な命法とが結びついた人間性の実現を含んでいる。現実にあるもの、あるいはすでに達成されたものは容易に危険にさらすべきではない。

５．地球時代の教育課題

　「未来世代のために」という言葉は、未来におけるユートピア的なものを想像させる。しかし、これまでの議論にはむしろディストピア的な響きがある。現在世代のなす悪行によって未来世代が危機に瀕している。だから、その悪行をあらかじめ封じる、あるいは影響を最小限度に食い止めて、未来世代を保護する責任があるの

だ。そのためには、かならずしもにユートピアを建設する必要はない。むしろ、荒廃した地球を残さない義務と人間性を実現し保存する義務とがある。これが三つの未来世代への責任論に確認できる共通点ではなかろうか。

　だが、何をどのような理由で保護するのかについては無視できない重要な違いがある。最も重要な違いは、第一に自然的世界を価値中立的なものと見るか価値的なものと見るか、第二に人間の本当の住まいは自然的世界と言語的世界のどちらと見るかである。とりわけそれがヨナスの未来倫理とアーペルらの討議倫理との深い理論的対立になっている。

　未来倫理は、自然的世界は価値的なものであり、それこそが人間の真の住まいであるとする。それなしでは人間は生き延びられないのだから、それを保護しなければならないとする。討議倫理は、自然的世界は価値的だとは決して明言しない。むしろ人間の真の住まいは言語的世界であって、自然的世界への介入に歯止めをかけることができるのは、言語による人間の共同の相互行為が正しくなされるからである。だから、そのような言語的世界が保存されねばならない。それに対して、「宣言」の基調はヨナスに類似していると見える。けれども、国際的規範文書としては、「利益と必要」という現実的な生存条件を正面に出さねばならなかった。理論は哲学的・倫理学的局面に論拠と洞察を提供できるが、それを集団的実践に移そうとすると、合意の調達のために法的・政治局面で合意を調達するには妥協を避けられないからである。

　この相違を未来世代への責任論に登場した人間の能力という点で考察してみよう。責任主体としての人間はおおむね三つの能力を備えるものとして捉えられている。**行為能力**、**言語能力**、**責任能力**である。

　行為能力は、観察可能な物理的・社会的対象に効果的に介入して、所期の目的を達成しようとする行為目的合理的行為の能力とみてよい。この能力によって人間は自然的対象や社会的対象に対する制御能力を増大させ、生産力を増大させてきた。それによって、人間は欲求と必要を充足させることができるようになった。個人の

選択の幅や選択の自由、さらに私的自由の度合いを高めることも期待される。おそらく、これは現代の科学知や技術知として、通常は教育を通して獲得されることが期待されている能力でもある。

　この能力は人間を飢餓や労苦から解放する原動力であり、自由の領域を広げるのだから、必ずしも否定的にとらえる必要はない。むしろ人類の認識関心というべきものだろう。しかし行為能力の拡大、飢餓や労苦からの解放は、隷属や屈従からの解放とただちに一致するわけではない。また、人間の生存基盤である自然(地球)を破壊したり、人間そのもののあり方（人間的自然）を完全に変化させたりすることも可能である。つまり、行為能力の拡大は、一方では自由で平等な自律的主体の相互関係によって構成された社会、近代社会という理念とそのなかでの個人のアイデンティティを、他方ではそうした社会や人間の存立基盤である自然環境も脅かす。

　だが、人間には言語能力も備わっている。人間は、目的合理的に対象に操作的に関わるだけではない。相互行為のなかでは、そこに参加する者は互いに意思を疎通し了解し合うという相互主観性のレベルでも出会う。一方の主体と相対するのは、操作の対象ではなく、当の主体と同類のもう一方の主体として振舞い、まさに相手役となる。ここでは言語は何らかの状態を記述するだけではない。人間は言語を使うことによって、また使うことにおいて、何かを行う。相互行為を媒介する言語は本質的に対話的である。

　相互行為を方向づけているのは、強制や暴力がなければ、議論によって合意が得られ、相互に承認しあえるはずだという反事実的な「**支配から自由な合意**」の達成という実践的関心である。それを通して、文化や社会なかで伝承されてきた意味連関はコミュニケーションの資源となる。また、支配から自由な合意があるからこそ、普遍主義的な倫理的規範の獲得を可能にする道が開かれる。

　言語能力がかかわるのは言語世界あるいは討議世界である。この世界のなかで、われわれは初めて、意味ある仕方で人間として構成される。言語世界における対話性を軸とする言語能力を維持し育成することは地球時代の重要な教育課題であろ

う。対話の可能性とそれをできる限り現実化することは、未来倫理の普遍的相互的基底だからである。

　ヨナスの未来倫理は、現前の倫理の代表としてのカントへの批判を含んでいる。しかし「人間の理念」はむしろカント的な「人間性」を想起させる。カントの定言命法第二定式は「君自身の人格ならびに他のすべての人格に例外なく存するところの人間性を常に同時に目的として用い、決して単に手段としてのみ使用しないように行為せよ」である。「人間性」とは「他者に対して義務をはたし、責任をとること」である。これが人類という道徳共同体を可能にしている。そうであるならば、「責任能力」とはこの道徳共同体を維持し続ける能力ということになる。

　ヨナスは責任能力を存在＝価値＝当為の存在論で基礎づけようとした。だが責任能力を具体的に規定することは容易ではない。単に個体や子孫の維持ばかりではなく、人類の維持、人間と共棲する生物、人間と関係する地球上のあらゆる生物、つまり自然的世界の維持を維持する能力である。だからヨナスも明確には規定していない。むしろ、この能力は人間の他の諸能力、すなわち感情、判断、推理、想像、思弁などの能力が総合されて、初めて生まれるものとみるべきだろう。そして、そこには言語能力も含まれるはずである。

　ヨナスが言語能力を重視しなかったのは、価値的な自然的世界とそこにおける生命と人間の保護についての責任を第一に考えたからである。それに対して、討議倫理は言語世界とそこにおける人間についての共同責任を考える。われわれは言語世界のなかではじめて意味ある仕方で自らを構成することができるからである。

　人間は自然的世界の一員であり、同時に言語的世界の一員でもある。もちろん両者の間の懸隔は深い。それを承知でいえば、人間の道徳的共同体を、前者は支持し、後者は維持するのである。この両方の世界にまたがるあり方を維持し続ける能力が最広義の責任能力であろう。

　技術的生産力を高める行為能力がさらに進展することは否定できない。だから、それに見合った言語能力と責任能力の育成を地球時代の教育課題ととらえる必要

がある。

参考文献

アーペル, K.-O. (1986) 『哲学の変換』, 二玄社, （磯江景孜他訳）.

—— (2013) 『超越論的語用論とは何か?』, 梓出版社, (舟場保之・久高將晃訳).

ブラウン=ワイス, E. (1992)『将来世代に公正な地球環境を – 国際法、共同遺産、世代間 衡平』, 日本評論社, (岩間徹訳).

Cousteau, Jacques-Yves (1979) *A Bill of Rights for Future Generations* (Proceedings, No 34): Orion Society.

ファインバーグ, J. (1990) 「動物と生まれざる世代のさまざまな権利」,『現代思想』, 11 月号, 118–142 頁.

ヨナス, H. (2000)『責任という原理 – 科学技術文明のための倫理学の試み–』, 東信堂, （加藤尚武監訳）.

堀尾輝久・河内徳子(編) (1998) 『平和・人権・環境 教育国際資料集』, 青木書店.

太田明 (2011) 「責任概念の由来と展開 (1)」, *Humanitas*, 第 2 巻, 13–30 頁.

—— (2014) 「未来世代への責任の重層性」,『教育哲学研究』, 第 110 巻, 21-40 頁.

UNESCO (1997) "Declaration on the Responsibilities of the Present Generations Towards Future Generations." 12 November 1997.

おわりに　地球時代と平和

　本書の締めくくりとして、地球時代の視点から「憲法と平和と教育」について考えてみよう。

日本国憲法の平和主義と平和を目指す世界の動き

　近代日本は帝国憲法、教育勅語、軍人勅諭を支えとし、義務教育は兵役義務と並ぶ国民の国家に尽くす義務とされ、国家主義と軍国主義の教育がすすめられ、繰り返される戦争を支えたのも教育（社会教育を含む）であった。

　1945 年、日本は 15 年に及ぶ長い戦争（アジア。太平洋戦争）に破れ、廃虚のなかから新しい社会と国家を作り出す努力を重ねてきた。帝国憲法を改正し、「国民主権、人権尊重、平和主義の三原則」を軸とする日本国憲法の制定である。教育の中軸は教育勅語から教育基本法へと変わり、教育は「国民の国家への義務」から、「国民の権利（人権）」となり、忠君愛国（天皇のために忠義をつくし国を愛すること）から「真理を愛し平和を希求する人間の育成」をその理念として、平和国家を支え担う人間教育を進めようとしてきたことは、すでに本書で述べてきた。平和は人間教育の前提であり、平和を担う人間の育成が目的でもあった。国民教育から人間教育へ、戦争教育から平和教育へと教育の理念は大きくかわった。

　戦後 70 年以上経過して、その改革の精神を根付かせる努力が続けられる一方で、日米安保条約と日本再軍化と一体となって憲法・教育基本法の改正が進められようとしてきた。

　教育基本法を変え、国民投票法（2006 年）を通し、機密保護法を通し、集団的自衛権容認を閣議決定（2014 年）、さらに安保法制の強行実施（2015 年）、そして

自衛隊を明記する9条改憲へ向けての動きが強まっている。安保法制の強行には違憲訴訟も起こされている。

　しかし、この間の70数年の日本で、軍隊によって、殺し殺された者は1人もいないということは、日本の150年の近現代史では希有の事実である。前文・九条があったればこその、そして平和を願う国民の強い意思があればこその結果だといってよい。

　国際的には、米朝の緊張と戦争の危機のなかで、朝鮮南北の首脳会談に続いて米朝会談がもたれ、国連では抑止力競争（実は軍拡競争）ではない平和への道も模索され、2017年は「平和への権利宣言」、そして「核兵器禁止条約」が採択され、我が国でも「9条の理念で地球憲章を創ろう」という運動も立ち上がり、モデル案を作成するなど、その実現に向けて歩んでいる。

　今、平和憲法の意義を、教育の役割を、歴史の中で、日本史、世界史、自分史のなかで、私たちの生活の中で、そして「地球時代としての現代」の視点から、さらに「未来世代への責任」の視点から捉えることが必要になっている。

　私たちは地球時代を生きている。第二次世界大戦の終結後平和への希求は世界の人々に広がり、国連憲章に結晶し、日本では平和憲法が誕生した。戦争は人を殺し、環境を破壊する。とりわけ核兵器は地球の消滅をも予見させるものであった。私たちはこの認識の共有を通して、1945年を画期とし、「人類と地球の再発見」の時代として捉え直し、現代を「地球上に存在するすべてのものが一つの絆で結ばれているという感覚が地球規模で共有されていく時代」としての地球時代の入り口にあると自覚したのだった。

　2017年の「核兵器禁止条約」は核兵器の非人道性の視点からその禁止を求めている（巻末資料17）。唯一の被爆国である日本の政府はアメリカなどの核保有国に同調し残念ながらこれに反対の立場を取っているが、すでに50カ国が批准し、2021年1月22日に発効することになっている。国連総会で採択された「平和への権利宣言」はすべての個人の平和的生存の権利を認めている（巻末資料18）。こ

れらはいずれも国連憲章を共通の基盤としそれを発展させるものである。

　これらの視点から、９条を読み直し、その歴史的、現代的意義を捉え直し、９条の理念を基に非戦・非武装・非暴力の地球憲章に結晶させ、人類と地球を守るために、世界にむけて発信する思想運動、世界と繋がる連帯の運動が広がり始めている。「９条は世界の宝だ」という声も少なくない。

　地球時代が求めている平和と環境の思想を「非戦・非核・非武装・非暴力」の視点を核として、世界の各地からその体験と実感をもとに地球平和憲章のモデルがつくられ、それを交流する過程そのものが平和を創る運動なのである（巻末資料20）。

　この運動は世界平和に関わる多くの先駆者達の思想に学び、その志を引き継ぐものである。非戦・非武装・非暴力の思想的先駆者達（カント、ユーゴー、ジョレース、ジェーン・アダムス、ガンジー、デューイ、マンデラ、キング、中江兆民、内村鑑三、田中正造、柳宗悦、幣原喜重郎等）に学び、戦争違法化運動、不戦条約、国連憲章、UNESCO憲章の流れに日本国憲法前文・９条を位置づけ、さらに世界平和市民運動（被爆者・原水禁運動、９条世界会議, ハーグ世界平和市民会議、平和への権利宣言、核兵器禁止条約等）の先達者に学ぶことが不可欠である。

　非戦の思想はカントにあり、V. ユーゴーにあり、第１次大戦後は戦争を違法とする思想運動が不戦条約の成立を支え、国連憲章を成立させた。日本では内村鑑三や田中正造などの先駆的思想があり、敗戦後の国民の平和へ願いと幣原喜重郎のイニシアチブとマッカーサー（GHQの憲法グループ）の英知が日本国憲法前文・９条に結晶化したのだといえよう。世界の戦争犠牲者の思いも９条につながっている。

　日本国憲法と同じ頃誕生した新生コスタリカ共和国は常備軍を持たず、軍事同盟を結ばない宣言をしている。地球平和憲章をつくり出す仲間がそこにいる。そして９条こそ世界の宝だと考えている人たちが、戦争で傷ついた元兵士の間にも（たとえばアメリカのVeterans for peace）, 知識人の間（例えばオーバービーやチョムスキーやシュリヒトマン）にも増えている。

地球憲章を支える人間理解と学び

　この憲章を支える理念はその歴史認識と人間理解に由来するものである。「非戦・非武装・非核・非暴力」の思想は、現代を地球時代と捉え、それにふさわしい人間理解と価値観と結びついている。平和への権利、全ての人の人権、環境への権利、子どもたちの発達・学習の権利、未来世代の権利そして共生の思想が必要である。そこでは公正と信義への信頼を軸に、多様性と寛容、思想信条の自由と偏見からの解放、あらゆる暴力の否定、人間的感性と開かれた理性、普遍の押し付けではなく「個別を貫く普遍」へと開かれてある精神態度がもとめられる。これらは歴史を通して積み重ねられてきた人類の確信(conscience)だということができよう。そしてそれは国連憲章、UNESCO憲章、そして日本国憲法前文と9条に示されて、それを支える思想は人類の歴史的経験に根ざして更に発展していく。

　世界に拡がった新型コロナのパンデミック（2020）はグローバリゼーションの意味と格差の現実の矛盾をあぶり出し、人間と自然の関係を問い，全ての人の平和に生きる権利を問い、地球環境の保全と人類の連帯を呼びかけている。

　これらの地球時代の価値意識、多様性の尊重、とりわけ個人の尊厳と他者への尊敬の念は、生活と教育のなかで、それが否定されている状況への批判を通して、歴史を通して、学習され、身に付いていく。

　これらの価値観は、新自由主義と金融資本のグローバリズムとは別の道、地球時代にふさわしい価値が地球規模で広がり、共有されていく道を求めるものである。それは一つの価値の押し付けではなく、個人の尊厳を軸に、国や地域（リージョン）の多様性を認めあい、繋いでいくプロセスを含む国際化であり、新しい共生と連帯のグローバル・ヒューマニズムだといえる。その社会は全ての人の幸せ(well-being)を保障する持続可能な社会（国連SDGs参照：巻末資料16）であり、貧困と差別、構造的暴力から解放され、成長神話からも核の安全神話からも解放された、新たな人間的で自由な社会を目指している。

子育て・教育にとって平和な環境・文化は不可欠であり、子どもの発達と学習の権利は人権の基底となる。戦争は嫌だと叫ぶだけではなく、守るべき平和の暮らしをつくりだす。平和への価値と権利は幼児期から生涯をとおして、感性と理性をとおして、生活と実践を通して、日本と世界の歴史を学び続けることを通して我がものとなっていくのである。コロナ禍からの学びもそのなかにある。

2020年11月

編者（堀尾輝久）

資料編

1. 学制序文（1872）
2. 教学聖旨（1879.8）
3. 教育に関する勅語（1890）
4. 日本国憲法（1947.5,3）抄
5. 教育基本法（1947,2006）
6. ユネスコ憲章（1946.11.4）抄
7. 世界人権宣言（1948.12.10）抄
8. 子どもの権利条約(1989.11.20) 抄
9. 学習権宣言(1985.3.29) 抄
10. 教員の地位に関する勧告(1966.9.21-10.5) 抄
11. 暴力に関するセビリア声明(1986.5.16 セビリア、1989.11.16 ユネスコ総会で承認) 抄
12. 生物多様性に関する条約(1992.5.22) 抄
13. 文化的多様性に関する世界宣言（2001.11）抄
14. 未来世代の権利憲章(1979) 抄
15. 現在の世代の未来世代への責任に関する宣言(1997.11,12) 抄
16. 我々の世界を変革する：持続可能な開発のための 2030 アジェンダ 抄
17. 核兵器の禁止に関する条約(2017.7.7)
18. 平和への権利宣言(A/RES/71/189)(2016.12.16)(仮訳)
19. 文化・平和・教育にかかわる国連・ユネスコの動向
20. 地球平和憲章への道

学事奨励に関する被仰出書

一八七二（明治五）年八月二日
太政官布告（第二一四号）

人々自ら其身を立て其産を治め其業を昌にして以て其生を遂るゆ
ゑんのものは他なし身を修め智を開き才芸を長ずるによるなり
而て其身を修め知を開き才芸を長ずるは学にあらざれば能はず
是れ学校の設あるゆゑんにして日用常行言語書算を初め士
官農商百工技芸及び法律政治天文医療等に至る迄凡人の
営むところの事学あらさるはなし人能く其才のあるところに応
し勉励して之に従事ししかして後初て生を治め産を興し業を
昌にするを得べしされば学問は身を立るの財本ともいふべきもの
にして人たるもの誰か学ばずして可ならんや夫の道路に迷ひ飢
餓に陥り家を破り身を喪の徒の如きは畢竟不学よりしてか
ゝる過ちを生ずるなり従来学校の設ありてより年を歴ること久し
といへども或は其道を得ざるよりして人其方向を誤り学問は
士人以上の事とし農工商及婦女子に至つては之を度外におき学問
の何物たるを弁ぜず又士人以上の稀に学ぶものも動もすれは国家
の為にすと唱へ身を立るの基たるを知ずして或は詞章記誦の末
に趨り空理虚談の途に陥り其論高尚に似たりといへども之を身

に行ひ事に施すこと能ざるもの少からず是すなはち沿襲の習弊
にして文明普ねからず才芸の長ぜずして貧乏破産喪家の徒
多きゆゑんなり是故に人たるものは学はずんばあるべからず之を
学ぶに宜しく其旨を誤るべからず之に依て今般文部省に於て学制
を定め追々教則をも改正し布告に及ぶべきにつき自今以後一般
の人民華士族農工商及婦女子必ず邑に不学の戸なく家に不学の人なからしめ
ん事を期す人の父兄たるもの宜しく此意を体認し其愛育の情を
厚くし其子弟をして必ず学に従事せしめざるべからざるものなり
高上の学に至ては其人の材能に任かすといへども幼童の子弟は男
女の別なく小学に従事せしむるものは其父兄の越度たるべき事

但従来沿襲の弊学問は士人以上の事とし国家の為にすと唱ふる
を以て学費及其衣食の用に至る迄多く官に依頼し之を
給するに非されば学ざる事と思ひ一生を自棄するもの少か
らず是皆惑へるの甚しきもの也自今以後此等の弊を改め一般の
人民他事を抛ち自ら奮て必ず学に従事せしむべき様心得べ
き事

右之通被　仰出候条地方官ニ於テ辺隅小民ニ至ル迄不洩様便宜解釈ヲ加へ
精細申諭文部省規則ニ随ひ学問普及致候様方法ヲ設可施行事
明治五年壬申七月

太政官

2. 教学聖旨

教学聖旨（教学大旨）

一八七九（明治十二）年　八月

教学ノ要仁義忠孝ヲ明カニシテ智識才芸ヲ究メ以テ人道ヲ尽スハ
我祖訓国典ノ大旨上下一般ノ教トスル所ナリ然ルニ輓近専ラ智識
才芸ノミヲ尚トヒ文明開化ノ末ニ馳セ品行ヲ破リ風俗ヲ傷フ者少
ナカラス然ル所以ノ者ハ維新ノ始首トシテ陋習ヲ破リ智識ヲ世界
ニ広ムルノ卓見ヲ以テ一時西洋ノ所長ヲ取リ日新ノ効ヲ奏スト雖
トモ其流弊仁義忠孝ヲ後ニシ徒ニ洋風是競フニ於テハ将来ノ恐ル
ヽ所終ニ君臣父子ノ大義ヲ知ラサルニ至ランモ測ル可カラス是我
邦教学ノ本意ニ非サル也故ニ自今以往祖宗ノ訓典ニ基ツキ専ラ仁
義忠孝ヲ明カニシ道徳ノ学ハ孔子ヲ主トシテ人々誠実品行ヲ尚ヒ
然ル上各科ノ学ハ其才器ニ随テ益々長進シ道徳才芸本末ヲ備ヘ
大中至正ノ教学天下ニ布満セシメハ我邦独立ノ精神ニ於テ宇内
ニ恥ルコト無カル可シ

小学条目二件

一　仁義忠孝ノ心ハ人皆之有リ然ルトモ其幼少ノ始ニ其脳髄ニ感
覚セシメテ培養スルニ非レハ他ノ物事已ニ耳ニ入リ先入主トナ
ル時ハ後奈何トモ為スヘ可カラス故ニ当世小学校ニテ絵図ノ設ケ
アルニ準シ古今ノ忠臣義士孝子節婦ノ画像写真ヲ掲ケ幼年生入
校ノ始ニ先ツ此画像ヲ示シ其行事ノ概略ヲ説諭シ忠孝ノ大義ヲ
第一ニ脳髄ニ感覚セシメンコトヲ要ス然ル後ニ諸物ノ名状ヲ知
ラシムレハ後忠孝ノ性ヲ養成シ博物ノ学ニ於テ本末ヲ誤ルコ
ト無カルヘシ

一　去秋各県ノ学校ヲ巡覧シ親シク生徒ノ芸業ヲ験スルニ或ハ農
商ノ子弟ニシテ其説ク所多ハ高尚ノ空論ノミ甚キニ至テハ善
ク洋語ヲ言フト雖トモ之ヲ邦語ニ訳スルコト能ハス此輩他日業
卒リ家ニ帰ルトモ再タヒ本業ニ就キ難ク又高尚ノ空論ニテハ官
トナルモ無用ナルヲ加之其博聞ニ誇リ長上ヲ侮リ県官ノ妨害
トナルモ少ナカラサルヘシ是皆教学ノ其道ヲ得サルノ弊害ナリ
故ニ農商ニハ農商ノ学科ヲ設ケ高尚ニ馳セス実地ニ基ツキ他日
学成ル時ハ其本業ニ帰リテ益々其業ヲ盛大ニスルノ教則アラン
コトヲ欲ス

3. 教育に関する勅語

教育ニ關スル勅語

朕惟フニ我カ皇祖皇宗國ヲ肇ムルコト
宏遠ニ徳ヲ樹ツルコト深厚ナリ我カ臣
民克ク忠ニ克ク孝ニ億兆心ヲ一ニシテ
世々厥ノ美ヲ済セルハ此レ我カ國體ノ
精華ニシテ教育ノ淵源亦實ニ此ニ存ス
爾臣民父母ニ孝ニ兄弟ニ友ニ夫婦相和
シ朋友相信シ恭倹己レヲ持シ博愛衆ニ
及ホシ學ヲ修メ業ヲ習ヒ以テ智能ヲ啓
發シ徳器ヲ成就シ進テ公益ヲ廣メ世務
ヲ開キ常ニ國憲ヲ重シ國法ニ遵ヒ一旦
緩急アレハ義勇公ニ奉シ以テ天壤無窮
ノ皇運ヲ扶翼スヘシ是ノ如キハ獨リ朕
カ忠良ノ臣民タルノミナラス又以テ爾
祖先ノ遺風ヲ顯彰スルニ足ラン
斯ノ道ハ實ニ我カ皇祖皇宗ノ遺訓ニシ
テ子孫臣民ノ俱ニ遵守スヘキ所之ヲ古
今ニ通シテ謬ラス之ヲ中外ニ施シテ悖
ラス朕爾臣民ト俱ニ拳々服膺シテ咸其
徳ヲ一ニセンコトヲ庶幾フ

明治二十三年十月三十日

御名　御璽

4. 日本国憲法　1947.5,3　抄

　日本国民は、正当に選挙された国会における代表者を通じて行動し、われらとわれらの子孫のために、諸国民との協和による成果と、わが国全土にわたつて自由のもたらす恵沢を確保し、政府の行為によつて再び戦争の惨禍が起ることのないやうにすることを決意し、ここに主権が国民に存することを宣言し、この憲法を確定する。そもそも国政は、国民の厳粛な信託によるものであつて、その権威は国民に由来し、その権力は国民の代表者がこれを行使し、その福利は国民がこれを享受する。これは人類普遍の原理であり、この憲法は、かかる原理に基くものである。われらは、これに反する一切の憲法、法令及び詔勅を排除する。

日本国民は、恒久の平和を念願し、人間相互の関係を支配する崇高な理想を深く自覚するのであつて、平和を愛する諸国民の公正と信義に信頼して、われらの安全と生存を保持しようと決意した。われらは、平和を維持し、専制と隷従、圧迫と偏狭を地上から永遠に除去しようと努めてゐる国際社会において、名誉ある地位を占めたいと思ふ。われらは、全世界の国民が、ひとしく恐怖と欠乏から免かれ、平和のうちに生存する権利を有することを確認する。

われらは、いづれの国家も、自国のことのみに専念して他国を無視してはならないのであつて、政治道徳の法則は、普遍的なものであり、この法則に従ふことは、自国の主権を維持し、他国と対等関係に立たうとする各国の責務であると信ずる。

日本国民は、国家の名誉にかけ、全力をあげてこの崇高な理想と目的を達成することを誓ふ。

〔天皇の地位と主権在民〕

第1条　天皇は、日本国の象徴であり日本国民統合の象徴であつて、この地位は、主権の存する日本国民の総意に基く。

〔戦争の放棄と戦力及び交戦権の否認〕

第9条 日本国民は、正義と秩序を基調とする国際平和を誠実に希求し、国権の発動たる戦争と、武力による威嚇又は武力の行使は、国際紛争を解決する手段としては、永久にこれを放棄する。

2　前項の目的を達するため、陸海空軍その他の戦力は、これを保持しない。国の交戦権は、これを認めない。

〔国民たる要件〕

第10条　日本国民たる要件は、法律でこれを定める。

〔基本的人権〕

第11条 国民は、すべての基本的人権の享有を妨げられない。この憲法が国民に保障する基本的人権は、侵すことのできない永久の権利として、現在及び将来の国民に与へられる。

〔自由及び権利の保持義務と公共福祉性〕

第12条この憲法が国民に保障する自由及び権利は、国民の不断の努力によつて、これを保持しなければならない。又、国民は、これを濫用してはならないのであつて、常に公共の福祉のためにこれを利用する責任を負ふ。

〔個人の尊重と公共の福祉〕

第13条すべて国民は、個人として尊重される。生命、自由及び幸福追求に対する国民の権利については、公共の福祉に反しない限り、立法その他の国政の上で、最大の尊重を必要とする。

〔公務員の選定罷免権、公務員の本質、普通選挙の保障及び投票秘密の保障〕

第15条公務員を選定し、及びこれを罷免することは、国民固有の権利である。

2　すべて公務員は、全体の奉仕者であつて、一部の奉仕者ではない。

〔思想及び良心の自由〕

第19条思想及び良心の自由は、これを侵してはならない。

〔信教の自由〕

第20条信教の自由は、何人に対してもこれを保障する。いかなる宗教団体も、国から特権を受け、又は政治上の権力を行使してはならない。

2　何人も、宗教上の行為、祝典、儀式又は行事に参加することを強制されない。

3　国及びその機関は、宗教教育その他いかなる宗教的活動もしてはならない。

〔集会、結社及び表現の自由と通信秘密の保護〕

第21条集会、結社及び言論、出版その他一切の表現の自由は、これを保障する。

2　検閲は、これをしてはならない。通信の秘密は、これを侵してはならない。

〔学問の自由〕

第23条学問の自由は、これを保障する。

〔家族関係における個人の尊厳と両性の平等〕

第24条婚姻は、両性の合意のみに基いて成立し、夫婦が同等の権利を有することを基本として、相互の協力により、維持されなければならない。

2　配偶者の選択、財産権、相続、住居の選定、離婚並びに婚姻及び家族に関するその他の事項に関しては、法律は、個人の尊厳と両性の本質的平等に立脚して、制定されなければならない。

〔生存権及び国民生活の社会的進歩向上に努める国の義務〕

第25条すべて国民は、健康で文化的な最低限度の生活を営む権利を有する。

2　国は、すべての生活部面について、社会福祉、社会保障及び公衆衛生の向上及び増進に努めなければならない。

〔教育を受ける権利と受けさせる義務〕

第26条すべて国民は、法律の定めるところにより、その能力に応じて、ひとしく教育を受ける権利を有する。

2　すべて国民は、法律の定めるところにより、その保護する子女に普通教育を受けさせる義務を負ふ。義務教育は、これを無償とする。

〔地方自治の本旨の確保〕

第92条地方公共団体の組織及び運営に関する事項は、地方自治の本旨に基いて、法律でこれを定める。

〔基本的人権の由来特質〕

第97条この憲法が日本国民に保障する基本的人権は、人類の多年にわたる自由獲得の努力の成果であつて、これらの権利は、過去幾多の試錬に堪へ、現在及び将来の国民に対し、侵すことのできない永久の権利として信託されたものである。

〔憲法の最高性と条約及び国際法規の遵守〕

第98条この憲法は、国の最高法規であつて、その条規に反する法律、命令、詔勅及び国務に関するその他の行為の全部又は一部は、その効力を有しない。

2　日本国が締結した条約及び確立された国際法規は、これを誠実に遵守することを必要とする。

〔憲法尊重擁護の義務〕

第99条天皇又は摂政及び国務大臣、国会議員、裁判官その他の公務員は、この憲法を尊重し擁護する義務を負ふ。

5. 教育基本法 （1947年, 2006年）

新・教育基本法 （2006年12月22日法律第120号） Basic Act on Education	（旧）教育基本法 （1947年3月31日法律第25号） The Fundamental Law of Education
前文 　我々日本国民は、たゆまぬ努力によって築いてきた民主的で文化 的な国家を更に発展させるとともに、世界の平和と人類の福祉の向上に貢献することを願うものである。 　我々は、この理想を実現するため、個人の尊厳を重んじ、真理と 正義を希求し、公共の精神を尊び、豊かな人間性と創造性を備えた人間の育成を期するとともに、伝統を継承し、新しい文化の創造を目指す教育を推進する。 　ここに、我々は、日本国憲法の精神にのっとり、我が国の未来を切り拓く教育の基本を確立し、その振興を図るため、この法律を制定する。	前文 　われらは、さきに、日本国憲法を確定し、民主的で文化的な国家を建設して、世界の平和と人類の福祉に貢献しようとする決意を示した。この理想の実現は、根本において教育の力にまつべきものである。 　われらは、個人の尊厳を重んじ、真理と平和を希求する人間の育成を期するとともに、普遍的にしてしかも個性ゆたかな文化の創造をめざす教育を普及徹底しなければならない。 　ここに、日本国憲法の精神に則り、教育の目的を明示して、新しい日本の教育の基本を確立するため、この法律を制定する。
第一章教育の目的及び理念 （教育の目的） 第一条　教育は、人格の完成を目指し、平和で民主的な国家及び社会の形成者として必要な資質を備えた心身ともに健康な国民の育成を期して行われなければならない。	第一条（教育の目的）　教育は、人格の完成をめざし、平和的な国家及び社会の形成者として、真理と正義を愛し、個人の価値をたつとび、勤労と責任を重んじ、自主的

	精神に充ちた心身ともに健康な国民の育成を期して行われなければならない。
（教育の目標） 第二条　教育は、その目的を実現するため、学問の自由を尊重しつつ、次に掲げる目標を達成するよう行われるものとする。 一　幅広い知識と教養を身に付け、真理を求める態度を養い、豊かな情操と道徳心を培うとともに、健やかな身体を養うこと。 二　個人の価値を尊重して、その能力を伸ばし、創造性を培い、自主及び自律の精神を養うとともに、職業及び生活との関連を重視し、勤労を重んずる態度を養うこと。 三　正義と責任、男女の平等、自他の敬愛と協力を重んずるとともに、公共の精神に基づき、主体的に社会の形成に参画し、その発展に寄与する態度を養うこと。 四　生命を尊び、自然を大切にし、環境の保全に寄与する態度を養うこと。 五　伝統と文化を尊重し、それらをはぐくんできた我が国と郷土を愛するとともに、他国を尊重し、国際社会の平和と発展に寄与する態度を養うこと。	第二条（教育の方針）　教育の目的は、あらゆる機会に、あらゆる場所において実現されなければならない。この目的を達成するためには、学問の自由を尊重し、実際生活に即し、自発的精神を養い、自他の敬愛と協力によって、文化の創造と発展に貢献するように努めなければならない。
（生涯学習の理念） 第三条　国民一人一人が、自己の人格を磨き、豊かな人生を送ることができるよう、その生涯にわたって、あらゆる機会に、あらゆる場所において学習することができ、その成果を適切に生かすことのできる社会の実現が図られなければならない。	（新設）
（教育の機会均等） 第四条　すべて国民は、ひとしく、その能力に応じた教育を受ける機会を与えられなければならず、人種、信条、性別、社会的身分、経済的地位又は門地によって、教育上差別されない。	第三条（教育の機会均等）　すべて国民は、ひとしく、その能力に応ずる教育を受ける機会を与えられなければならないものであつて、人種、信条、性別、社会的身分、経済的地位又は門地によって、教育上差別されない。
2　国及び地方公共団体は、障害のある者が、その障害の状態に応じ、十分な教育を受けられるよう、教育上必要な支援を講じなければならない。 3　国及び地方公共団体は、能力があるに	（新設）

もかかわらず、経済的理由によって修学が困難な者に理由に対して、奨学の措置を講じなければならない。

第二章教育の実施に関する基本
（義務教育）
第五条　国民は、その保護する子に、別に法律で定めるところにより、普通教育を受けさせる義務を負う。

2　義務教育として行われる普通教育は、各個人の有する能力を伸ばしつつ社会において自立的に生きる基礎を培い、また、国家及び社会の形成者として必要とされる基本的な資質を養うことを目的として行われるものとする。

3　国及び地方公共団体は、義務教育の機会を保障し、その水準を確保するため、適切な役割分担及び相互の協力の下、その実施に責任を負う。

4　国又は地方公共団体の設置する学校における義務教育については、授業料を徴収しない。

（削除）

（学校教育）
第六条　法律に定める学校は、公の性質を有するものであって、国、地方公共団体及び法律に定める法人のみが、これを設置することができる。

2　前項の学校においては、教育の目標が達成されるよう、教育を受ける者の心身の発達に応じて、体系的な教育が組織的に行われなければならない。この場合において、教育を受ける者が、学校生活を営む上で必要な規律を重んずるとともに、自ら進んで学習に取り組む意欲を高めることを重視して行われなければならない。

「（教員）第九条」として独立

2　国及び地方公共団体は、能力があるにもかかわらず、経済的理由によって修学困難な者に対して、奨学の方法を講じなければならない。

第四条（義務教育）　国民は、その保護する子女に、九年の普通教育を受けさせる義務を負う。

（新設）

（新設）

2　国又は地方公共団体の設置する学校における義務教育については、授業料は、これを徴収しない。

第五条（男女共学）　男女は、互に敬重し、協力し合わなければならないものであって、教育上男女の共学は、認められなければならない。

第六条（学校教育）　法律に定める学校は、公の性質をもつものであって、国又は地方公共団体の外、法律に定める法人のみが、これを設置することができる。

（新設）

2　法律に定める学校の教員は、全体の奉

	仕者であって、自己の使命を自覚し、その職責の遂行に努めなければならない。このためには、教員の身分は、尊重され、その待遇の適正が、期せられなければならない。
（大学） 第七条　大学は、学術の中心として、高い教養と専門的能力を培うとともに、深く真理を探究して新たな知見を創造し、これらの成果を広く社会に提供することにより、社会の発展に寄与するものとする。 2　大学については、自主性、自律性その他の大学における教育及び研究の特性が尊重されなければならない。	（新設）
（私立学校） 第八条　私立学校の有する公の性質及び学校教育において果たす重要な役割にかんがみ、国及び地方公共団体は、その自主性を尊重しつつ、助成その他の適当な方法によって私立学校教育の振興に努めなければならない。	（新設）
（教員） 第九条　法律に定める学校の教員は、自己の崇高な使命を深く自覚し、絶えず研究と修養に励み、その職責の遂行に努めなければならない。 2　前項の教員については、その使命と職責の重要性にかんがみ、その身分は尊重され、待遇の適正が期せられるとともに、養成と研修の充実が図られなければならない。	【再掲】第六条（学校教育）　略 2　法律に定める学校の教員は、全体の奉仕者であって、自己の使命を自覚し、その職責の遂行に努めなければならない。このためには、教員の身分は、尊重され、その待遇の適正が、期せられなければならない。
（家庭教育） 第十条　父母その他の保護者は、子の教育について第一義的責任を有するものであって、生活のために必要な習慣を身に付けさせるとともに、自立心を育成し、心身の調和のとれた発達を図るよう努めるものとする。 2　国及び地方公共団体は、家庭教育の自主性を尊重しつつ、保護者に対する学習の機会及び情報の提供その他の家庭教育を支	（新設）

援するために必要な施策を講ずるよう努めなければならない。	
（幼児期の教育） 第十一条　幼児期の教育は、生涯にわたる人格形成の基礎を培う重要なものであることにかんがみ、国及び地方公共団体は、幼児の健やかな成長に資する良好な環境の整備その他適当な方法によって、その振興に努めなければならない。	（新設）
（社会教育） 第十二条　個人の要望や社会の要請にこたえ、社会において行われる教育は、国及び地方公共団体によって奨励されなければならない。 ２　国及び地方公共団体は、図書館、博物館、公民館その他の社会教育施設の設置、学校の施設の利用、学習の機会及び情報の提供その他の適当な方法によって社会教育の振興に努めなければならない。	第七条（社会教育）　家庭教育及び勤労の場所その他社会において行われる教育は、国及び地方公共団体によって奨励されなければならない。 ２　国及び地方公共団体は、図書館、博物館、公民館等の施設の設置、学校の施設の利用その他適当な方法によって教育の目的の実現に努めなければならない。
（学校、家庭及び地域住民等の相互の連携協力） 第十三条　学校、家庭及び地域住民その他の関係者は、教育におけるそれぞれの役割と責任を自覚するとともに、相互の連携及び協力に努めるものとする。	（新設）
（政治教育） 第十四条　良識ある公民として必要な政治的教養は、教育上尊重されなければならない。 ２　法律に定める学校は、特定の政党を支持し、又はこれに反対するための政治教育その他政治的活動をしてはならない。	第八条（政治教育）　良識ある公民たるに必要な政治的教養は、教育上これを尊重しなければならない。 ２　法律に定める学校は、特定の政党を支持し、又はこれに反対するための政治教育その他政治的活動をしてはならない。
（宗教教育） 第十五条　宗教に関する寛容の態度、宗教に関する一般的な教養及び宗教の社会生活における地位は、教育上尊重されなければならない。 ２　国及び地方公共団体が設置する学校は、特定の宗教のための宗教教育その他宗教的活動をしてはならない。	第九条（宗教教育）　宗教に関する寛容の態度及び宗教の社会生活における地位は、教育上これを尊重しなければならない。 ２　国及び地方公共団体が設置する学校は、特定の宗教のための宗教教育その他宗教的活動をしてはならない。

第三章　教育行政	
（教育行政） 第十六条　教育は、不当な支配に服することなく、この法律及び他の法律の定めるところにより行われるべきものであり、教育行政は、国と地方公共団体との適切な役割分担及び相互の協力の下、公正かつ適正に行われなければならない。	第十条（教育行政）　教育は、不当な支配に服することなく、国民全体に対し直接に責任を負って行われるべきものである。 2　教育行政は、この自覚のもとに、教育の目的を遂行するに必要な諸条件の整備確立を目標として行われなければならない。
2　国は、全国的な教育の機会均等と教育水準の維持向上を図るため、教育に関する施策を総合的に策定し、実施しなければならない。	（新設）
3　地方公共団体は、その地域における教育の振興を図るため、その実情に応じた教育に関する施策を策定し、実施しなければならない。	（新設）
4　国及び地方公共団体は、教育が円滑かつ継続的に実施されるよう、必要な財政上の措置を講じなければならない。	（新設）
（教育振興基本計画） 第十七条　政府は、教育の振興に関する施策の総合的かつ計画的な推進を図るため、教育の振興に関する施策についての基本的な方針及び講ずべき施策その他必要な事項について、基本的な計画を定め、これを国会に報告するとともに、公表しなければならない。 2　地方公共団体は、前項の計画を参酌し、その地域の実情に応じ、当該地方公共団体における教育の振興のための施策に関する基本的な計画を定めるよう努めなければならない。	（新設）
第四章　法令の制定	
第十八条　この法律に規定する諸条項を実施するため、必要な法令が制定されなければならない。	第十一条（補則）　この法律に掲げる諸条項を実施するために必要がある場合には、適当な法令が制定されなければならない。

6. ユネスコ憲章（国際連合教育科学文化機関憲章）（1946.11.4） 抄

この憲章の当事国政府は，その国民に代って次のとおり宣言する。戦争は人の心の中で生れるものであるから，人の心の中に平和のとりでを築かなければならない。

相互の風習と生活を知らないことは，人類の歴史を通じて世界の諸人民の間に疑惑と不信をおこした共通の原因であり，この疑惑と不信のために，諸人民の不一致があまりにもしばしば戦争となった。ここに終りを告げた恐るべき大戦争は，人間の尊厳・平等・相互の尊重という民主主義の原理を否認し，これらの原理の代りに，無知と偏見を通じて人間と人種の不平等という教義をひろめることによって可能にされた戦争であった。

文化の広い普及と正義・自由・平和のための人類の教育とは，人間の尊厳に欠くことのできないものであり，且つすべての国民が相互の援助及び相互の関心の精神をもって果さなければならない神聖な義務である。

政府の政治的及び経済的取極のみに基く平和は，世界の諸人民の，一致した，しかも永続する誠実な支持を確保できる平和ではない。よって平和は，失われないためには，人類の知的及び精神的連帯の上に築かなければならない。

これらの理由によって，この憲章の当事国は，すべての人に教育の充分で平等な機会が与えられ，客観的真理が拘束を受けずに探究され，且つ，思想と知識が自由に交換されるべきことを信じて，その国民の間における伝達の方法を発展させ及び増加させること並びに相互に理解し及び相互の生活を一層真実に一層完全に知るためにこの伝達の方法を用いることに一致し及び決意している。

その結果，当事国は，世界の諸人民の教育，科学及び文化上の関係を通じて，国際連合の設立の目的であり，且つその憲章が宣言している国際平和と人類の共通の福祉という目的を促進するために，ここに国際連合教育科学文化機関を創設する。

第1条　目的及び任務 1　この機関の目的は，国際連合憲章が世界の諸人民に対して人種，性，言語又は宗教の差別なく確認している正義，法の支配，人権及び基本的自由に対する普遍的な尊重を助長するために教育，科学及び文化を通じて諸国民の間の協力を促進することによって，平和及び安全に貢献することである。この目的を実現するために，この機関は，次のことを行う。

(a) 大衆通報（マス・コミュニケーション）のあらゆる方法を通じて諸人民が相互に知り且つ理解することを促進する仕事に協力すること並びにこの目的で言語及び表象による思想の自由な交流を促進するために必要な国際協定を勧告すること。

(b) 次のようにして一般の教育と文化の普及とに新しい刺激を与えること。

加盟国の要請によって教育事業の発展のためにその国と協力すること。

人種，性又は経済的若しくは社会的な差別にかかわらない教育の機会均等の理想を進めるために，諸国民の間における協力の関係をつくること。

自由の責任に対して世界の児童を準備させるのに最も適した教育方法を示唆すること。

(c) 次のようにして知識を維持し，増進し，且つ，普及すること。

世界の遺産である図書，芸術作品並びに歴史及び科学の記念物の保存及び保護を確保し，且つ，関係諸国民に対して必要な国際条約を勧告すること。

教育，科学及び文化の分野で活動している人々との国際的交換並びに出版物，芸術的及び科学的に意義のある物その他の参考資料の交換を含む知的活動のすべての部門における諸国民の間の協力を奨励すること。
　いずれの国で作成された印刷物及び刊行物でもすべての国の人民が利用できるようにする国際協力の方法を発案すること。
3　この機関の加盟国の文化及び教育制度の独立，統一性及び実りの多い多様性を維持するために，この機関は，加盟国の国内管轄権に本質的に属する事項に干渉することを禁止される。

7．世界人権宣言（1948.12.10）　抄

前文
　人類社会のすべての構成員の固有の尊厳と平等で譲ることのできない権利とを承認することは，世界における自由，正義及び平和の基礎であるので，人権の無視及び軽侮が，人類の良心を踏みにじった野蛮行為をもたらし，言論及び信仰の自由が受けられ，恐怖及び欠乏のない世界の到来が，一般の人々の最高の願望として宣言されたので，人間が専制と圧迫とに対する最後の手段として反逆に訴えることがないようにするためには，法の支配によって人権保護することが肝要であるので，諸国間の友好関係の発展を促進することが，肝要であるので，国際連合の諸国民は，国際連合憲章において，基本的人権，人間の尊厳及び価値並びに男女の同権についての信念を再確認し，かつ，一層大きな自由のうちで社会的進歩と生活水準の向上とを促進することを決意したので，加盟国は，国際連合と協力して，人権及び基本的自由の普遍的な尊重及び遵守の促進を達成することを誓約したので，これらの権利及び自由に対する共通の理解は，この誓約を完全にするためにもっとも重要であるので，よって，ここに，国際連合総会は，社会の各個人及び各機関が，この世界人権宣言を常に念頭に置きながら，加盟国自身の人民の間にも，また，加盟国の管轄下にある地域の人民の間にも，これらの権利と自由との尊重を指導及び教育によって促進すること並びにそれらの普遍的かつ効果的な承認と尊守とを国内的及び国際的な漸進的措置によって確保することに努力するように，すべての人民とすべての国とが達成すべき共通の基準として，この世界人権宣言を公布する。
第1条　すべての人間は，生れながらにして自由であり，かつ，尊厳と権利とについて平等である。人間は，理性と良心とを授けられており，互いに同胞の精神をもって行動しなければならない。
第2条1　すべて人は，人種，皮膚の色，性，言語，宗教，政治上その他の意見，国民的若しくは社会的出身，財産，門地その他の地位又はこれに類するいかなる事由による差別をも受けることなく，この宣言に掲げるすべての権利と自由とを享有することができる。
第3条　すべて人は，生命，自由及び身体の安全に対する権利を有する。
第4条　何人も，奴隷にされ，又は苦役に服することはない。奴隷制度及び奴隷売買は，いかなる形においても禁止する。
第6条　すべて人は，いかなる場所においても，法の下において，人として認められる権利を有する。

第7条　すべての人は，法の下において平等であり，また，いかなる差別もなしに法の平等な保護を受ける権利を有する。すべての人は,この宣言に違反するいかなる差別に対しても，また，そのような差別をそそのかすいかなる行為に対しても，平等な保護を受ける権利を有する。

第8条　すべて人は，憲法又は法律によって与えられた基本的権利を侵害する行為に対し，権限を有する国内裁判所による効果的な救済を受ける権利を有する。

第14条1　すべて人は，迫害を免れるため，他国に避難することを求め，かつ，避難する権利を有する。

第18条　すべて人は，思想，良心及び宗教の自由に対する権利を有する。この権利は，宗教又は信念を変更する自由並びに単独で又は他の者と共同して，公的に又は私的に，布教，行事，礼拝及び儀式によって宗教又は信念を表明する自由を含む。

第19条　すべて人は，意見及び表現の自由に対する権利を有する。この権利は，干渉を受けることなく自己の意見をもつ自由並びにあらゆる手段により，また，国境を越えると否とにかかわりなく，情報及び思想を求め，受け，及び伝える自由を含む。

第20条1　すべての人は，平和的集会及び結社の自由に対する権利を有する。

2　何人も，結社に属することを強制されない。

第21条1　すべて人は，直接に又は自由に選出された代表者を通じて，自国の政治に参与する権利を有する。

3　人民の意思は，統治の権力を基礎とならなければならない。この意思は，定期のかつ真正な選挙によって表明されなければならない。この選挙は，平等の普通選挙によるものでなければならず，また，秘密投票又はこれと同等の自由が保障される投票手続によって行われなければならない。

第22条　すべて人は，社会の一員として，社会保障を受ける権利を有し，かつ，国家的努力及び国際的協力により，また，各国の組織及び資源に応じて，自己の尊厳と自己の人格の自由な発展とに欠くことのできない経済的，社会的及び文化的権利を実現する権利を有する。

第26条1　すべて人は，教育を受ける権利を有する。教育は，少なくとも初等の及び基礎的の段階においては，無償でなければならない。初等教育は，義務的でなければならない。技術教育及び職業教育は，一般に利用できるものでなければならず，また，高等教育は，能力に応じ，すべての者にひとしく開放されていなければならない。

2　教育は，人格の完全な発展並びに人権及び基本的自由の尊重の強化を目的としなければならない。教育は，すべての国又は人種的若しくは宗教的集団の相互間の理解，寛容及び友好関係を増進し，かつ，平和の維持のため，国際連合の活動を促進するものでなければならない。

第27条1　すべて人は，自由に社会の文化生活に参加し，芸術を鑑賞し，及び科学の進歩とその恩恵とにあずかる権利を有する。

2　すべて人は，その創作した科学的，文学的又は美術的作品から生ずる精神的及び物質的利益を保護される権利を有する。

第28条　すべて人は，この宣言に掲げる権利及び自由が完全に実現される社会的及び国際的秩序に対する権利を有する。

8. 子どもの権利条約 (1989.11.20)　抄

前文

この条約の締約国は、国際連合憲章において宣明された原則によれば、人類社会のすべての構成員の固有の尊厳及び平等のかつ奪い得ない権利を認めることが世界における自由、正義及び平和の基礎を成すものであることを考慮し、

国際連合加盟国の国民が、国際連合憲章において、基本的人権並びに人間の尊厳及び価値に関する信念を改めて確認し、かつ、一層大きな自由の中で社会的進歩及び生活水準の向上を促進することを決意したことに留意し、

国際連合が、世界人権宣言及び人権に関する国際規約において、すべての人は人種、皮膚の色、性、言語、宗教、政治的意見その他の意見、国民的若しくは社会的出身、財産、出生又は他の地位等によるいかなる差別もなしに同宣言及び同規約に掲げるすべての権利及び自由を享有することができることを宣明し及び合意したことを認め、

国際連合が、世界人権宣言において、児童は特別な保護及び援助についての権利を享有することができることを宣明したことを想起し、

家族が、社会の基礎的な集団として、並びに家族のすべての構成員、特に、児童の成長及び福祉のための自然な環境として、社会においてその責任を十分に引き受けることができるよう必要な保護及び援助を与えられるべきであることを確信し、

児童が、その人格の完全かつ調和のとれた発達のため、家庭環境の下で幸福、愛情及び理解のある雰囲気の中で成長すべきであることを認め、

児童が、社会において個人として生活するため十分な準備が整えられるべきであり、かつ、国際連合憲章において宣明された理想の精神並びに特に平和、尊厳、寛容、自由、平等及び連帯の精神に従って育てられるべきであることを考慮し、

児童に対して特別な保護を与えることの必要性が、1924年の児童の権利に関するジュネーヴ宣言及び1959年11月20日に国際連合総会で採択された児童の権利に関する宣言において述べられており、また、世界人権宣言、市民的及び政治的権利に関する国際規約（特に第23条及び第24条）、経済的、社会的及び文化的権利に関する国際規約（特に第10条）並びに児童の福祉に関係する専門機関及び国際機関の規程及び関係文書において認められていることに留意し、

児童の権利に関する宣言において示されているとおり「児童は、身体的及び精神的に未熟であるため、その出生の前後において、適当な法的保護を含む特別な保護及び世話を必要とする。」ことに留意し、

国内の又は国際的な里親委託及び養子縁組を特に考慮した児童の保護及び福祉についての社会的及び法的な原則に関する宣言、少年司法の運用のための国際連合最低基準規則（北京規則）及び緊急事態及び武力紛争における女子及び児童の保護に関する宣言の規定を想起し、

極めて困難な条件の下で生活している児童が世界のすべての国に存在すること、また、このような児童が特別な配慮を必要としていることを認め、

児童の保護及び調和のとれた発達のために各人民の伝統及び文化的価値が有する重要性を十分に考慮し、

あらゆる国特に開発途上国における児童の生活条件を改善するために国際協力が重要であ

ることを認めて、

　次のとおり協定した。

第1部

第1条　この条約の適用上、児童とは、18歳未満のすべての者をいう。ただし、当該児童で、その者に適用される法律によりより早く成年に達したものを除く。

第3条1　児童に関するすべての措置をとるに当たっては、公的若しくは私的な社会福祉施設、裁判所、行政当局又は立法機関のいずれによって行われるものであっても、児童の最善の利益が主として考慮されるものとする。

2　締約国は、児童の父母、法定保護者又は児童について法的に責任を有する他の者の権利及び義務を考慮に入れて、児童の福祉に必要な保護及び養護を確保することを約束し、このため、すべての適当な立法上及び行政上の措置をとる。

第5条1　締約国は、児童がこの条約において認められる権利を行使するに当たり、父母若しくは場合により地方の慣習により定められている大家族若しくは共同体の構成員、法定保護者又は児童について法的に責任を有する他の者がその児童の発達しつつある能力に適合する方法で適当な指示及び指導を与える責任、権利及び義務を尊重する。

第6条1　締約国は、すべての児童が生命に対する固有の権利を有することを認める。

2　締約国は、児童の生存及び発達を可能な最大限の範囲において確保する。

第12条1　締約国は、自己の意見を形成する能力のある児童がその児童に影響を及ぼすすべての事項について自由に自己の意見を表明する権利を確保する。この場合において、児童の意見は、その児童の年齢及び成熟度に従って相応に考慮されるものとする。

第13条1　児童は、表現の自由についての権利を有する。この権利には、口頭、手書き若しくは印刷、芸術の形態又は自ら選択する他の方法により、国境とのかかわりなく、あらゆる種類の情報及び考えを求め、受け及び伝える自由を含む。

第14条1　締約国は、思想、良心及び宗教の自由についての児童の権利を尊重する。

第15条1　締約国は、結社の自由及び平和的な集会の自由についての児童の権利を認める。

第16条1　いかなる児童も、その私生活、家族、住居若しくは通信に対して恣意的に若しくは不法に干渉され又は名誉及び信用を不法に攻撃されない。2　児童は、1の干渉又は攻撃に対する法律の保護を受ける権利を有する。

第18条1　締約国は、児童の養育及び発達について父母が共同の責任を有するという原則についての認識を確保するために最善の努力を払う。父母又は場合により法定保護者は、児童の養育及び発達についての第一義的な責任を有する。児童の最善の利益は、これらの者の基本的な関心事項となるものとする。

第19条1　締約国は、児童が父母、法定保護者又は児童を監護する他の者による監護を受けている間において、あらゆる形態の身体的若しくは精神的な暴力、傷害若しくは虐待、放置若しくは怠慢な取扱い、不当な取扱い又は搾取（性的虐待を含む。）からその児童を保護するためすべての適当な立法上、行政上、社会上及び教育上の措置をとる。

第23条1　締約国は、精神的又は身体的な障害を有する児童が、その尊厳を確保し、自立を促進し及び社会への積極的な参加を容易にする条件の下で十分かつ相応な生活を享受すべきであることを認める。

第28条1　締約国は、教育についての児童の権利を認めるものとし、この権利を漸進的にか

つ機会の平等を基礎として達成するため、特に、

　(a)初等教育を義務的なものとし、すべての者に対して無償のものとする。

　(b)種々の形態の中等教育（一般教育及び職業教育を含む。）の発展を奨励し、すべての児童に対し、これらの中等教育が利用可能であり、かつ、これらを利用する機会が与えられるものとし、例えば、無償教育の導入、必要な場合における財政的援助の提供のような適当な措置をとる。

　(c)すべての適当な方法により、能力に応じ、すべての者に対して高等教育を利用する機会が与えられるものとする。

　(d)すべての児童に対し、教育及び職業に関する情報及び指導が利用可能であり、かつ、これらを利用する機会が与えられるものとする。

　(e)定期的な登校及び中途退学率の減少を奨励するための措置をとる。

第29条1　締約国は、児童の教育が次のことを指向すべきことに同意する。

　(a)児童の人格、才能並びに精神的及び身体的な能力をその可能な最大限度まで発達させること。

第 43 条1　この条約において負う義務の履行の達成に関する締約国による進捗の状況を審査するため、児童の権利に関する委員会（以下「委員会」という。）を設置する。委員会は、この部に定める任務を行う。

第 44 条1　締約国は、(a)当該締約国についてこの条約が効力を生ずる時から 2 年以内に、(b)その後は 5 年ごとに、この条約において認められる権利の実現のためにとった措置及びこれらの権利の享受についてもたらされた進歩に関する報告を国際連合事務総長を通じて委員会に提出することを約束する。

9. 学習権宣言 (1985. 3. 29)　　抄

　　　　　〜第 4 回ユネスコ国際成人教育会議（パリ）の宣言（1985.3.29）〜　（抜粋）

　学習権を承認するか否かは、人類にとって、これまでにもまして重要な課題となっている。

　学習権とは、

　　　読み書きの権利であり、

　　　問い続け、深く考える権利であり、

　　　想像し、創造する権利であり、

　　　自分自身の世界を読み取り、歴史をつづる権利であり、

　　　あらゆる教育の手だてを得る権利であり、

　　　個人的・集団的力量を発達させる権利である。

　成人教育パリ会議は、この権利の重要性を再確認する。

　学習権は未来のためにとっておかれる文化的ぜいたく品ではない。

　それは、生存の欲求が満たされたあとに行使されるようなものではない。

　学習権は、人間の生存にとって不可欠な手段である。

　もし、世界の人々が、食糧の生産やその他の基本的人間の欲求が満たされることを望むならば、世界の人々は学習権をもたなければならない。

　もし、女性も男性も、より健康な生活を営もうとするなら、彼らは学習権をもたなければな

らない。

　もし、わたしたちが戦争を避けようとするなら、平和に生きることを学び、お互いに理解し合うことを学ばねばならない。

　"学習"こそはキーワードである。

　学習権なくしては、人間的発達はありえない。

　学習権なくしては、農業や工業の躍進も地域の健康の増進もなく、そして、さらに学習条件の改善もないであろう。

　この権利なしには、都市や農村で働く人たちの生活水準の向上もないであろう。

　端的にいえば、このように学習権を理解することは、今日の人類にとって決定的に重要な諸問題を解決するために、わたしたちがなしうる最善の貢献の一つなのである。

　しかし、学習権はたんなる経済発展の手段ではない。それは基本的権利の一つとしてとらえられなければならない。学習活動はあらゆる教育活動の中心に位置づけられ、人々を、なりゆきまかせの客体から、自らの歴史をつくる主体にかえていくものである。

　それは基本的人権の一つであり、その正当性は普遍的である。学習権は、人類の一部のものに限定されてはならない。すなわち、男性や工業国や有産階級や、学校教育を受けられる幸運な若者たちだけの、排他的特権であってはならない。本パリ会議は、すべての国に対し、この権利を具体化し、すべての人々が効果的にそれを行使するのに必要な条件をつくるように要望する。そのためには、あらゆる人的・物的資源がととのえられ、教育制度がより公正な方向で再検討され、さらにさまざまな地域で成果をあげている手段や方法が参考となろう。

10. 教員の地位に関する勧告 (1966.9.21-10.5)　抄　　ユネスコ特別政府間会議採択

Ⅲ指導原則

3　教育は、最低学年から、人格の円満な発達並びに共同社会の精神的、道徳的、社会的、文化的及び経済的進歩を目ざすとともに、人権及び基本的自由に対する深い尊敬の念を植えつけるものとする。これらの価値のわく内で、教育が平和並びにすべての国家間及び人種的又は宗教的集団間の理解、寛容及び友好に貢献することを最も重視するものとする。

4　教育の進歩が教育職員一般の資格及び能力並びに個々の教員の人間的、教育的及び技術的資質に負うところが大きいことを認識するものとする。

5　教員の地位は、教育の目的及び目標に照らして評価される教育の必要性に相応したものとする。教員の適切な地位及び教職に対する公衆の正当な尊敬が教育の目的及び目標の完全な実現にとって大きな重要性を有することを認識するものとする。

6　教職は、専門職と認められるものとする。教職は、きびしい不断の研究により得られ、かつ、維持される専門的な知識及び技能を教員に要求する公共の役務の一形態であり、また、教員が受け持つ生徒の教育及び福祉について各個人の及び共同の責任感を要求するものである。

7　教員の養成及び雇用のすべての面において、人種、皮膚の色、性、宗教、政治上の意見、国民的若しくは社会的出身又は経済的条件を理由とするいかなる形式の差別もなされないものとする。

8　教員の勤務条件は、効果的な学習を最大限に促進し、かつ、教員がその職務に専念しう

るようなものとする。

9　教員団体は、教育の発展に大いに貢献することができ、したがって、教育政策の策定に参加させられるべき一つの力として認められるものとする。

Ⅷ　教員の権利及び責務

職業上の自由

61　教員は、職責の遂行にあたって学問の自由を享受するものとする。教員は、生徒に最も適した教具及び教授法を判断する資格を特に有しているので、教材の選択及び使用、教科書の選択並びに教育方法の適用にあたって、承認された計画のわく内で、かつ、教育当局の援助を得て、主要な役割が与えられるものとする。

62　教員及び教員団体は、新しい課程、教科書及び教具の開発に参加するものとする。

63　いかなる指導監督制度も、教員の職務の遂行に際して教員を鼓舞し、かつ、援助するように計画されるものとし、また、教員の自由、創意及び責任を減殺しないようなものとする。

11. 暴力に関するセビリア声明（1986.5.16）：1989.11.16 ユネスコ総会で承認　抄

（前文）

　私たちは、それぞれの専門分野から、私たち人間という種のもっとも危険で破壊的な活動・暴力と戦争の問題に取り組むことは、私たちの責任であると固く信じます。また、科学は、人間の文化の産物であり、最終的な解答を出すこともできず、すべてを包括することもできない事実を知っています。さらに、セビリアの市当局とスペインのユネスコ代表のご支持に厚く感謝します。

　私たち、下記の署名者は、世界中の国々から訪れた関連諸科学の学者です。ここに結集し、つぎのような「暴力に関する声明」に到達しました。この中で私たちは、暴力と戦争を正当化するために、私たちの分野の何人かの学者にさえ用いられてきた、たくさんのいわゆる生物学的発見に挑戦します。このいわゆる発見は、私たちの時代を包む悲観論の雰囲気を助長しています。従って、私たちは、これらの誤った見解について注意深く検討し、これを公然と拒否することこそ、国際平和年にふさわしい有意義な寄与であると考えます。

　暴力と戦争を正当化するために行われる科学の学説と資料の誤用は、いまに始まったことではなく、近代科学の出現以来のことです。たとえば、進化論は戦争だけでなく、人種絶滅、植民地主義、および弱者の抑圧を正当化するために用いられてきました。

（第1命題）

　私たちは、動物であった私たちの先祖から戦争をする傾向を受けついでいる。－という言い方は、科学的には不正確です。闘争は動物のさまざまな種を通してひろく見出されますが、しかし、組織された集団と集団との破壊的な種内闘争の例は、自然に生活している種の間では、いままで二、三しか報告されていません。しかもそのどの場合にも武器になるように仕組まれた道具の使用は含んでいないのです。また、他の種を捕食する正常な食餌行動を種内暴力と同等に扱うことはできません。戦闘行動は、他の動物には見出されない特別な人間現象です。

　戦闘行動が、時代とともにきわめて根本的にかわってきた事実は、なによりもそれが文化

の産物であることをしめしています。その生物学的な関連は、主として、諸集団の協応、技術の伝達および道具の使用を可能にする言語に媒介されています。戦争は生物学的に可能です。しかし、時間と空間の中でその起こり方と性質が変化するという事実から見て、明らかに戦争は不可避ではありません。

　何世紀にもわたって戦争に関与しなかった文化があります。またある時期頻繁に戦争を起こし、他の時期には全く起こさないという文化もあります。

（第5命題）

　戦争は「本能」あるいはなにか単一の動機によって引き起こされる。－という言い方は科学的には不正確です。現代の戦闘行動の出現は、戦闘の第一要因が、あたかも、時に「本能」と呼ばれる情動と動機の要因から認知要因へ移り変わる旅程でした。現代の戦争は、服従、被暗示性、理想主義のような人格特性、言語のような社会技量、およびコスト計算、企画、情報処理のような合理的思考などの制度的利用を含んでいます。　　（中略）

（結　論）

　私たちはつぎのように結論します。生物学は人間性に戦争を宣告していません。人間性は生物学的悲観論の束縛から解放され、この国際平和年および来るべき一年一年の中で、もとめられる転形の課題を引き受ける確信によって力づけられることができます。これらの課題は主に制度的、集合的なものですが、同時に、これに関与する各個人の意識にかかっています。その一人ひとりが悲観論をとるか楽観論をとるかは決定的な要因です。「戦争は人の心の中ではじまる」のと同じように、平和も私たちの心の中ではじまります。戦争を発明した種と同じ種は、平和を発明することもできます。責任は私たち各人の肩にかかっています。

12.　生物多様性に関する条約（1992.5.22）　抄

第1条　目的　この条約は、生物の多様性の保全、その構成要素の持続可能な利用及び遺伝資源の利用から生ずる利益の公正かつ衡平な配分をこの条約の関係規定に従って実現することを目的とする。この目的は、特に、遺伝資源の取得の適当な機会の提供及び関連のある技術の適当な移転（これらの提供及び移転は、当該遺伝資源及び当該関連のある技術についてのすべての権利を考慮して行う。）並びに適当な資金供与の方法により達成する。

第2条　用語　この条約の適用上、「生物の多様性」とは、すべての生物（陸上生態系、海洋その他の水界生態系、これらが複合した生態系その他生息又は生育の場のいかんを問わない。）の間の変異性をいうものとし、種内の多様性、種間の多様性及び生態系の多様性を含む。　（略）

第3条　原則　諸国は、国際連合憲章及び国際法の諸原則に基づき、自国の資源をその環境政策に従って開発する主権的権利を有し、また、自国の管轄又は管理の下における活動が他国の環境又はいずれの国の管轄にも属さない区域の環境を害さないことを確保する責任を有する。

13. 文化的多様性に関する世界宣言　（2001.11）　抄

第1条　文化的多様性：人類共通の遺産　時代、地域によって、文化のとる形態は様々である。人類全体の構成要素である様々な集団や社会個々のアイデンティティーは唯一無比のも

のであり、また多元主義的である。このことに、文化的多様性が示されている。生物的多様性が自然にとって必要であるのと同様に、文化的多様性は、交流、革新、創造の源として、人類に必要なものである。この意味において、文化的多様性は人類共通の遺産であり、現在及び将来の世代のためにその重要性が認識され、主張されるべきである。

第2条　文化的多様性から文化的多元主義へ　地球上の社会がますます多様性を増している今日、多元的であり多様で活力に満ちた文化的アイデンティティーを個々に持つ民族や集団同士が、互いに共生しようという意志を持つとともに、調和の取れた形で相互に影響を与え合う環境を確保することは、必要不可欠である。すべての市民が網羅され、すべての市民が参加できる政策は、社会的結束、市民社会の活力、そして平和を保障するものである。この定義のように、文化的多元主義を基礎とすることで、文化的多様性に現実的に対応する政策をとることが可能である。文化的多元主義は、民主主義の基礎と不可分のものであり、文化の交流と一般市民の生活維持に必要な創造的能力の開花に資するものである。

第3条　発展の1要素としての文化的多様性　文化的多様性は、すべての人に開かれている選択肢の幅を広げるものである。文化的多様性は、単に経済成長という観点からだけ理解すべきではなく、より充実した知的・感情的・道徳的・精神的生活を達成するための手段として理解すべき、発展のための基本要素の1つである。

第4条　文化的多様性の保障としての人権　文化的多様性の保護は、人間の尊厳への敬意と不可分の倫理的急務である。文化的多様性の保護とは、特に少数民族・先住民族の権利などの人権と、基本的自由を守る義務があることを意味している。何者も文化的多様性を口実として、国際法によって保障された人権を侵したり人権を制限したりすることがあってはならない。

第5条　文化的多様性を実現するための環境としての文化的権利　文化的権利は、人権に欠くことのできないものである。文化的権利は、全世界の人々に共有され、個々を分割してとらえることは不可能で、個々の文化的権利は相互に影響・作用しあうものである。創造性という面での多様性を開花させるためには、「世界人権宣言」第27条及び「経済的、社会的及び文化的権利に関する規約」第13条、第15条に定義された文化的権利の完全実施が必要である。従って、人権と基本的人権に基づいて、すべての人が各自で選択する言語、特に母国語によって自己を表現し、自己の作品を創造し・普及させることができ、すべての人がそれぞれの文化的アイデンティティーを十分に尊重した質の高い教育と訓練を受ける権利を持ち、すべての人が各自で選択する文化的生活に参加し、各自の文化的慣習に従って行動することができなくてはならない。

第6条　すべての人が文化的多様性を享受するために　あらゆる思想の言語・表象による自由な交流を確保する一方で、すべての文化が、表現と普及の機会を与えられるよう注意を払わなければならない。表現の自由、メディアの多元性、多言語性、デジタル形態を含む芸術享受と、科学・技術情報入手の平等性、そしてすべての文化が表現と普及のための手段を与えられることが、文化的多様性を保障することになる。

第10条　創造と世界的普及の能力の強化　現在、文化的財・サービスのグローバルレベルでの流通・交流は不均衡であり、すべての国、特に開発途上国及び開発の過渡期にある国々において、国内・国際的に存続可能で競争力のある文化産業を育成することを目的とする国際

的な協力と連帯を強化することが必要である。

第11条 公的セクター、民間セクター、市民社会間のパートナーシップ構築　市場原理だけでは持続性ある人間開発を実施するために欠くことが出来ない文化的多様性の保持・促進を保障することができない。この観点から、民間セクター及び市民社会とのパートナーシップに則った公共政策が何よりも重要であることを改めて確認しなければならない。

第12条 ユネスコの役割　ユネスコの使命と職務は、以下の責務を伴う。

(a) この「文化的多様性宣言」に規定される原則が、政府間諸機関が策定する開発戦略に組み入れられるよう促す。

(b) 文化的多様性を推進するために、各国、国際的政府組織、非政府組織、市民社会及び民間セクターが、共同で理念、目的、政策などを策定するための照会機関・意見交換の場としての機能を果たす。

(c) ユネスコ所掌分野において、この「文化的多様性宣言」に関連して規範設定、意識向上及び能力開発の任務を遂行する。

(d) この「文化的多様性宣言」に付け加えられる行動計画の実施を促進する。

14. 未来世代の権利憲章 (1979)　抄

第1条　未来の世代は，汚染されていず損なわれていない地球を求める権利をもち，また，各世代や個人を人類家族の一員として結びつける，その歴史や文化や社会的絆の場としての地球を享受する権利をもっている。

第2条　地球の財産や遺産を共有する各世代は，信託されたものとして，未来の世代のために，地球上の生命や人類の自由や尊厳に対する取り返しのつかぬ，修復不能な損害を防ぐ義務を負っている。

第3条　それ故，未来の世代の権利を守るために，科学技術上の行きづまりやその改良が，逆に地球上の生命や自然バランス，そして人類の進化に悪影響を及ぼすことがないように，つねにぬかりなく慎重な影響評価を怠らないことが，各世代の最も重要な責任である。

第4条　これらの権利が保障され，現在の便益や都合のために，その権利が犠牲にならないことを保証するために教育，研究，立法化を含む，あらゆる適切な手段がとられねばならない。

第5条　政府，非政府組織そして個人は，未来の世代の権利を確立し永続させるために，あたかも未来の世代が現在存在しているかのように，想像力ゆたかに，これらの原則を実行に移さなければならない。

（堀尾輝久訳）

15. 現在の世代の未来世代への責任に関する宣言　(1997.11.12)　抄

採択 1997 年 11 月 12 日ユネスコ第 29 回総会

第1条　未来の世代の必要と利益　現在の世代は，現在および未来世代の必要と利益が十全に保護されることを保証する責任をもつ。

第2条　選択の自由　人権と基本的自由に対する関心を伴いつつ，現在の世代と同様，未来

世代が，政治的，経済的，社会的制度についての完全な選択の自由を享受し，文化的地域的多様性を保てることを保証するために，あらゆる努力をすることが重要である。

第3条　人類の持続および永続性　現在の世代は，人間の尊厳を当然のごとく重視して，人類の持続および永続性を保証するように努めるべきである。それゆえ，いかなる方法においても，人間性と人間生命の姿が侵食されてはならない。

第4条　地球上の生命の保持　現在の世代は，未来世代に対し，人間の活動によりいかなる時にも不可逆的な被害を受けることのない地球を引き継ぐ責任をもつ。地球を限られた時間だけ受け継いでいるそれぞれの世代は，天然資源を合理的に利用することに注意を払い，生態系の有害な変容により生命が損なわれないこと，およびあらゆる分野の科学的・技術的な進歩が地球の生命に被害を.与えないことを保証すべきである。

第5条　環境の保護　1. 未来世代が地球の生態系の資源から利益を得ることを保証するために，現在の世代は維持可能な発展のために努力し，生活の状態，とりわけ環境の質と保全の保持に努めるべきである。2. 現在の世代は，健康と存在自体を危険にするかもしれない環境破壊に未来世代がさらされないことを保証すべきである。3. 現在の世代は，未来世代のために，人間生活の維持およびその発展に必要な天然資源を保存すべきである。4. 現在の世代は，大規模な事業が未来世代に与える可能性のある影響について，それらが実施される以前から考慮すべきである。

第6条　ヒトゲノムと生命的多様性　個人の尊厳と人権の尊重に密接に関連するヒトゲノムは保護されねばならず，生命的多様性は守られねばならない。科学的・技術的進歩は，いかなる方法においても，人類および他の種の保存を弱めたり傷つけたりすべきではない。

第7条　文化の多様性と文化遺産　人権と基本的自由に配慮しつつ，現在の世代は人類の文化の多様性を維持するよう留意すべきである。現在の世代は，有形および無形の文化的遺産を認定し，保護し，また，この共通の遺産を未来世代に伝える責任をもつ。

第8条　人類の共通の文化遺産　現在の世代は，国際法に規定されているように，取り返しのつかない損傷を与えない仕方であれば，人類の共通の文化遺産を利用することができる。

第9条　平和　1. 現在の世代は，現在の世代と未来世代の双方が国際法と人権及び基本的自由を尊重し，平和で安全のうちに共生することを保証すべきである。

2. 現在の世代は，未来世代に対して戦争の惨禍をもたらさないようにすべきである。戦争を終わらせるために，永久に，彼らは未来世代がヒューマニズムの原理に反するすべての形態の交戦と武器の使用と同様に，武力闘争の有害な影響にさらされないようにすべきである。

第10条　開発と教育　1. 現在の世代は，個人的にも集団的にも，未来世代の，公平で，持続可能な，かつ普遍的な社会経済的発展の状態を，とりわけ，貧困を克服するために利用可能な資源の公正で慎重な利用を通じて，保証すべきである。

2. 教育は個人と社会の発展のための重要な方法である。それは，平和，正義，理解，寛容および現在と未来世代の利益の平等を育成するよう用いられるべきである。

第11条　差別の廃止　現在の世代は，未来世代のために，あらゆる形態の差別を導き，永続させる効果をもつ，あらゆる行為あるいは制度をなくすべきである。

第12条　履行　1. 各国，国際連合，他の政府間および非政府の諸組織，個人および公私の諸団体は，とりわけこの宣言にうたわれた理念に関する訓練および宣伝を，とりわけ教育を通して，促進する十全な責任を引き受けるべきであり，それらの完全な承認と効果的な適用

を，あらゆる適切な手段によって奨励すべきである。2. 倫理的使命に鑑み，ユネスコはこの宣言をできる限り広範に広め，そこに述べられている理念についての人々の認識を向上させるために，その権限の範囲内において必要なあらゆる手だてを企画することを要請されている。

16. 我々の世界を変革する：持続可能な開発のための 2030 アジェンダ　抄

2015 年 9 月 25 日第 70 回国連総会で採択(国連文書 A/70/L.1 を基に外務省で作成)

前文　このアジェンダは、人間、地球及び繁栄のための行動計画である。これはまた、より大きな自由における普遍的な平和の強化を追求するものでもある。我々は、極端な貧困を含む、あらゆる形態と側面の貧困を撲滅することが最大の地球規模の課題であり、持続可能 な開発のための不可欠な必要条件であると認識する。すべての国及びすべてのステークホルダーは、協同的なパートナーシップのもとこの計画を実行する。我々は、人類を貧困の恐怖及び欠乏の専制から解き放ち、地球を癒やし、安全にすることを決意している。我々は、世界を持続的かつ強靱(レジリエント)な道筋に 移行させるために緊急に必要な、大胆かつ変革的な手段をとることに決意している。我々はこの共同の旅路に乗り出すにあたり、誰一人取り残さないことを誓う。

　今日我々が発表する 17 の持続可能な開発のための目標(SDGs)と、169 のターゲットは、この新しく普遍的なアジェンダの規模と野心を示している。これらの目標とターゲットは、ミレニアム開発目標(MDGs)を基にして、ミレニアム開発目標が達成できなかったものを全うすることを目指すものである。これらは、すべての人々の人権を実現し、ジェンダー平等とすべての女性と女児の能力強化を達成することを目指す。これらの目標及びターゲットは、統合され不可分のものであり、持続可能な開発の三側面、すなわち経済、社会及び環境の三側面を調和させるものである。これらの目標及びターゲットは、人類及び地球にとり極めて重要な分野で、向こう 15 年間にわたり、行動を促進するものになろう。

　（以下略）

持続可能な開発目標：Sustainable Development Goals（SDGs）

目標 1. あらゆる場所のあらゆる形態の貧困を終わらせる
目標 2. 飢餓を終わらせ、食料安全保障及び栄養改善を実現し、持続可能な農業を促進する
目標 3. あらゆる年齢のすべての人々の健康的な生活を確保し、福祉を促進する
目標 4. すべての人々への包摂的かつ公正な質の高い教育を提供し、生涯学習の機会を促進する
目標 5. ジェンダー平等を達成し、すべての女性及び女児の能力強化を行う
目標 6. すべての人々の水と衛生の利用可能性と持続可能な管理を確保する
目標 7. すべての人々の、安価かつ信頼できる持続可能な近代的エネルギーへのアクセスを確保する
目標 8. 包摂的かつ持続可能な経済成長及びすべての人々の完全かつ生産的な雇用と働きがいのある人間らしい雇用(ディーセント・ワーク)を促進する

目標 9. 強靭(レジリエント)なインフラ構築、包摂的かつ持続可能な産業化の促進及びイノベーションの推進を図る

目標 10. 各国内及び各国間の不平等を是正する

目標 11. 包摂的で安全かつ強靭(レジリエント)で持続可能な都市及び人間居住を実現する

目標 12. 持続可能な生産消費形態を確保する

目標 13. 気候変動及びその影響を軽減するための緊急対策を講じる

目標 14. 持続可能な開発のために海洋・海洋資源を保全し、持続可能な形で利用する

目標 15. 陸域生態系の保護、回復、持続可能な利用の推進、持続可能な森林の経営、砂漠化への対処、ならびに土地の劣化の阻止・回復及び生物多様性の損失を阻止する

目標 16. 持続可能な開発のための平和で包摂的な社会を促進し、すべての人々に司法へのアクセスを提供し、あらゆるレベルにおいて効果的で説明責任のある包摂的な制度を構築する

目標 17. 持続可能な開発のための実施手段を強化し、グローバル・パートナーシップを活性化する

　　（　以下略　）

http://www.mofa.go.jp/mofaj/files/000101402.pdf

17. 核兵器の禁止に関する条約 (2017. 7. 7)

【前文】

本条約の締約国は、国連憲章の目的と原則の実現に貢献することを決意する。

核兵器の使用によって引き起こされる壊滅的な人道上の結末を深く懸念し、そのような兵器全廃の重大な必要性を認識し、廃絶こそがいかなる状況においても核兵器が二度と使われないことを保証する唯一の方法である。

偶発や誤算あるいは意図に基づく核兵器の爆発を含め、核兵器が存在し続けることで生じる危険性に留意する。これらの危険性は全人類の安全保障に関わり、全ての国が核兵器の使用防止に向けた責任を共有していることを強調する。

核兵器の壊滅的な結果には十分に対処できない上、国境を越え、人類の生存や環境、社会経済の開発、地球規模の経済、食糧安全保障および現在と将来世代の健康に対する深刻な関連性を示し、ならびに電離放射線の結果を含めた、特に母体や少女に対する悪影響を認識する。

核軍縮ならびに核兵器なき世界の実現および維持の緊急性に対する倫理的責務を認識し、これは国家および集団的な安全保障の利益にかなう最高次元での地球規模の公共の利益である。

核兵器の使用による犠牲者（ヒバクシャ）ならびに核兵器の実験による被害者にもたらされた受け入れがたい苦痛と被害を心に留める。

核兵器に関わる活動が先住民族に及ぼした不釣り合いに大きな影響を認識する。

すべての国は国際人道法や国際人権法を含め、適用される国際法を常に順守する必要性があることを再確認する。

国際人道法の原則や規則を基礎とする。とりわけ武装紛争の当事者が戦時において取り得る方法や手段の権利は無制限ではないという原則、区別の規則、無差別攻撃の禁止、均衡の規則、攻撃の予防措置、過度な負傷や不要な苦痛を引き起こす兵器使用の禁止、自然保護の規則。

いかなる核兵器の使用も武力紛争に適用される国際法の規則、とりわけ人道法の原則と規則

に反していることを再確認する。

いかなる核兵器の使用も人間性の原則や公共の良心の指図に反することを考慮する。

各国は国連憲章に基づき、国際関係においていかなる国の領土の保全や政治的独立に反する、あるいはその他の国連の目的にそぐわない形での武力による威嚇や使用を抑制すべき点を想起し、さらに国際平和と安全の確立と維持は世界の人的、経済的資源を極力軍備に回さないことで促進される点を想起する。

１９４６年１月２４日に採択された国連総会の最初の決議ならびに核兵器の廃棄を求めるその後の決議を想起する。

核軍縮の遅い歩みに加え、軍事や安全保障上の概念や教義、政策における核兵器への継続的依存、ならびに核兵器の生産や維持、現代化の計画に対する経済的、人的資源の浪費を懸念する。

核兵器について後戻りせず、検証可能で透明性のある廃棄を含め、核兵器の法的拘束力を持った禁止は核兵器なき世界の実現と維持に向けて重要な貢献となる点を認識し、その実現に向けて行動することを決意する。

厳密かつ効果的な国際管理の下、総合的かつ完全な軍縮に向けた効果的な進展の実現を視野に行動することを決意する。

厳密かつ効果的な国際管理の下での核軍縮のための交渉を誠実に追求し、完結させる義務があることを再確認する。

核軍縮と不拡散体制の礎石である核不拡散条約（ＮＰＴ）の完全かつ効果的な履行は国際平和と安全を促進する上で極めて重要な役割を有する点を再確認する。

核軍縮と不拡散体制の核心的要素として、包括的核実験禁止条約（ＣＴＢＴ）とその検証体制の不可欠な重要性を認識する。

国際的に認知されている非核地帯は関係する国々の間における自由な取り決めを基に創設され、地球規模および地域の平和と安全を強化している点、ならびに核不拡散体制を強化し、さらに核軍縮の目標実現に向け貢献している点を再確認する。

本条約のいかなる内容も、締約諸国が一切の差別なく平和目的での核エネルギーの研究と生産、使用を進めるという譲れない権利に悪影響を及ぼすとは解釈されないことを強調する。

平等かつ完全で効果的な女性と男性双方の参加は持続性ある平和と安全の促進・達成の重要な要素であることを認識し、核軍縮における女性の効果的な参加の支持と強化に取り組む。

あらゆる側面における平和と軍縮教育、ならびに現代および将来世代における核兵器の危険性と結果を認知する重要性を認識し、さらに本条約の原則と規範の普及に向けて取り組む。

核兵器廃絶への呼び掛けでも明らかなように人間性の原則の推進における公共の良心の役割を強調し、国連や国際赤十字・赤新月社運動、その他の国際・地域の機構、非政府組織、宗教指導者、国会議員、学界ならびにヒバクシャによる目標達成への努力を認識する。

以下のように合意した。

【本文】

第１条（禁止項目）

一、締約国はいかなる状況においても次のことを実施しない。

（ａ）核兵器あるいはその他の核爆発装置の開発、実験、製造、生産、あるいは獲得、保有、貯蔵。

（ｂ）直接、間接を問わず核兵器およびその他の核爆発装置の移譲、あるいはそうした兵器の管理権限の移譲。

（ｃ）直接、間接を問わず、核兵器あるいはその他の核爆発装置、もしくはそれらの管理権限の移譲受け入れ。

（ｄ）核兵器もしくはその他の核爆発装置の使用、あるいは使用をちらつかせての威嚇。

（ｅ）本条約で締約国に禁じている活動に関与するため、誰かを支援、奨励、勧誘するこ

と。

（ｆ）本条約で締約国に禁じている活動に関与するため、誰かに支援を要請する、あるいは
受け入れること。

（ｇ）領内あるいは管轄・支配が及ぶ場所において、核兵器やその他の核爆発装置の配備、
導入、展開の容認。

▽第２条（申告）

一、締約各国は本条約が発効してから３０日以内に国連事務総長に対し以下の申告を提出す
る。

（ａ）本条約の発効前に核兵器あるいは核爆発装置を所有、保有、管理していたかどうか
や、核兵器計画については核兵器関連の全ての施設を廃棄もしくは後戻りしない形で転換し
たかどうかを含めた廃棄の申告。

（ｂ）第１条（ａ）にもかかわらず、核兵器もしくは核爆発装置を所有、保有、管理してい
たかどうかの申告。

（ｃ）第１条（ｇ）にもかかわらず、領内やその他の管轄・支配している場所において、他
国が所有、保有、管理する核兵器やその他の核爆発装置があるかどうかの申告。

二、国連事務総長は受領した全ての申告を締約諸国に送付する。

▽第３条（保障措置）

一、第４条の一項、二項に当てはまらない各締約国は最低限でも、将来採択される可能性が
ある追加の関連文書にかかわらず、本条約が発効した段階で国際原子力機関の保障措置上の
義務を守る。

二、第４条の一項、二項に当てはまらず、国際原子力機関と包括的保障措置協定を締結して
いない締約国は、包括的保障措置協定について合意し、発効させる。協定の交渉はその締約
国について本条約が発効してから１８０日以内に開始。協定はその締約国の本条約発効から
１８カ月以内に発効。以降、各締約国は将来において採択される可能性がある追加の関連文
書にかかわらず、義務を守る。

▽第４条（核兵器の全廃に向けて）

一、２０１７年７月７日以降に核兵器もしくは核爆発装置を所有、保有、管理し、また本条
約の発効前に全ての核兵器関連施設の廃棄もしくは後戻りしない形での転換を含め核兵器計
画を廃棄した締約国は、核兵器計画が後戻りしない形で廃棄されたことを検証する目的のた
め、第４条の六項で指定する法的権限のある国際機関と協力。その機関は締約諸国に報告。
そうした締約国は申告済みの核物質が平和的な核活動から転用されていないことやその国全
体で未申告の核物質・核活動がないことについて信頼に足る確証を与えるため、国際原子力
機関と保障措置協定を締結。協定の交渉はその締約国について本条約が発効してから１８０
日以内に開始。協定はその締約国の本条約発効から１８カ月以内に発効。以降、各締約国は
将来において採択される可能性がある追加の関連文書にかかわらず、これら保障措置の義務
を守る。

二、第１条（ａ）にもかかわらず、核兵器やその他の核爆発装置を所有、保有、管理する締
約国は、それらを直ちに核兵器システムの稼働状態から取り外し、破壊する。これは、全て
の核兵器関連施設の廃棄もしくは後戻りしない形での転換を含め、検証可能かつ後戻りしな
い形での核兵器計画廃棄のため、法的拘束力があり時間を区切った計画に沿ってできるだけ
速やかに、ただ締約諸国の最初の会議で決めた締め切りより遅れてはいけない。

その締約国は本条約がその国で発効してから６０日以内に、本計画を締約諸国や締約諸国が
指定した法的権限のある国際機関に提出。本計画は法的権限のある国際機関と協議される。
国際機関は手続き規則に従って承認を得るため、その後の締約国会議か再検討会議かいずれ
か早い方に本計画を提出する。

三、上記二項に当てはまる締約国は、申告済みの核物質が平和的な核活動から転用されてい

ないことやその国全体で未申告の核物質・核活動がないことについて信頼に足る確証を与えるため、国際原子力機関と保障措置協定を締結。協定の交渉は二項で言及した本計画の履行が完了する日までに開始。協定は交渉開始から１８カ月以内に発効。以降、締約国は最低限、将来において採択される可能性がある追加の関連文書にかかわらず、これら保障措置の義務を守る。三項で言及された協定の発効後、その締約国は国連事務総長に第４条での義務を遂行したとの申告を提出する。

四、第１条（ｂ）（ｇ）にもかかわらず、領内やその他の管轄・支配している場所において、他国が所有、保有、管理する核兵器やその他の核爆発装置がある締約国は、それら兵器についてできるだけ速やかに、ただ締約国の最初の会議で決めた締め切りより遅れることなく、迅速な撤去を確実にする。そうした兵器と爆発装置の撤去に関し、締約国は国連事務総長に第４条の義務を遂行したとの申告を提出する。

五、第４条が当てはまる締約国は、第４条での義務履行を遂行するまで、締約国会議と再検討会議に進展状況の報告書を提出する。

六、締約諸国は核兵器計画の後戻りしない形での廃棄のための交渉と検証のため、法的権限のある国際機関を指定。検証には第４条の一項、二項、三項に従って、全ての核兵器関連施設の廃棄や後戻りしない形での転換を含む。第４条の一項、二項が当てはまる締約国に対する本条約の発効前に上記の指定が済んでいない場合、国連事務総長は必要な決定のため締約国の特別な会議を開催する。

▽第５条（国家の履行）

一、締約国は本条約の義務履行のために必要な措置を導入する。

二、締約各国は、個人またはその管轄・支配にある区域で行われる本条約の禁止行為を防止し抑制するため、刑事罰の強制を含め、全ての適切な法律上、行政上あるいはそれ以外の措置を導入する。

▽第６条（被害者支援と環境改善）

一、締約各国は、自国の管轄下で核兵器の使用や実験によって悪影響を受けた者について、適用可能な国際人道法および国際人権法に従って、医療やリハビリテーション、心理療法を含め、差別することなく、年齢や性別に適した支援を提供し、これらの者が社会的、経済的に孤立しないようにする。

二、締約各国は管轄・管理下の地域が核兵器や他の核爆発装置の実験や使用に関連する活動の結果として非常に汚染された場合、環境改善に向けて必要かつ適当な措置をとる。

三、上記一項、二項の義務は国際法や二国間の取り決めの下で負う他の国の責務や義務には関係しない。

▽第７条（国際協力と支援）

一、締約各国は本条約の履行を促進するため、他の締約国と協力する。

二、本条約の義務を履行するに当たり、締約各国は他の締約国から、それが実行可能なら支援を求め、受け取る権利がある。

三、それが可能な締約国は、本条約の履行促進のため、核兵器の使用や実験で悪影響を受けた締約国に技術的、物質的、財政的な支援を与える。

四、それが可能な締約国は核兵器その他の爆発装置の使用と実験に伴う被害者に対する支援を与える。

五、第７条の下での支援は、とりわけ国連機構、国際あるいは地域、各国の機構や機関、非政府の機構や機関、赤十字国際委員会、国際赤十字・赤新月社連盟、各国の赤十字・赤新月社、または二国間の枠組みで提供される。

六、国際法でのその他の責務や義務にかかわりなく、核兵器やその他の核爆発装置を使用、実験した締約国は、被害者の支援と環境改善の目的のため、被害に遭った締約国に十分な支援を提供する責任を有する。

▽第８条（締約国会議）

一、締約国は、関連の規定に従い本条約の適用や履行、核軍縮のさらなる措置において、検討や必要であれば決定のため、定期的に会合する。これには以下を含む。

（ａ）本条約の履行と締約の状況。

（ｂ）本条約の追加議定書を含め、核兵器計画の検証可能で時間を区切った後戻りしない廃棄のための措置。

（ｃ）本条約に準拠し、一致したその他の事項。

二、最初の締約国会議は本条約が発効してから１年以内に国連事務総長によって開かれる。その後の締約国会議は、締約諸国による別の合意がない限り、国連事務総長によって２年ごとに開かれる。締約国会議は最初の会議で手続き規則を採択。採択までの間は、核兵器を禁止するため法的拘束力のある文書を交渉する国連会議における手続き規則を適用する。

三、特別な締約国会議は必要と見なされる場合、締約国全体の少なくとも３分の１の支持がある締約国の書面要請に基づき、国連事務総長が開催する。

四、本条約が発効して５年の時点で、締約国会議は本条約の運用および本条約の目的達成の進展状況を再検討するため会議を開く。国連事務総長は、締約諸国による別の同意がない限り、その後の同じ目的のための再検討会議を６年ごとに開催する。

五、本条約の非締約国ならびに国連システムの関連機関、その他の関連国際機構と機関、地域機構、赤十字国際委員会、国際赤十字・赤新月社連盟、関連の非政府組織は締約国会議や再検討会議にオブザーバーとして招待される。

▽第９条（費用）

一、締約国会議と再検討会議、特別会議の費用は、適宜調整した国連の分担率に従い、締約国および会議にオブザーバーとして参加する非締約国によって負担する。

二、本条約の第２条の下での申告、第４条の下での報告、第１０条の下での改正の通知のために国連事務総長が負う費用は適宜調整した国連分担率に応じて締約国が負う。

三、第４条の下で求められる検証措置の履行や、核兵器その他の核爆発装置の廃棄、さらに全ての核兵器関連施設の廃棄と転換を含めた核兵器計画の廃棄にかかる費用は、当該の締約国が負う。

▽第１０条（改正）

一、締約国は本条約の発効後いつでも改正を提案できる。国連事務総長は提案文書の通知を受け、全締約国に配布し、提案を検討するかどうかの見解を求める。仮に締約国の多数が、提案の配布から９０日以内に国連事務総長に対し、提案のさらなる検討を支持する旨を示せば、提案は次に開かれる締約国会議か再検討会議のいずれか早い方で検討される。

二、締約国会議と再検討会議は締約国の３分の２の多数が賛成票を投じることで採択される改正に合意する。寄託者は採択された改正を全ての締約国に通知する。

三、改正は、改正事項の批准文書を寄託したそれぞれの締約国に対し、採択時点での締約国の過半数が批准文書を寄託してから９０日後に発効する。その他の締約国は改正の批准文書の寄託から９０日後の段階で発効する。

▽第１１条（紛争解決）

一、本条約の解釈や適用に関し締約国の２カ国間以上で紛争が生じた場合、関係国は交渉や、国連憲章３３条に従って締約国の選択によるその他の平和的な手段を通じ、紛争を解決するために協議する。

二、締約国会議は紛争の解決に向け貢献できる。本条約や国連憲章の関連規定に従い、あっせんの提示、関係国が選択する解決に向けた手続きの開始要請や、合意手続きの期限設定の勧告を含む。

▽第１２条（普遍性）

締約国は本条約の非締約国に対し、全ての国の普遍的な支持という目標に向け条約の署名、

批准、受諾、承認、加盟を促す。

▽第13条（署名）

本条約はニューヨークの国連本部で２０１７年９月２０日より、全ての国の署名を受け付ける。

▽第14条（批准、受諾、承認、加盟）

本条約は署名国による批准、受諾、承認を必要とする。本条約は加盟を受け付ける。

▽第15条（発効）

一、本条約は５０カ国が批准、受諾、承認、加盟の文書を寄託してから９０日後に発効する。二、５０カ国の寄託が終わった後に批准、受諾、承認、加盟の文書を寄託した国については、その国の寄託から９０日後に本条約が発効する。

▽第16条（留保）

本条約の条文は留保を受け付けない。

▽第17条（期間と脱退）

一、本条約は無期限。

二、締約各国は本条約に関連した事項が最高度の国益を損なうような特別の事態が発生したと判断した場合、国家主権を行使しながら、本条約脱退の権利を有する。寄託者に対し脱退を通告する。上記の通告には最高度の国益が脅かされると見なす特別な事態に関する声明を含める。

三、上記の脱退は寄託者が通告を受け取ってから１２カ月後にのみ効力を発する。しかしながら仮に１２カ月の満了時点で、脱退しようとしている国が武力紛争に関わっている場合、その締約国は武力紛争が終結するまで、本条約および付属議定書の義務を負う。

▽第18条（別の合意との関係）

本条約の履行は本条約と一致した義務であれば、締約国が加わる既存の国際合意に関して取る義務に影響を与えない。

▽第19条（寄託者）

国連事務総長は本条約の寄託者である。

▽第20条（真正の文面）

本条約はアラビア語、中国語、英語、フランス語、ロシア語、スペイン語の文面が等しく真正である。

朝日新聞デジタル 2017.9.21
https://www.asahi.com/articles/ASK9L56MHK9LPTIL00C.html

18. 平和への権利宣言 (A/RES/71/189) (2016.12.16) (仮訳)

国連総会は、

国連憲章の目的及び原則に導かれ、

世界人権宣言、市民的及び政治的権利に関する国際規約、経済的、社会的及び文化的権利に関する国際規約、並びに、ウィーン宣言及び行動計画を想起し、

また、発展の権利に関する宣言、国連ミレニアム宣言持続可能な開発目標を含む、持続可能な開発のための 2030 アジェンダ、そして 2005 年世界サミット成果文書をも想起し、

さらに、平和的生存のための社会の準備に関する宣言、平和に対する人民の権利宣言、平和の文化に関する宣言と行動計画、かつ、この宣言の主題に関連する他の国際文書を想起し、

植民地諸国及びその人民に対する独立の付与に関する宣言を想起し、

国は、その国際関係において、武力による威嚇又は武力の行使を、いかなる国の領土保全又は政治的独立に対するものも、また、国際連合の目的と両立しない他のいかなる方法によるものも慎まなければならないという原則、国家は、その国際紛争を平和的手段によって国際の平和及び安全並びに正義を危うくしないように解決しなければならないという原則、国連憲章に従って、いかなる国の国内管轄権内にある事項にも干渉しない義務、国連憲章に従って、国が相互に協力すべき義務、人民の同権及び自決の原則、国家の主権平等の原則、並びに国が、国連憲章に従って負っている義務を誠実に履行するという原則を、国連憲章に従った国間の友好関係及び協力についての国際法の原則に関する宣言が、厳粛に宣言したことを想起し、

その国際関係において、武力による威嚇又は武力の行使を、いかなる国の領土保全又は政治的独立に対するものも、または、国際連合の目的と両立しない他のいかなる方法によるものも慎み、かつ、その国際紛争を平和的手段によって国際の平和及び安全並びに正義を危うくしないように解決するための、国連憲章に掲げられているすべての加盟国の義務を再確認し、

平和の文化のより十分な発展には、1960 年 12 月 14 日国際連合総会決議 1514 (XV) に盛り込まれている植民地諸国及びその人民に対する独立の付与に関する宣言と同様に、国連憲章に掲げられ、かつ、国際人権規約に具体化されている、植民地その他の形態の外国による支配又は占領の下にある人民を含む全ての自決権の実現と一体的に結びついていることを確認し、

1970 年 10 月 24 日国際連合総会決議 2625 (XXV) に盛り込まれている国際連合憲章に従った国間の友好関係及び協力についての国際法の原則に関する宣言に規定されているように、国又は領域の国民的統一及び領土保全の部分的又は全体的破壊に対して、又はその政治的独立に対して行われるいかなる試みも、国際連合憲章の目的及び原則に反することを確信して、

平和的手段による紛争又は争議の解決の重要性を認め、

テロリズムの全ての行為を深く憂慮し、国際テロリズムに関する廃絶措置宣言がテロリズムの全ての行為、方法、及び実行が、国際連合の目的及び原則の重大な侵害を引き起こすものであり、かつ、国際の平和及び安全に対して脅威となり、国の友好関係を害し、国の領土保全及び安全を脅かし、国際協力を妨げ、人権、基本的自由及び社会の民主的基盤の破壊を目的とするものであることを認めたことを想起し、テロリズムのいかなる行為も、行われたとき及び行った者のいかんを問わず、犯罪であり、かつ、正当化することのできないものであることを再確認し、

テロリズムとの闘いにおける全ての措置は、国連憲章に掲げられているものと同様に、国際人権法、難民法及び国際人道法を含む、国際法のもとでの義務に従わなければならないことを強調し、

テロリズムにかかわる国際条約の当事国となっていないすべての諸国に、当事国になることを優先事項として考慮することを要請し、

すべての者のための人権促進と保護及び法の支配は、テロリズムとの闘いに必要不可欠であることを再確認し、効果的なテロ対策措置と人権の保護は矛盾する目標ではなく、補完及び相互補強であることを認め、

国連憲章前文に掲げられているとおり、戦争の惨害から将来の世代を救い、基本的人権に関する信念をあらためて確認し、一層大きな自由の中で社会的進歩とより良い生活水準とを促進し、かつ、寛容を実行し、また、善良な隣人として互いに平和に生活するための連合国の人民の決定を再確認し、

平和と安全、開発と人権は、国連システムの柱であり、集団的安全と福祉のための基盤であることを想起し、開発、平和及び安全、人権は関連しあうものであり、相互に補強するものであること認め、

平和とは、紛争のない状態だけでなく、相互理解及び相互協力の精神で対話が奨励され、紛争が解決され、並びに、社会経済的発展が確保される積極的で動的な参加型プロセスを追求することを認め、

　人類社会すべての構成員の固有の尊厳と平等で不可譲の権利への認識は、世界における自由、正義及び平和の基礎であることを想起し、平和が人間の固有の尊厳に由来する不可譲の権利の完全な享受により促進されることを認め、

　すべての人は、世界人権宣言に掲げる権利及び自由が完全に実現される社会的及び国際的秩序に対する権利を有することをも想起し、

　さらに、貧困を根絶し、すべての者のための持続的経済成長、持続可能な開発及び世界の繁栄を促進する世界的な取り組み、かつ、各国内及び各国間の不平等を縮小する必要性を想起し、

　世界中の人民が直面する相互連関的な安全及び開発課題に効果的に対処する手段としての国連憲章の目的及び原則に従った武力紛争予防及び武力紛争予防の文化を促進する取り組みの重要性を想起し、

　国の十分かつ完全な開発、世界の福祉及び平和は、あらゆる分野における男性と対等な条件での最大限の女性参加を追求することをも想起し、

　戦争は人の心の中で生まれるものであるから、人の心の中に平和のとりでを築かなければならないことを再確認し、平和的な手段による紛争を解決する重要性を想起し、

　人権及び宗教と信念の多様性の尊重を基礎とし、あらゆるレベルで寛容及び平和の文化を促進する世界的な対話を促進させる強化された国際的な努力の必要性を想起し、

　紛争後の状況における国家オーナーシップ原則を基礎とした開発援助及び能力強化は、携わるすべての者を関与する社会復帰、社会再統合及び和解の過程を通じて平和を回復すべきであることをも想起し、かつ、平和及び安全の地球的規模の追求のために国際連合の平和創造、平和維持及び平和構築活動の重要性を認め、

　さらに、平和の文化及び正義、自由、平和のための人類の教育とは、人間の尊厳に欠くことのできないものであり、かつ、すべての国民が相互の援助及び相互の関心の精神を持って果たされなければならない義務であることを想起し、

　平和の文化は、平和の文化に関する宣言で確認されるように、価値観、態度、行動の伝統及び様式、かつ、生き方から成る一連のものであり、このすべてのことは、平和への寄与する国内的及び国際的環境によって育まれるべきであることを再確認し、

　平和及び安全の促進に貢献する価値観として緩和及び寛容の重要性を認め、

　平和を構築し、平和を維持し、平和の文化を強化する中で、市民社会組織がし得る重要な貢献を認め、

　国家、国際連合及び他の関連ある国際機構が、訓練、指導、教育を通じて平和の文化を強化し、かつ、人権意識を保つことを目的としたプログラムへ資源を分配する必要性を強調し、

　さらに、平和の文化の促進に対する人権教育・研修に関する国際宣言の貢献の重要性も強調し、

　相互の信頼と理解を根底にして、文化の多様性、寛容、対話、協力を重んじることが世界の平和と安全を保証する最善策であることを想起し、

　寛容とは、我々の世界の文化、表現形態及び人間の在り方の豊かな多様性の尊重、受容及び理解であり、平和を可能にし、平和の文化に貢献する美徳であることを想起し、

　さらに、法の支配を基礎とした社会全体及び民主的枠組みのなかでの発展における不可分な要素として、民族的または種族的、宗教的及び言語少数者に属する人々の権利の継続的な促進及び実現は、人民及び国家間の友好、協調、平和を強化することに対する貢献であろうことを想起し、

平等な社会発展を進め、人種主義、人種差別、外国人排斥および関連ある不寛容の犠牲者すべての市民、政治、経済、社会、文化的権利を実現するために、国家、地域及び国際レベルで戦略、計画及び政策、並びに特別な積極的措置を含む適切な立法を立案し、促進し、実施することを想起し、

　人種主義、人種差別、外国人排斥、及び人種主義及び人種差別に等しい場合にはそれらに関連ある不寛容は、人民と国の間の友好で平和な関係の障害となり、武力紛争を含む多くの国内紛争や国際紛争の根因となることを認め、

　平和を推進する手段として、全人類、世界の人民及び国の間の寛容、対話、協力及び連帯を実践することが非常に重要であると認識することにより、自らの活動を進めることを全ての関係者らに厳粛に招請し、そのためにも、現在及び将来の世代の双方が、将来の世代を戦争の惨害に遭わせないという最も高邁な志と共に平和のうちに共に生きることを学ぶよう現在の世代が確保すべきであり、

　以下のとおり宣言する

第1条
すべての人は、すべての人権が促進され保護され、かつ発展が十分に実現するような平和を享受する権利を有する。

第2条
国家は、社会内及び社会相互間の平和を構築する手段として、平等及び無差別、正義、並びに法の支配を尊重し、実施し、促進し、かつ恐怖及び欠乏からの自由を保障しなければならない。

第3条
国家、国際連合及び専門機関、とりわけ国際連合教育科学文化機関は、この宣言を実施するための適切かつ持続可能な措置をとらなければならない。国際機関、地域的機関、国内機関、地方機関及び市民社会は、この宣言の実施を支援し、援助することを奨励される。

第4条
平和のための教育に関する国際及び国内機関は、すべての人の相互間に、寛容、対話、協力及び連帯の精神を強化するために促進されなければならない。この目的のために、平和大学は、教育、研究、大学卒業後の研修、及び知識の普及によって、平和のための教育という重大かつ普遍的な課題に貢献するものとする。

第5条
この宣言のいかなる内容も、国際連合の目的及び原則に反すると解釈されてはならない。この宣言の諸規定は、国際連合憲章、世界人権宣言、及び諸国家によって承認された国際的及び地域的文書に沿って理解されるものとする。

平和への権利国際キャンペーン HP より(仮訳)
https://www.right-to-peace.com/about

19. 文化・平和・教育にかかわる国連・ユネスコの動向

	人権全体		暴力、平和
1946.11	「ユネスコ憲章」発効		
1948.12	国連総会「世界人権宣言」を採択		
1966.12	国際人権規約：「経済的、社会的及び文化的権利に関する国際規約」（A規約）、「市民的及び政治的権利に関する国際規約」（B規約）採択		
1979	女性差別撤廃条約		
		1986.5	「暴力に関するセビリア声明」採択
1989.11	国連総会	1989	ユネスコ総会にて「暴力についてのセビリア声明」確認
		1993	女性に対する暴力撤廃宣言
		1999	ハーグ国際平和市民会議　各国の憲法が9条を持つことを求めてアジェンダ
		1999.9	「平和の文化に関する宣言と行動計画」国連総会で採択
		2000	「国際文化平和年」
2006	「障害者の権利条約」採択		
		2016.12	平和への権利宣言
		2017.7	核兵器の禁止に関する条約
		2017.12	ICAN(核兵器廃絶国際キャンペーン)ノーベル平和賞受賞

	文化		子ども、教育
1948	（世界人権宣言）		
1968	「人権としての文化的権利に関する声明」発表 『人権としての文化的権利』報告書		
1972.11	「世界の文化遺産及び自然遺産の保護に関する条約」	1972	教育発展国際委員会（エドガー・ホール委員長）、報告書提出
1976	「民衆の文化的生活へ参加及び寄付を促進する勧告」採択		
1982	「文化政策に関するメキシコ市宣言」4		
		1985	ユネスコ「学習権宣言」
		1989.11	国連総会「子どもの権利に関する条約」採択
		1990	国際子どもサミット万人のための教育世界宣言
		1996	21世紀国際委員会『学習：秘められた宝』
1999.9	平和の文化に関する宣言と行動計画		
2000	「国際文化平和年」		
2001	国連「文明間の対話年」	2001	「世界の子供たちのための平和と非暴力の文化国際10年」スタート
2001.11	「文化の多様性に関するユネスコ世界宣言」		
		2002.12	「国連持続可能な開発のための教育の10年」決議
2005.1	ユネスコ「文化的表現の多様性の保護及び促進に関する条約」採択	2005	「国連持続可能な開発のための教育の10年」開始
		2009	ESD世界会議が開催「ボン宣言」
		2014	「ESDの10年」最終年会合開催
		2015	ミレニアム、アジェンダ

20. 地球平和憲章への道

地球平和憲章条約化へのロードマップ

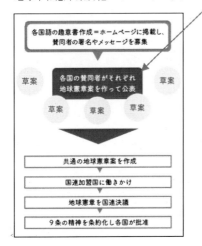

地球平和憲章案（日本発モデル案）目次

地球平和憲章（日本発モデル案　2020.4.25）　抄

Ⅰ　前文
1）人類最大の夢は、世界から戦争をなくすこと

　　かつて、戦争は政治の延長であり、敵・味方の関係が生じることは不可避的であり、文明の発展を促すものだという「通念」がありました。しかし戦争の利益のほとんどは支配者層が独占し、戦争の犠牲は民衆（特に弱者）に最も多くのしかかるのが実情です。

　　人類の歴史は、戦争の歴史でもありましたが、平和希求の歴史でもありました。戦争は、人間が始めたものであるとすれば、人間自身によってなくせないはずはない。そう考えた人間の平和への希求と、戦争廃絶の努力がこれまで積み上げられてきました。とりわけ２つの世界大戦、壮絶な地上戦と核による破壊を体験した人類は、戦争認識を変え、パリ不戦条約そして国連憲章を、日本では平和憲法を生みだしました。平和を希求する人々は、戦争は悪であり、違法であると捉え、戦争がなぜ起こるのかを問い、平和をかけがえない価値として希求してきました。夢は理念となり、理念を実現させる取り組みが始まっているのです。

2）地球時代の視点から

　　戦争は人間を殺傷し、地球環境を破壊します。とりわけ核兵器は地球上の生命の消滅をも予見させるものでした。私たちはこれらの認識の共有を通して、第2次世界大戦が終わった1945年を画期とし、「人類と地球の再発見」の時代として捉え直し、現代を「地球上に存在するすべてのものが一つの絆で結ばれているという感覚が地球規模で共有されていく時代」としての地球時代の入り口にあると自覚したのです。

　　また、新型コロナ・ウイルス禍の世界への広がりは、私たちの人類の一人としての意識を地球規模で共有させたのです。

　　この事はまた、核の脅威とともに、生物化学兵器の使用はもとより研究・開発のおぞましさを突きつけてくれているのです。地球時代は二つのグローバリゼーション---核の脅威と地

球環境破壊そして経済格差のグローバルな拡大か平和・人権・共生［人間同士・人間と自然］のグローバルな享受か……のせめぎ合いのなかにあるのです。

　この間、普遍的人権はもとより平和的生存権、環境への権利の思想が生まれ、国と国、人と人はもちろん自然と人間の共生の思想が育ってきました。環境への権利の中には脱原発の視点も含まれています。国連では平和への権利宣言そして核兵器禁止条約も成立しました。さらに、ジェンダー平等と子どもの権利の思想が未来世代の権利、地球市民の権利と新たな連帯の視点と重なって深まってきている事も重要です。

　国連事務総長はこの新型コロナパンデミックの危機に、戦争などしている場合ではない、世界の貧困層の救済対策が必要な時だと訴えています。

　私たちは、国連憲章の精神と日本国憲法の理念に基づき、さらにそれを地球時代の視点から発展させて、「私」と「あなた」、「わたしたち」の意識を「世界の人々」、「人類」へと繋ぎ、平和と幸せを希求する世界のすべての人々と力を合わせて、非戦、非武装、非核、非暴力の世界、平和に生きる権利の実現した世界を求めます。人類と地球を護り、この地球を全世界の人々が故郷と思える時代を創りたい。それを実現することは人類の使命なのです。

3）日本からの発信

　敗戦と廃墟のなかから生まれた日本国憲法は、前文で世界のすべての人々の平和のうちに生存する権利を明記し、9条で非戦・非武装を宣言しています。これは日本国民自身への誓い、そして海外への国際公約でした。

　アジア諸国への非道な侵略と加害への反省と、日本国民の無差別爆撃と原爆被害のなかで厭戦と、もう戦争はしないという非戦の誓いとしてうまれた憲法は、カントの永久平和の思想につながり、第一次大戦後の戦争を違法とする運動、そして不戦条約、さらに国連憲章の理念につながるものです。私たちの地球平和憲章の提案は世界の先人達の願いをつなぎ、さらに地球時代の視点から発展させるものだと考えています。

　世界の紛争が絶えず、国内外の改憲への圧力のなかで、この70年間余り、この平和憲法のもとで、戦闘で一人も殺し殺されることがなかったことを誇りとし、憲法を守り抜くためには国際的な理解と支援が不可欠であることも学び知りました。平和を求める声も世界に広がり、9条への関心と認識も深まり、いまや9条は世界の宝だといわれることも多くなってきました。

　私たちの運動はこれらの視点から、日本国憲法の前文・9条を読み直し、その歴史的、現代的意義を捉え直し、人類と地球環境を護るために、世界にむけて発信する思想変革の運動であり、世界と繋がる連帯の運動によってその思想を地球平和憲章に結晶させることだと考えています。

II-1　理念と原理

　私たちは戦争に反対し、非武装、非核、非暴力の世界を求めます。地球上のすべての人々に平和に生きる権利を実現し、人類と地球環境を護ること、それは人類の使命なのです。
　　（中略）
5）平和に生きる権利
　非戦、非武装、非核、非暴力の思想は、国と国の平和的な関係だけでなく、すべての人々の平和に生きる権利に収斂されるものです。
・平和とは、単に戦争がない状態だけを言うのでなく、恐怖と欠乏に苦しまない状態、安全な地球環境や健康を享受できる状態をいいます。
・平和に生きるとは、生きていることを歓びと感じ、苦しみのなかにあっても、支え合い共に生きていることをいいます。

・平和に生きる権利は、生命と生存、個人の尊厳と幸福追求の権利を核とする個人の基本的人権です。

・平和に生きる権利は、あらゆる人権の基底をなす権利です。

・平和は、単なる理念や政策の一つにとどまるものでもなく、権利としても保障されるべきものです。平和に生きる権利は、国や国際機関によっても侵されてはならない人権としての性質を持つものです。

・平和に生きる権利を侵害する法律・政策・予算並びに国際合意はすべて無効とされるべきものです。

・私たちは、平和に生きる権利を実現する政策を国や国際機構に要求することができます。

・平和に生きる権利は、世界が戦争の恐怖や暴力と貧困から解放され、地球環境の変化に世界の国と市民が協力することなしには実現しません。

・世界が平和でなければ、一国の平和もなく、国が平和でなければ、一人の平和もない。そして私たちが平和に生きることができなければ、国や世界は平和ではないのです。そして、それにふさわしい人間観・社会観・人類観が求められているのです。

Ⅱ-2 人類の夢を実現するために
1）平和の文化と教育

　非戦・非武装・非核・非暴力の国家と国際社会を築き、平和に生きる権利を実現し、未来世代の権利に応え、持続可能な地球環境を護るためには、平和のための教育と平和の文化の創造が不可欠です。一人ひとりの人間がこれらを実現する担い手であり、その知的協働と精神的連帯の上にこそ、平和は築かれるのです。

・平和に生きる権利は平和の教育を通して根付き、平和の文化の中でこそ豊かになるのです。

・「平和の文化」とは、「戦争と暴力の文化」の対極にある人間性ゆたかな文化です。

・「平和の文化」は、地球市民が、グローバルな問題を理解し合い、非暴力で紛争を解決する技能を持ち、人権と公正のもとに生き、文化的多様性を理解し合い、地球とそこに生きる全てのいのちに関心を払うときに創りだされるのです。

・「平和の文化」につながる価値観、態度、行動様式は、家族と地域での生活を通して育まれるとともに、学校での平和教育によって獲得されるものです。

・平和教育は、平和な国家、平和な国際社会の担い手を育てます。そのためにも世界の子どもたちと教師は、たがいの対話と交流が保障されなければなりません。

・地球時代の平和教育とは、戦争と平和の歴史を学ぶことによって、人類と地球を再発見し、地球時代における戦争違法化の意義を学び、人権と社会正義、自然と人間の関係への認識を深め、平和への確信を育てることです。

・平和学習の機会はあらゆる場所で保障されなければなりません。

・平和教育の核心は日常的に平和を愛し、暴力を憎み、平和に生きる権利を自覚し、平和の文化を担い、創りだす主体を育てることです。

　（以下略）

出典：9条地球憲章の会HP（https://www.9peacecharter.org/）

著 者 紹 介

堀尾輝久（第 1 章）

　東京大学名誉教授　　元日本教育学会会長　　元総合人間学会会長

　パルマアカデミック賞受賞（フランス）

　教育学　近現代教育思想

下地秀樹（第 2 章、第 3 章、資料編）

　立教大学教授　　　教育人間学

田中昌弥（第 4 章）

　都留文科大学教授　　　教育哲学　学力論

水崎富美（第 5 章、第 6 章－1、資料編）

　女子栄養大学教授　　　教育思想　教育文化政策

中村雅子（第 6 章－2）

　桜美林大学教授　　　教育史

太田　明（第 7 章）

　玉川大学教授　　　教育哲学　倫理学

＊本書の第 5 章および第 6 章-1 は一部 2015 年度 JSPS 科研費（課題番号 26381043）の、第 7 章は 2015 年度 JSPS 科研費（課題番号 26381044）の助成をそれぞれ受けたものである。

＊＊本書の編集にあたっては女子栄養大学教育文化政策研究室非常勤助手金子敦子氏にお手伝いいただいた。また三恵社の木全俊輔社長に大変お世話になった。ここに記して感謝申し上げたい。

編者

新版　地球時代の教育原理

2020年12月31日　　初版発行

編　者　　下地　秀樹
　　　　　水崎　富美
　　　　　太田　明
　　　　　堀尾　輝久

発行所　　株式会社　三恵社
〒462-0056 愛知県名古屋市北区中丸町2-24-1
TEL 052 (915) 5211
FAX 052 (915) 5019
URL http://www.sankeisha.com

ISBN978-4-86693-345-0